Fritz Großmann
Schiebewurst und Spargelstechen

Fritz Großmann

Schiebewurst und Spargelstechen

Re Di Roma-Verlag

Bibliografische Information der Deutschen Nationalbibliothek:
Die Deutsche Nationalbibliothek verzeichnet diese Publikation in der Deutschen Nationalbibliografie; detaillierte bibliografische Daten sind im Internet über http://dnb.ddb.de abrufbar.

ISBN 978-3-86870-814-1

www.rediroma-verlag.de
8,95 Euro (D)

Für meine Enkelkinder
Tim
Jan
Lars
Verena
Nils
Anna
Max

zur Erbauung

Fritz Großmann im Jahr 2015

Inhaltsverzeichnis

Erste Erinnerungen

Der Blick geht durch das Fenster schräg von oben hinunter und erfasst in einiger Entfernung einen großen Bahnhof. Züge fahren ein, halten, Fahrgäste steigen aus und ein, die Züge fahren weiter. Alle Gegenstände in der Mitte des Gesichtsfeldes sind klar erkennbar. Zu den Rändern hin verschwimmen die Konturen zunehmend. Es ist das erste Bild, an das ich mich erinnern kann.

Habe ich diese Szene erlebt oder ist das Bild in meiner Fantasie nach den Erzählungen von Mutter und Großmutter entstanden? Ich neige dazu, es als erlebt anzusehen. Warum? Wir wohnten damals im vierten Stock eines Wohnhauses in Essen-Rüttenscheid mit freiem Blick auf den Hauptbahnhof. Man hat mir erzählt, dass ich im Alter von zwei Jahren häufig auf einem Stuhl stand und aus dem Fenster sah. Aber dass man von dort aus den Hauptbahnhof sehen konnte, sagte man mir nicht. Für Erwachsene war das wohl alltäglich und nicht der Rede wert. Hingegen erzählte man mir in späteren Jahren, meine Großmutter, die als Kaffeetante bekannt war, hätte in der Wohnung rohe Kaffeebohnen geröstet und sie zum Auskühlen auf die Fensterbank gelegt. Ich stand auf dem Stuhl, spielte mit den heißen Bohnen und verbrannte mir dabei die Finger. Ein solches Bild ist aber nicht in meinem Gedächtnis gespeichert. Wie viel einprägsamer müsste so ein Bild gewesen sein, begleitet vom Geruch der gerösteten Bohnen und schmerzhaften Verbrennungen an den Fingern. Erinnern kann ich mich an dieses, alle Sinne fordernde Geschehen nicht. Zwar mag ich mir die Szene vorstellen, würde sie aber niemals als abgespeichertes Bild in meinem Gedächtnis bezeichnen.

Erinnern kann ich mich ganz verschwommen an einen Aufenthalt in einem Luftschutzkeller der naheliegenden Bahnhofsunterführung, den wir in den ersten Nächten mit Flächenbombardement aufsuchten. Von diesem Aufenthalt im Luftschutzbunker haben aber weder meine Großeltern noch meine Mutter mit mir jemals gesprochen. Bei späteren Nachfragen konnten beide sich nicht daran erinnern, diesen Bunker aufgesucht zu haben. Woher kam dann mein im Gedächtnis verankertes Bild? Es bleibt ungeklärt, ob es erlebt oder ein Fantasiegebilde ist.

Ein sehr klares Bild, das ich in vielen Einzelheiten beschreiben kann, stammt aus der Zeit wenige Monate später. Meine Mutter war mit mir in ein kleines Dorf in Ober-Österreich im Innviertel evakuiert worden. An den Abschied von Essen, die Zugfahrt und die Ankunft in Wendling, unserem kleinen Dorf, kann ich mich nicht erinnern. Dafür umso eindringlicher an den Blick von meinem Lieblingsplatz. Hinter der Scheune eines Bauernhofes auf der gegenüberliegenden Straßenseite hatte der Bauer etwa zwei Meter hoch gespaltenes Brennholz gestapelt. Ich kletterte oftmals auf den Holzstapel und schaute von dort aus über das Dorf und hinaus in die weite Landschaft. Viele Male habe ich mir diesen Ausblick während meines Lebens ins Gedächtnis gerufen. Erst 45 Jahre später kam ich an diesen Ort zurück und da hatte ich es wieder vor Augen. Das Bild meiner Kindheit. Fast nichts hatte sich verändert. Linkerhand streifte der Blick einige Häuser des Dorfes, rechts wuchsen Obstbäume und in der Mitte öffnete sich der Blick in die weite Landschaft. Leicht gewellte Hügel, die zum Horizont hin anstiegen. In der Ferne, bei guter Sicht ganz klar, bei schlechter Sicht verschwommen, sah man eine Kette mit zahlreichen gezackten Bergen. Erst als Erwachsener wurde mir klar, dass es sich um die Berge des Salzkammerguts gehandelt hat. In einem wesentlichen Punkt wich das aktuelle Bild jedoch von meiner Kindheitserinnerung ab. Groß erhob sich links im Vordergrund, auf einem flachen Hügel stehend, die Dorfkirche. Die Kirche fehlt in meinem Bild aus den Kindertagen. Mein erster Gedanke war, dass es die Kirche damals noch nicht gegeben habe. Ein Besuch des Gotteshauses belehrte mich eines Besseren. Schon seit dem 13. Jahrhundert gibt es an dieser Stelle eine Kirche. Der nach einem Brand neu errichtete markante Turm stammt allerdings erst aus dem Jahr 1901. Warum fehlt in der Erinnerung die Kirche im meinem Bild? Ich kann es nicht erklären.

Die Erinnerung an meine Kindheit in Wendling im Alter von zwei bis fünfeinhalb Jahren besteht aus einer Vielzahl von Bildern und Ereignissen, die mir nicht erzählt wurden, sondern die ich tatsächlich erlebt habe. Von einigen möchte ich erzählen.

Geburtstag

Es war 1943 an meinem dritten Geburtstag, als mir Mutter und Großmutter gratulierten und mich aufforderten: »Sieh doch mal aus dem Fenster!«

Was sah ich? Ein Meer von Fahnen. Jedes Haus des kleinen Dorfes schien wie in einem Wettstreit einen Teil seiner Fassade durch bunte

Tücher, meist mit roter Farbe und dem Hakenkreuz auf weißem, kreisrundem Untergrund, überdecken zu wollen. Die Fahnen hingen nicht etwa schlaff an den Stangen, sondern waren zumeist voll entfaltet und bewegten sich im leisen Wind. Überwältigend war der Anblick nicht, aber die Vielzahl der Fahnen beeindruckte mich schon sehr. Auch unser Haus war mit zwei Fahnen geschmückt, eine stak in einer schrägen Halterung gerade rechts neben mir am Fenster des Nachbarraumes, den die Hausbesitzer selbst bewohnten.

Noch in die Betrachtung dieses außergewöhnlichen Bildes vertieft, fragte mich meine Mutter: »Weißt du, warum heute geflaggt ist?«

Auf mein Kopfschütteln hin kam die überraschende Antwort: »Weil du Geburtstag hast!«

Mein Erstaunen über diese Aussage hielt sich zwar in Grenzen, aber dennoch fand ich es schon etwas ungewöhnlich, dass man ausgerechnet zu meinem Geburtstag die Flaggen heraushängte. Sicherlich, in dem kleinen Dorf kannte jeder jeden. Aber so viele Leute konnten doch gar nicht wissen, dass heute mein Geburtstag war.

Merkwürdigerweise fragte ich nicht weiter nach, sondern freute mich ganz einfach. So viele Nachbarn wollten mir eine Freude machen. Das machte mich richtig stolz. Heute frage ich mich, ob mein damaliges Verhalten etwa Schlüsse auf charakterliche Eigenschaften zulässt. Doch noch heute bin ich nicht sehr geneigt, über diese Frage tiefer nachzudenken. Ich fand es einfach ungeheuer befriedigend, dass man meinen Geburtstag so festlich gestaltete.

Auch heute sind hier und da Fahnen an meinem Geburtstag zu sehen. Leider geht jedoch die Anzahl von Jahr zu Jahr zurück. Kein Vergleich mit dem Fahnenmeer meiner Kindheit! Gott sei Dank hat sich in meinem Gedächtnis der damalige Anblick unauslöschlich eingeprägt, so dass ich häufig an meinem Geburtstag dieses Bild vor Augen habe, trotz der eher mäßigen Beflaggung. Eigentlich schade, dass man heute am 1. Mai nicht mehr so reichlich flaggt wie in meiner Kindheit.

Integriert in die Dorfgemeinschaft

Schon kurze Zeit nach unserer Ankunft in Wendling waren wir Evakuierten Teil der Dorfgemeinschaft geworden. Meine Mutter teilte sich mit anderen Müttern die Arbeit im Kindergarten. Durch den Zuzug der

Reichsdeutschen hatte sich die Kinderzahl im Dorf stark erhöht. Ich erinnere mich noch gut daran, dass im Kindergarten jedes Kind seinen eigenen, bunten Zahnputzbecher besaß. Nach dem Mittagessen mussten wir im Kindergarten unsere Zähne putzen. Ich tat das nur widerwillig und unterschied mich darin nicht von den anderen Kindergartenkindern. Überhaupt gefiel es mir im Kindergarten gar nicht. Viel lieber spielte ich mit den etwas älteren Kindern aus den Nachbarhäusern. Das ganze Dorf und dessen nähere Umgebung waren unsere Spielwiese. Manchmal sahen uns die Mütter nur zu den Mahlzeiten. So dauerte es nicht lange, bis meine Mutter einsah, dass ich im Kindergarten unglücklich war, und meldete mich ab, während sie selbst dort weiterhin ihren Dienst versah.

Engeren Kontakt hatten wir anfänglich mit den anderen evakuierten Kindern und Müttern aus Deutschland. Besonders mit einer Mutter aus Essen, die etwa zur gleichen Zeit wie wir mit ihren kleinen Mädchen, einem Zwillingspaar, in Wendling angekommen war. Die Mädchen waren jünger als ich und anfangen konnte ich mit denen nichts. Unsere Mütter allerdings unternahmen doch einiges gemeinsam mit uns Kindern. Beliebt waren Ausflüge in die nähere Umgegend mit einem Bollerwagen. Vor allem wenn ich alleine mit dem Wagen sanft geneigte Wege hinunterfahren durfte.

Im Laufe der nächsten Monate integrierten sich die Neuankömmlinge so in die Dorfgemeinschaft, dass sich der enge Kontakt zwischen den Evakuierten untereinander mehr und mehr auflöste. Ich spielte lieber mit den dorfansässigen Kindern aus der Nachbarschaft. Fanni, ein gleichaltriges Mädchen aus dem gegenüberliegenden Haus, und ich waren uns besonders zugetan. Wir strichen durch die Felder und Wiesen, spielten mit den auf jedem Hof lebenden Katzen, Hunden, Kaninchen und anderen Tieren und halfen mit unseren bescheidenen Möglichkeiten bei der Haus- und Feldarbeit. Fanni und ich fanden in dieser Zeit auch die körperlichen Unterschiede zwischen Mädchen und Jungen heraus. Stille Plätze in Ställen und Scheunen gab es dazu ausreichend, ohne dass die Erwachsenen etwas merkten.

Besonders freuten wir uns in jedem Jahr auf die Sonnwendfeier am 21. Juni zur Feier des längsten Tages. Knapp außerhalb der letzten Häuser des Dorfes fand diese Feier auf einer Wiese statt. Schon mehrere Tage zuvor sammelte die Dorfjugend Holz für das Sonnwendfeuer in den nahegelegenen Wäldern. Am Abend der Sonnwendfeier trafen sich bei anbrechender Dämmerung die Dorfbewohner rund um den hoch aufgeschichteten Holzstoß. Nach einigen Reden der wichtigen Persönlichkeiten des Dorfes setzten junge Männer den Holzstoß in Brand. Jung und Alt tanzten in langer, geschlossener Reihe um das lodernde Feuer. Man sang, sagte Gedichte auf und feierte ausgelassen. Das alles vor lodernden Flammen und begleitet von Sonnwendfeuern anderer Dörfer auf den umliegenden Bergen.

Stunden später verblieb von dem brennenden Holzstoß nur eine weit ausgebreitete Glut aus Holzkohle. Jetzt näherte sich der Höhepunkt des Festes. Buben und Mädchen fassten sich an den Armen, nahmen Anlauf und sprangen in hohem Bogen über die glimmende Glut. Nicht immer gelang das vollständig. So mancher Schuh machte unliebsame Bekanntschaft mit dem Feuer. Aber das tat der Gaudi keinen Abbruch. Man versuchte es eben noch mal und noch mal. Gruppen von Leuten standen und bewegten sich um das flackernde Feuer. Schatten sprangen gespenstisch durch die hell erleuchtete Nacht. Überall Lachen, Gesprächsfetzen und Zuprosten bei alkoholischen Getränken. Für uns Kinder gab es den herrlichen Most zu trinken, für den die Gegend bekannt ist. Die Versammlung löste sich erst auf, als fast keine Glut mehr vorhanden war. Man ging zu zweit oder in Gruppen nach Hause und manche Mädchen und Buben haben an diesem Abend zueinander gefunden.

An Wochenenden aßen wir oft abends beim Wirt des Dorfes. Die Gaststätte lag nur etwa fünf Minuten Gehweg von unserem Haus entfernt. Einmal im Herbst, es dämmerte schon, verließen wir gleichzeitig mit einigen jungen Männern den Gasthof. Der kürzeste Weg vom Wirtshaus nach Hause führte an der zentralen Jauchegrube des Dorfes vorbei, in der die umliegenden Höfe ihren Mist und die Jauche abluden. Mit Seitenlängen von etwa 20 Metern war die quadratische Grube recht groß. Die jungen Männer machten sich einen Spaß daraus, meine Mutter fangen zu wollen. Wir gingen schneller und begannen bald zu laufen. Die Männer hinterher. Da wurde es meiner Großmutter, die gerade zu Besuch in Wendling war, zu bunt. Sie lief auf die Jungmänner zu und versuchte, sie zu vertreiben. Sie stolperte und fiel, platsch, in die Jauchegrube. Glücklicherweise war die Jauchegrube nur etwa einen Meter tief. Großmutter konnte also schwerlich ertrinken. Als sie mühsam aus der

Grube krabbelte, lief ihr von den Haaren bis zu den Schuhen die stinkende Jauche hinab. Alles lachte und auch Großmutter stimmte in das Gelächter ein. Einer der Männer füllte den nächstbesten Eimer mit Wasser und goss in über Großmutters Kopf aus. Triefnass ging sie nach Hause und nahm in der Waschküche in der Badewanne ein spätes nächtliches Bad. Tagelang war der Sturz in die Jauchegrube das Dorfgespräch. Meine Großmutter nahm es mit Humor und war niemandem böse. Das steigerte ihr Ansehen in der Gemeinde mächtig.

Wenn uns Großmutter im Herbst besuchte, fuhr sie mit einigen anderen Frauen für einige Tage in die nahegelegenen Berge des Hausrucks zum Blaubeersammeln. Eine reiche Ernte war garantiert. Das wussten aber auch Frauen aus anderen Dörfern und sogar aus den Städten. Übernachtet wurde meist auf den Heuböden der ansässigen Bauern gegen ein sehr geringes Übernachtungsgeld oder sogar kostenlos. Eines Nachmittags kam Großmutter spät am Abend vom Beerensammeln zurück. Die anderen Frauen hatten sich schon Schlafplätze auf dem Heuboden gesucht und lagen meist in tiefem Schlaf. Nur in einer hinteren Ecke gab es noch freie Plätze. Müde von der Tagesarbeit verschwendete Großmutter keinen Gedanken daran, warum wohl gerade hier noch Platz sei, sondern nahm ihren Schlafsack und betrat die freie Fläche. Es krachte und Großmutter verschwand von der Bildfläche. Viele Schläferinnen schreckten aus ihrem Schlaf auf. Von unten drang das Muhen von Kühen herauf. Was war mit Großmutter geschehen? Sie hatte, was sie nicht wusste, auf eine nicht verriegelte Klappe getreten, die sich zum Kuhstall hin öffnete, und fand sich plötzlich eine Etage tiefer neben einer Kuh wieder. Zu ihrem Glück lag auf dem Boden des Stalles eine dicke Strohschicht, sodass sie sich nicht ernsthaft verletzt hatte. Der ihr tief in die Glieder gefahrene Schreck war dennoch mit massiven blauen Flecken am ganzen Körper verbunden. Am nächsten Morgen verließ Großmutter vorzeitig die Beerensammeltruppe und kam zurück nach Wendling, um ihren geschundenen Körper zu pflegen.

Winter in Wendling

In meiner Erinnerung waren die Sommer heiß und trocken. Im Winter lag der Schnee hoch und häufig war es so kalt, dass die Gewässer für längere Zeit zufroren. Die Dorfjugend baute aus Schnee kleine Naturskischanzen, die allerdings nur Hopser von wenigen Metern zuließen. Dennoch war das Springen mit den Skiern ein großes Vergnügen für Akteure und Zuschauer. Selbst noch nicht schulpflichtige Dorfkinder in meinem Alter hatten vereinzelt Skier angeschnallt und hoben für Sekundenbruchteile von der »Schanze« ab. Das Skispringen blieb aber immer einigen wenigen Mutigen vorbehalten. Die Mehrzahl der Jugendlichen und Kinder tummelte sich auf dem zugefrorenen Dorfteich, der am Rande des Dorfes hinter der letzten Bebauung lag und von einem Bach durchflossen wurde. Damit eine schöne große Eisfläche entstand, staute man den Bach im Herbst zur Vergrößerung des Teichs auf. Im Sommer floss der Bach ohne Aufstauung durch den Dorfteich und die umgebende Wiese, auf der dann Kühe weideten. Meine Mutter hatte mir strengstens verboten, die Eisfläche zu betreten. Sicherlich aus gutem Grund. Aber das vermochte ich mit drei Jahren wohl noch nicht einzusehen. Das Leben im Dorf war aus der Sicht der Eltern normalerweise für Kinder so ungefährlich, dass wir meist vollkommen unbeaufsichtigt draußen spielten. Auch schon mit drei oder vier Jahren.

An diesem Wintertag hatte ich mich wieder einmal von unserer Wohnung weiter entfernt und schaute dem Treiben auf dem zugefrorenen Dorfteich zu. Dabei überkam mich ein unbändiges Verlangen, selbst auf der Eisfläche zu schlindern. So wie es die anderen taten. Ganz selbstverständlich mischte ich mich unter die Kinder und beteiligte mich. Einige Jugendliche, etwa 10- bis 14-jährig, fühlten sich durch die kleineren Kinder massiv in ihren Aktivitäten gestört und scheuchten uns an den Rand der Eisfläche in Ufernähe. Uns blieb nichts anderes übrig, als dorthin auszuweichen.

Ich hielt mich hart am Rande der Eisfläche, dort, wo einige größere Büsche ihre Zweige über die Eisfläche streckten und sich sonst niemand aufhielt. In meiner Unerfahrenheit wusste ich nicht, dass dort das Eis weniger tragfähig war. Ehe ich mich versah, brach ich durch die dünne Eisdecke. Trotz des Schrecks gelang es mir instinktiv, noch während des Eintauchens einen überhängenden Zweig zu ergreifen. Einige Kinder, die am Ufer standen, bemerkten meinen Unfall, trauten sich aber wegen des brüchigen Eises nicht, mir zu helfen. Das war dann auch nicht mehr notwendig, da es mir in einer Art von letztem Lebenswillen gelang, mich an anderen Zweigen so nahe an das Ufer heranzuziehen, dass ich wieder

Grund unter die Füße bekam. Es war dann nicht mehr schwierig, aus eigener Kraft die Uferböschung hinauf zu robben.

Mir war kalt und ich war bis auf die Haut durchnässt. Zwar hatte ich Angst, nach Hause zu gehen, aber mir blieb nichts anderes übrig. Also lief ich schnell weg, damit andere Kinder oder Erwachsene nicht eingreifen konnten. Gleichzeitig versuchte ich, mir eine Ausrede für meinen triefnassen Zustand meiner Mutter gegenüber auszudenken. Auf dem Weg nach Hause kam ich am Dorfgasthof vorbei, vor dem ein rechteckiger, etwa ein Meter hoher Brunnen auf dem Wirtshausvorplatz stand. Das Wasser floss ständig aus den Zuleitungen, sodass sich keine Eisfläche gebildet hatte. Da war meine Ausrede! Ich hatte auf dem Brunnenrand gesessen, das Gleichgewicht verloren und war in das Wasser gefallen. Dagegen konnte meine Mutter nichts sagen, denn es war mir ja nicht verboten, auf dem Brunnenrand zu sitzen. Ich war erleichtert und zu Hause angekommen erklärte ich meiner Mutter, ich sei in den Wirtshausbrunnen gefallen. Vom Donnerwetter verschont folgte ein heißes Bad und bald hatte ich auch meinen Schrecken überwunden.

Leider verlief die Sache nicht so glimpflich wie erhofft. Neben den Kindern bemerkten auch einige Erwachsene meinen Eisunfall. Unter anderem eine Nachbarin, auch eine Reichsdeutsche, die wie wir mit ihren Kindern im Dorf evakuiert war. Diese Nachbarin hatte mich wohl nasstriefend weglaufen sehen, sich erkundigt, was geschehen war, und kam nun wenig später zu meiner Mutter, um zu fragten, ob ich schon zu Hause sei. Jetzt kam die ganze Geschichte ans Tageslicht. Das befürchtete Donnerwetter musste ich nun doch über mich ergehen lassen. Aber nur verbal. An eine weitergehende Bestrafung durch körperliche Züchtigung kann ich mich nicht erinnern. Mutter war wohl froh, dass mir nichts Ernsthaftes geschehen war.

Flugzeugabsturz

Eines Tages im Sommer 1944 verbreitete sich das Gerücht, ein englisches Flugzeug sei auf den Hügeln oberhalb des Dorfes, nahe einem Bauernhof, abgestürzt. Mir war der Weg dorthin gut bekannt, da wir bei dem dortigen Bauern manchmal Milch, Käse oder Wurst kauften. Zu Fuß ging man bergauf etwa eine halbe Stunde. Eine Strecke, die keinen

Dorfbewohner, ob jung oder alt, hinderte, sobald er seine Arbeit verlassen konnte, zur Absturzstelle zu eilen. Auch wir machten uns auf den Weg. Mir ist nicht in Erinnerung, wer mit mir den Hügel hinaufstieg. Meine Mutter war es jedenfalls nicht. Sie hatte es kategorisch abgelehnt, sich das abgestürzte Flugzeug anzusehen, ja sich überhaupt mit dieser Sache auseinanderzusetzen. Mir war das damals unverständlich, aber Jahre später, mit wachsendem Verstand, konnte ich mir ihre Haltung erklären.

Mein Vater war im März 1940, knapp ein Jahr nach der Heirat meiner Eltern, als Flugzeugführer eines Fernaufklärers, zusammen mit der gesamten Besatzung von insgesamt vier Leuten abgestürzt und ums Leben gekommen. Der Familie wurde damals mitgeteilt, dass sich die Maschine auf dem Heimflug nach einer Aufklärung über England befunden hätte. Dabei sei sie von der eigenen deutschen Flugabwehr beschossen worden und in der Nähe von Bielefeld abgestürzt. Diese Version galt in der Familie als absolut sicher, da alle offiziellen Schreiben den Hergang so darstellten. Zudem war mein Onkel als Bruder meines Vaters sofort an die Absturzstelle kommandiert worden, um ihn zu identifizieren. Mein Onkel war zu dieser Zeit selbst als Fallschirmjäger bei der Luftwaffe und besaß entsprechende Kontakte. Er hatte die verbrannten Leichenreste gesehen. Identifizieren konnte er die verkohlten Überreste meines Vaters nur anhand eines Ringes, den er ständig trug. Auch mein Onkel zweifelte damals nicht am Ablauf des Geschehens.

Später, als ich in der Volksschule im Erdkundeunterricht gelernt hatte, wo Bielefeld lag, konnte ich nicht ganz verstehen, warum die Maschine bei Bielefeld im Teutoburger Wald abgestürzt war. Der Heimatfliegerhorst war doch Handorf an der östlichen Stadtgrenze von Münster, also weit nördlicher und auch westlicher als Bielefeld. Warum war das Flugzeug so weit vom Kurs abgekommen? Die Zweifel am Hergang saßen aber nie sehr tief, da ein stark beschädigtes Flugzeug, mehr oder weniger manövrierunfähig, ja wohl auch in Richtung Bielefeld geflogen und dort infolge von Treibstoffmangel abgestürzt sein konnte. Warum aber war dann kein Besatzungsmitglied mit dem Fallschirm abgesprungen? Zeit dazu musste doch gewesen sein. Die sterblichen Überreste aller Besatzungsmitglieder waren, soweit überhaupt identifizierbar, nur in der abgestürzten Maschine gefunden worden. Vor diesem traurigen

Hintergrund ist mir heute die damalige Reaktion meiner Mutter verständlich: Sie wollte nicht mit einer ähnlichen Situation in Berührung kommen. Zu schmerzlich wäre sie an ihr eigenes Schicksal erinnert worden.

Das abgestürzte englische Flugzeug lag auf einer leicht nach Norden geneigten, ebenen Fläche von Weideland, etwa 50 Meter seitlich vor dem Bauernhof. Es handelte sich um ein kleines einmotoriges britisches Jagdflugzeug mit einem Mann Besatzung. Ein Teil der linken Tragfläche war abgerissen, der Propeller teilweise zerbrochen. Auch am Rumpf und im Bereich der Pilotenkanzel sah man schwere Beschädigungen. Der Pilot hatte schwer verwundet überlebt und war von den Hofbewohnern in das Haus getragen worden. Der sofort an die Absturzstelle geeilte Ortsgruppenführer verlangte schroff die Herausgabe des Piloten. Er sei Kriegsgefangener, der unverzüglich dem Militär zu überstellen sei. Die Bauersleute verweigerten die Herausgabe des Schwerverwundeten mit der Begründung, er sei nicht transportfähig. Nach Genesung könne er ja abgeholt werden. Zunächst sei es vordringlich, sein Leben zu retten. Mit dieser Begründung hatten sie zunächst Erfolg. Der Ortsgruppenführer zog ohne den verwundeten Piloten ab.

In der Erinnerung fällt mir meine damalige geringe emotionale Anteilnahme an dem Schicksal des abgestürzten Piloten auf. Lag es daran, dass es einen Feindsoldaten getroffen hatte? Es war ein spektakuläres Ereignis in der Dorfgeschichte, das mich aber innerlich nicht weiter berührte. Heute frage ich mich, ob das normal für ein vierjähriges Kind ist. Aber was war schon normal, damals, während des Krieges?

Über das weitere Schicksal des Piloten ist mir nur wenig bekannt. Er wurde wohl einige Wochen oder auch Monate von den Bauersleuten gepflegt und ist dann vom Militär abgeholt worden.

Die Gulaschkanone

Anfang April 1945 erreichte, von Osten kommend, der Rest einer Infanteriekompanie in ihren feldgrauen Uniformen unser Dorf. Uns Kinder beeindruckte die mitgeführte Gulaschkanone ganz ungemein. Wir wollten sie gerne näher in Augenschein nehmen, trauten uns aber nicht so recht. Schließlich wurde dieses Militärgerät ja als »Kanone« bezeichnet. Es war nicht so, dass wir großen Respekt oder sogar Angst vor den Landsern gehabt hätten, aber wir spürten schon, dass etwas Bedrückendes vor sich ging. Viele Soldaten machten einen müden und traurigen Eindruck. Die Uniformen hatten stark gelitten, aber sie sahen durchweg sauber aus. Die Männer waren meist hohlwangig und ihre Gesichtsfarbe auffallend grau, passend zur Farbe ihrer Uniformen.

Das Objekt unseres Interesses, die Gulaschkanone, hatten die Soldaten neben einem schmalen Weg, der den Hügel hinauf durch eine Obstwiese und weiter über Felder in den Wald führte, nahe unserem Haus unter einem großen Obstbaum abgestellt. Unser Haus lag als vorletztes Gebäude in Richtung der nächsten Ortschaft in der Nähe des westlichen Dorfrandes. Wenige Meter unterhalb verlief die in Ost-West-Richtung durch den Ort verlaufende Hauptstraße. Aus unserem Zimmerfenster hatte ich einen hervorragenden Blick auf die ach so interessante Gulaschkanone. Mir war geläufig, dass das Gerät Gulaschkanone genannt wurde. Ich erinnere mich aber nicht daran, von wem ich das wusste. Militärische Begriffe, auch umgangssprachliche Synonyme, gehörten damals, ganz selbstverständlich, auch für Kinder meines Alters zum Sprachgebrauch.

Die Truppe biwakierte außerhalb des Dorfes in einem Waldstück, das vom Dorf aus nicht einzusehen war. Aber die Gulaschkanone blieb merkwürdigerweise neben unserem Haus stehen. Eine Erklärung dafür hatte ich damals nicht. Aus heutiger Sicht waren es sicherlich militärische Gründe. War sie in Betrieb, so hätte der aufsteigende Rauch in einem Waldstück dem Kriegsgegner die Anwesenheit von Militär eher verraten als in einem Dorf, wo ohnehin überall mit Holz geheizt wurde. Ich sah nicht oft, dass mit der Gulaschkanone gekocht wurde. Offensichtlich war nicht mehr ausreichend Proviant für tägliche Essenszubereitung in der Feldküche vorhanden. Aber die Bauern des Dorfes versorgten die dezimierte Kompanie so weit wie möglich mit Essen und Trinken. War die Gulaschkanone in Betrieb, kamen die Männer einzeln oder in kleineren Gruppen und immer in größeren Abständen zum Essenfassen. Sie saßen dann unter den Obstbäumen oder gingen unter den Dächern der benachbarten Gebäude in Deckung. Sie waren vorsichtig, um nicht von feindlichen Fliegern entdeckt werden zu können. Nach dem Essen verzogen sich die Soldaten, so wie sie gekommen waren, wieder in ihr Biwak.

Einen Tag nach dem Auftauchen der Kompanie hackte meine Mutter am späten Nachmittag Holz neben dem Haus. Ich half ihr dabei, indem ich die Holzscheite an der Hauswand stapelte. Dies war eine Arbeit, die ich ausgesprochen gerne tat, da mit jedem Handgriff der Holzstapel in die Höhe und Breite wuchs. Die erbrachte Leistung wurde direkt sichtbar. Und das befriedigte mich sehr.

Während meine Mutter das Holz auf dem Holzklotz spaltete und ich die Scheite stapelte, kam der Kompanieführer um die Hausecke. Es war ein Offizier, wie mir meine Mutter später erklärte. Der Rang wurde nicht erwähnt. Mir genügte die Bezeichnung Offizier. Mutter war damals 28 Jahre alt und schlank und seit fünf Jahren Witwe.

Unser Offizier, er mochte Anfang Dreißig sein, bot sich an, uns zu helfen, nahm meiner Mutter das Beil ab und spaltete nun seinerseits die Holzklötze, während wir beiden anderen gemeinsam stapelten. Der Stapel wuchs deutlich schneller und bald waren alle abgeschnittenen Klötze zerlegt. Der Offizier und meine Mutter mussten nun zunächst neue Klötze aus den noch verfügbaren, etwa zwanzig Zentimeter dicken Baumstämmen sägen. Die große Blattsäge, die so schön klang, wenn man sie seitlich anschlug, konnte nur von zwei Personen bewegt werden. Ohne die Hilfe des Offiziers wäre ein Weiterarbeiten nicht möglich gewesen, da uns sonst heute niemand hätte helfen können. Nach nicht allzu langer Zeit war ein ansehnlicher Haufen Klötze abgesägt, die nun wiederum in Scheite gespalten und aufgeschichtet wurden.

Obwohl die Arbeit noch nicht erledigt war, schlug Mutter, nicht nur wegen der hereinbrechenden Dunkelheit, sondern wohl auch wegen der anstrengenden Arbeit und vielleicht auch aus anderen Gründen vor, die Arbeit zu beenden, und lud den Offizier zum Abendessen ein. Er nahm die Einladung dankend an, wollte aber erst noch die abgeschnittenen Holzklötze zerkleinern und bat auch um etwas Feuerholz für die Gulaschkanone.

Etwa eine Stunde später traf der Kompanieführer zum Abendessen ein und wurde nach dem Essen gebeten, bei uns zu übernachten, solange sich seine Truppe in der Nähe des Dorfs aufhielt. Er nahm die Einladung hocherfreut an. Nach weiteren zwei Tagen zog die Restkompanie in Richtung Westen ab. Selbst uns Kindern war klar, dass dies wohl nur heißen konnte, sich in die Gefangenschaft der anrückenden Amerikaner zu begeben. Ein Kampf gegen die Alliierten wäre aussichtslos gewesen.

Mit der Truppe zog man auch die Gulaschkanone ab. Zuvor hatten wir Kinder sie allerdings so gründlich untersucht, dass mir noch heute die Einzelheiten der Konstruktion und des Betriebs geläufig sind. Im Übrigen war dies das einzige Mal während unserer gesamten Evakuierungszeit von weit über drei Jahren, dass wir deutsche Soldaten zu Gesicht bekamen. Und das unter den nun nicht gerade erfreulichen Umständen eines Rückzugs. Selbst wir Kinder fragten nun immer öfter: »Haben wir den Krieg verloren?«

Der Einmarsch

Einige Tage nach dem Abzug der deutschen Truppe aus unserem Dorf hörte man gerüchteweise: 'Die Amerikaner rücken von Westen her an'. Die von Osten kommende Sowjetarme war noch so weit entfernt, dass eine Besetzung Oberösterreichs durch die Russen ausgeschlossen schien. Erleichtert nahm das die Bevölkerung auf, aber die örtlichen Vertreter des Nazi-Regimes waren noch im Dorf und rekrutierten alte Männer für den Volkssturm zur Verteidigung des Dorfes gegen die Amerikaner und Engländer. Ein hoffnungsloses Unterfangen, da keine regulären deutschen Truppen in der Nähe waren und dem Volkssturm nur wenige Gewehre und Panzerfäuste zur Verfügung standen. Dennoch gelang es dem Ortsgruppenführer, einige alte Männer zum Aufbau einer Straßensperre gegen die vorrückenden Amerikaner zu verpflichten. Die Sperre wurde direkt vor unserem Bauernhaus quer über die Dorfstraße aus Baumstämmen errichtet. Da man den Anmarsch der Amerikaner aus Westen erwartete, schien die Position vor unserem Haus, das kurz vor dem westlichen Ende des Dorfes lag, durchaus sinnvoll zu sein. Aber die sehr leichte Konstruktion war nicht geeignet, auch nur kurzzeitig die alliierten Truppen aufzuhalten.

Am übernächsten Tag lief das Gerücht durch das Dorf: »Die Amerikaner kommen. Sie sind schon in Pram«. Das ist das nächstgelegene Dorf in Richtung Westen. Einige Leute wollten wissen, dass die Panzer in Pram Häuser beschossen hätten, an denen keine weiße Fahnen als Zeichen der Übergabe gehisst waren. Den Wahrheitsgehalt dieser Meldung konnte man nicht überprüfen, aber trotzdem breitete sich im Dorf Angst aus. So schnell als nur eben möglich, wurden weiße Bettlaken aus den Schränken geholt und an den Fahnenstangen befestigt. Halterungen dazu gab es an jedem Haus an der Straßenfront. Freilich trugen sie in den vergangenen Jahren ganz andere Fahnen.

Der Ortsgruppenführer und andere örtliche Nazi-Größen hatten sich am Tag zuvor abgesetzt. Niemand wusste wohin. Es wurde gemunkelt, dass sie sich in den nahegelegenen Bergen der Ostalpen verstecken wollten. Lediglich der Ortsbürgermeister, der zwar Mitglied der NSDAP war, aber bisher keine Parteifunktion ausgeübt hatte, war bei seinen Leuten im Dorf geblieben. Offensichtlich meinte er, von den Amerikanern nichts befürchten zu müssen oder seine Verantwortung für die Dorfbewohner hatte ihn veranlasst, nicht zu fliehen. Noch immer stand die Straßensperre vor unserem Haus. Aber niemand war da, um sie zu verteidigen. Wie würden die anrückenden Amerikaner wohl reagieren, wenn sie auf die Straßensperre stießen? Mit allem war zu rechnen. Und da man nicht gewillt war, die Amerikaner durch Kampfhandlungen aufzuhalten, war die Sperre sinnlos und konnte bei den amerikanischen Truppen nur zu Missverständnissen führen. Schnell trommelte der Bürgermeister einige Volkssturmmänner zusammen, die am Tag zuvor die Sperre errichtet hatten, und ließ sie die Straßensperre so schnell als möglich abbauen. Die Baumstämme und das Astwerk wurden längs der an den Straßenrändern verlaufenden Gräben so abgelegt, dass bald nichts mehr an eine Straßensperre erinnerte.

Nur wenig später hörte man aus Richtung Pram Geklirre von Kettenfahrzeugen. Die Amerikaner rückten mit Panzerspähwagen, Transportfahrzeugen und auch einigen Panzern an. Die Dorfbewohner verfolgten mehrheitlich aus den Fenstern schauend das sich bietende Schauspiel. Meine Großmutter war einige Wochen zuvor auf Besuch gekommen, da es in Essen wegen der Bombardierungen zu gefährlich geworden war. Beide Frauen, meine Mutter und meine Großmutter, und ich schauten, mit den Armen auf der Fensterbrüstung liegend, aus dem breiten, weit geöffneten Fenster. An der Stelle der vormaligen Straßensperre, direkt vor unserem Haus, hatten sich einige Männer des Dorfes und der Bürgermeister versammelt, um die einrückenden Amerikaner zu empfangen. Die Truppenkolonne hielt direkt vor den Leuten an. Luken am vorderen Panzer öffneten sich und Soldaten schauten heraus. Der Bürgermeister trug einen mächtigen Krug, gefüllt mit Bier, in der Hand und ging so auf die Männer im Panzer zu. Wahrlich, eine feuchte Begrüßung hatte er sich ausgedacht. Doch sie schien zu wirken, da ein Offizier aus dem Panzer stieg und auf den Bürgermeister zuging. Was gesprochen wurde, konnten wir aus der Entfernung von ca. 30 Metern nicht verstehen. Mittlerweile stiegen immer mehr Soldaten aus den Fahrzeugen und stellten sich auf die Straße oder saßen auf den Panzern. Die Amerikaner waren wohl sicher, dass ihnen die Dorfbevölkerung wohlgesonnen war und sie keine Kampfhandlungen befürchten mussten.

Das erste Mal in meinem Leben, und wohl auch in dem meiner Mutter und Großmutter, sahen wir farbige Menschen. Einige der Soldaten hatten eine tiefschwarze Hautfarbe. Ich kam aus dem Staunen nicht mehr heraus. Um die für uns exotischen Menschen näher zu betrachten, trauten wir uns jedoch nicht aus dem Haus, schließlich waren es ja unsere Feinde. Aber wir hatten ja das Armeefernrohr meines gefallenen Vaters, mit dem ich so gerne in die Ferne schaute. Bei guter Sicht konnte man damit sogar die Berge des Salzkammerguts ausmachen und näher heranholen. Meine Mutter erlaubte mir, das Fernglas zu holen, um damit die Soldaten zu betrachten. Auch die beiden Frauen beteiligten sich an dieser Aktion. Beiden war in diesen Minuten überhaupt nicht bewusst, in welche Gefahr wir uns damit begaben. Ein Armeefernrohr ist ein Kriegsgerät und wie leicht konnte der Eindruck entstehen, dass wir die Soldaten aus militärischen Gründen ausspähen wollten. Aber solche Gedanken machten sich die beiden und ich, gerade fünf Jahre alt geworden, nicht. Umso größer war das Erschrecken, als ein Soldat vom Panzer stieg und geradewegs den Weg zu unserer Haustür hinaufging. Bisher hatte sich kein anderer Soldat mehr als wenige Schritte von den Fahrzeugen entfernt. Der Schreck fuhr uns in die Glieder. Wollte der Soldat zu den Bauersleuten, bei denen wir ein Zimmer bewohnten, oder hatte er es, aus welchen Gründen auch immer, auf uns abgesehen? Wir waren uns keiner Schuld bewusst. Oder hatte unser Betrachten der Szene die Aufmerksamkeit der Soldaten erregt? Noch immer kam keiner von uns auf die Idee, das Fernglas könne der Grund sein. Tatsächlich betrat der Soldat das Haus durch die immer offene Haustür und wir hörten ihn die Treppe zu uns hinaufsteigen. Der Besuch konnte nur uns gelten, denn die Bauersfrau lag im Küchenfenster des Erdgeschosses und betrachtete von dort den Einmarsch. Kurz darauf klopfte es an der Tür und meine Großmutter, die am wenigsten Ängstlichste von uns, öffnete. Nach kurzem Gruß trat ein recht junger amerikanischer Soldat weißer Hautfarbe in das Zimmer und deutete auf das Fernglas, das ich noch immer in der Hand hielt. Wir verstanden nicht, was er wollte, da meine Mutter des Englischen nur sehr gering mächtig war und meine Großmutter überhaupt kein Englisch verstand. Immerhin machte er uns deutlich, dass wir das Fernglas abzuliefern hätten. Jetzt fiel es den Frauen wie Schuppen von den Augen. Das Fernglas war Kriegsgerät und damit abzuliefern. Ich verstand diesen Zusammenhang jedoch nicht und hielt das Fernglas weiter in der Hand. Ich reagierte auch nicht, als meine Mutter mich aufforderte, es dem Soldaten auszuhändigen. Schon früh neigte ich zu einer ausgesprochenen Besitzstandswahrung. Als Kleinkind, das gerade anfing zu sprechen, soll ich immer sehr ärgerlich reagiert haben, wenn man mir z.B. Spielzeug wegnehmen wollte. Meine Mutter sagte, dass ich dann verärgert ausgerufen hatte: »Lielassse, abkaue nein.« Das so viel hieß wie ‚Liegenlassen, nicht abklauen (wegnehmen)'. Ähnlich ärgerlich reagierte ich jetzt und war nicht bereit, das Fernglas dem Soldaten auszuhändigen.

Vielmehr rief ich aus: »Das ist mein Fernglas.«

Der Soldat verstand nicht, was ich ihm an den Kopf warf, aber er merkte wohl, dass ich nicht ohne weiteres bereit war, auf mein Eigentum zu verzichten. Er zog eine angebrochene Tafel Schokolade aus seiner Uniformjacke, reichte sie mir und wollte sie gegen das Fernglas eintauschen. Ein sehr schlechter Tausch, wie ich fand, da es sich ja noch nicht einmal um eine ganze, unversehrte Tafel Schokolade handelte. Inzwischen hatten die Frauen ob meiner Weigerung wohl Angst bekommen und drängten mich mit Worten und Gesten zur Übergabe.

Meine Mutter sagte: »Wir müssen das Fernglas abgeben. Die Deutschen müssen alle Waffen abgeben.«

Noch sah ich zwar nicht ein, wie man mit einem Fernglas jemanden töten könne, aber der hinzugefügte Hinweis, dass das Fernglas ja zur Ausrüstung von Soldaten gehöre, stimmte mich letztlich um. Ärgerlich übergab ich das Fernglas und nahm dafür widerwillig die angebrochene Tafel Schokolade entgegen. Was sollte ich schon mit einer Tafel Schokolade anfangen, von der ein anderer Stücke abgebissen hatte? Ich kann mich auch nicht entsinnen, dass ich später von der Schokolade gegessen habe. Der Soldat lächelte, strich mir über den Kopf und bedankte sich. Dass es sich um Dankesworte handelte, hatte ich verstanden. Rein phonetisch ähnelt ein »Thank You« ja durchaus einem »Dankeschön«. Damals wusste ich noch nicht, dass Deutsch und Englisch dieselben Wurzeln haben und ursprünglich die englische Sprache eine Bastardsprache aus dem Niederdeutschen ist. Der amerikanische Soldat verabschiedete sich auch von den Frauen und verließ dann das Zimmer. Ich blieb wütend zurück und wollte nicht weiter das Geschehen auf der Straße betrachten. Schmollend zog ich mich in die hinteren, dunkleren Bereiche unseres Zimmers zurück. Wie mir meine Mutter später erzählte, hatte sich die Versammlung vor unserer Tür kurz danach aufgelöst und die amerikanischen Soldaten bezogen ihre Quartiere im Dorf. In unserem Haus wurden keine Soldaten untergebracht, wie das in den Nachbarhäusern der Fall war. Die Amerikaner blieben nur wenige Tage und zogen dann weiter gen Osten, der Vereinigung mit den Russen entgegen. In Erinnerung geblieben ist mir aus diesen Tagen nur, dass die farbigen Soldaten von Haus zu Haus gingen und um Eier baten. Kaum jemand verweigerte sich dieser Bitte. Zu groß war die Angst vor schwerwiegenden Folgen. Nur der Inhaber des örtlichen Lebensmittelladens gab keine Eier heraus; hatte dafür aber eine massive Verschmutzung seiner Eingangstreppe mit menschlichen Exkrementen hinzunehmen. Nach dem Abzug der Amerikaner besetzten einige Tage später Briten das Dorf, die dann als Besatzung blieben.

Rücktransport

Nach Kriegsende im Mai 1945 änderte sich die Grundstimmung in unserem von mir so geliebten österreichischen Dorf. Waren die aus Deutschland evakuierten Familien bis dahin voll in die Dorfgemeinschaft integriert, so lehnten uns nun etliche Dorfbewohner ab. Teilweise zeigte sich das in offen geäußertem Missfallen. Wir Kinder bekamen davon aber wenig mit und spielten weiter mit den ansässigen Dorfkindern. Unsere Wirtin, die Schauer-Bäuerin, bemutterte mich weiterhin. Wenn sie in der Küche, die gleichzeitig Wohnstube war, ihrer Arbeit nachging, saß ich auf der Bank am Fenster und schaute nach draußen. Lange konnte

ich so sitzen und genoss Frau Schauers Nähe. Von ihrem Ehemann und ihrem einziger Sohn, die beide bei der Wehrmacht waren, hatte sie keine Nachricht. Lebten sie noch? Waren sie in Gefangenschaft geraten? Kein Lebenszeichen war bisher von ihnen in das Dorf gedrungen. Ich hingegen war nicht alleine. Bei Kriegsende lebten meine Mutter, meine Großmutter, meine Tante Ann und ich zusammen in unserem recht großen Zimmer auf dem Bauernhof. Wir kümmerten uns alle um Frau Schauer und halfen auch fleißig auf dem Hofe mit.
Die Arbeit und unsere Anteilnahme an ihrem Schicksal halfen ihr wohl zumindest zeitweise über die Ungewissheit, wie es ihren Lieben erging, hinweg. Schon seit unserer Ankunft hatte Frau Schauer mich in ihr Herz geschlossen. Ich erinnere mich an einige der ersten Abende nach unserer Ankunft 1942. Damals zweijährig trug sie mich, bevor ich ins Bett gebracht wurde, auf dem Arm und ging mit mir im Erdgeschoss am Stall an den Kühen vorbei. Das war ein abendliches Ritual bei dem ich jede einzelne Kuh beim Namen nannte, streichelte und ihr Gute Nacht sagte. Erst dann war ich bereit, mich schlafen legen zu lassen.

Wenn ich um die Mittagszeit bei Frau Schauer in der Küche saß, fragte sie mich manchmal: »Fritz, was möchtest du essen?«

Wie aus der Pistole geschossen kam meine Antwort: »Pfannkuchen.« Gemeint war ein Eierpfannkuchen nach ihrem Hausrezept, den ich für mein Leben gern aß. Eine größere Freude konnte sie mir mit nichts anderem machen. Weder meiner Großmutter noch meiner Mutter ist es jemals gelungen, Pfannkuchen so lecker zuzubereiten.

Diese für mich idyllischen Verhältnisse änderten sich durch die Aufforderung, das Land zu verlassen, schlagartig. Ich sollte meine so geliebte österreichische Heimat und Frau Schauer verlassen? Vorstellen konnte ich mir das nicht, aber meine Mutter und meine Großmutter betonten immer wieder, dass unsere Heimat in Deutschland sei und dahin könnten wir nun zurück. Letztlich fand ich mich mit der Situation ab. Eine gewisse Neugierde auf die deutsche Heimat meiner Familie spielte dabei sicherlich mit.

Meine Mutter hatte sich nun um den Rücktransport zu kümmern. Wir mussten Österreich verlassen. Einen anderen Ausweg sah die Familie nicht. Also galt es nicht lange mit der Abreise zu warten. Immerhin lebte ja mein Großvater noch in Essen. Eine Cousine meines Großvaters, die mit ihrem Mann eine Gastwirtschaft in Essen-Katernberg betrieb, hatte meine Großeltern nach der Ausbombung in der Innenstadt aufgenommen und ihnen zwei Zimmer, die früher als Fremdenzimmer genutzt wurden, zur Verfügung gestellt. Es war damals schon klar, dass meine Mutter und ich dort aus Platzmangel nicht auf Dauer wohnen konnten. Aber wir mussten für die Ausreise eine Adresse in Deutschland angeben und das war die Katernberger Adresse. Waren wir erst in Essen, so wollte meine Familie sehen, wo wir endgültig unterkommen konnten. Meine Mutter machte sich zu Fuß auf den Weg nach Grießkirchen, der nächstgelegenen Bahnstation. Dort hatte man ein Auffanglager für die Deutschen eingerichtet. Grießkirchen, da wo die Rücktransporte aus unserer Gegend zusammengestellt wurden, liegt verkehrsgünstig an der Bahnstrecke von Wien nach Passau. Mutter musste dort alle Familienmitglieder registrieren lassen und sich um einen Termin für die Rückreise bemühen. Sie kam am frühen Abend recht zufrieden zurück und überraschte uns mit der Mitteilung, dass wir schon in wenigen Tagen abreisen könnten. Das war einem glücklichen Umstand zu verdanken. Der Leiter der Rückreisestelle war nämlich niemand anderes als der deutsche Offizier, der gegen Kriegsende bei uns übernachtet hatte, als seine Infanterietruppe auf dem Rückzug bei Wendling biwakierte. Er hatte meine Mutter sofort erkannt und uns für einen der nächsten Transporte eingeteilt.

Großmutter, Mutter und Tante Ann waren erleichtert, dass es nun schnell zurück nach Deutschland gehen sollte, da an ein Bleiben im Dorf nicht zu denken war. Anfänglich hatte ich Mühe, mir vorzustellen, Wendling und meine Freunde zu verlassen. Immerhin war ich mit Fanni eng befreundet und auch andere Dorfkinder würde ich wohl vermissen. Letztlich gewannen aber die Aussicht auf das Abenteuer der Zugfahrt in das Ruhrgebiet und der Reiz, dort meine Verwandten kennenzulernen, die Oberhand. Ganz besonders freute ich mich auf ein Wiedersehen mit meinem Großvater, der immer noch bei Krupp in Essen arbeitete.

Wir waren die Ersten aus unserem Dorf, die den Rücktransport antraten. Alle anderen deutschen Familien hatte man für spätere Transporte eingeteilt. Nach einigen Tage stand ein großer Leiterwagen vor unserer Haustür, den meine Mutter – ich weiß nicht, wie – einschließlich Kutscher organisieren konnte. Die wenigen Möbel, die wir aus Deutschland mitgebracht hatten, waren schnell verladen und schon wenige Stunden später hieß es Abschied nehmen.

Als Letzten nahm mich Frau Schauer in die Arme und sagte leise mit Tränen in den Augen: »Fritz, mein lieber Junge! Ich wünsche dir alles Gute. Gell, du besuchst mich doch sicher mal, wenn du groß bist.«

Auch ich weinte und versprach Frau Schauer, sie auf jeden Fall zu besuchen. Sagte aber gleichzeitig, dass ich gar nicht gerne von Wendling und von ihr weggehen möchte. Sie meinte, dass wir uns ja wiedersehen würden, wenn ich groß wäre. Das tröstete mich nicht. Bis dahin konnten viele Jahre vergehen. Tatsächlich habe ich mein Versprechen, sie zu besuchen, nicht gehalten. Erst in fortgeschrittenem Alter schauten meine Frau und ich auf der Rückreise von einem Urlaub in Südtirol kurz in Wendling vorbei. Aber da lebte Frau Schauer schon etliche Jahre nicht mehr und ich konnte nur ihr Grab auf dem Friedhof vor der Kirche besuchen und sie dort im Gebet um Verzeihung bitten.

Der Leiterwagen setzte sich, von einem einzelnen Pferd gezogen, in Bewegung. Frau Schauer und wir winkten uns zu, bis der Wagen um die nächste Ecke bog und der kleine Bauernhof nicht mehr zu sehen war. Die Fahrt zum Auffanglager in Grieskirchen verlief ohne Zwischenfälle. Vom Leiterwagen herabgestiegen, sahen wir uns nach dem Lager um, fanden es und luden unsere Möbel und Gepäckstücke vor dem Gebäude ab. Doch der Zutritt zum Lager, einer riesigen Halle, wurde uns verwehrt. Ein deutscher Soldat in Begleitung von zwei britischen Militärpolizisten machte uns klar, dass wir zunächst durch die Entlausungsanlage müssten, bevor wir das Lager betreten durften. Uns wurde ungemütlich und ich konnte mir unter einer Entlausungsanlage nichts vorstellen. Das ging wohl den meisten Leuten so, die mit uns vor einer anderen, wesentlich kleineren Halle warteten. Dort sollte die Entlausung stattfinden. Nachdem wir durch eine Tür eingetreten waren, mussten wir uns vollkommen entkleiden. Die Kleider wurden weggelegt. Was kam als nächstes? Ich hatte Angst. Andere scherzten und versuchten so ihr Unbehagen zu verdrängen. Wir alle aber nahmen den stechenden Geruch von Desinfektionsmitteln wahr. Als unsere Familie an der Reihe war, ging es durch eine weitere Tür in eine Art Waschraum, an dessen Decke Brausen angebracht waren. Die Brausen wurden eingeschaltet und wir hatten darunter langsam hindurchzugehen. Am ganzen Körper mit Desinfektionsmittel besprüht, verließen wird den Raum und konnten uns notdürftig abtrocknen, bevor wir wieder zu unseren Kleidern, die man auch desinfiziert hatte, gelassen wurden. Es dauerte Tage bis der Geruch der Desinfektionsmittel sich langsam verflüchtigte. Nach dieser »Entlausung« genannten Prozedur durften wir endlich die große Halle betreten und Schlafplätze suchen. Auf dem Boden war eine dicke Schicht Stroh ausgebreitet, überall lagen, saßen oder bewegten sich Menschen. Die Lagerorganisatoren hatten an allen Außenwänden in bestimmten Abständen kreuzweise Leinen befestigt und sie über die ganze Halle gespannt. Jedes der so abgegrenzten Rechtecke diente zum Lagern der einzelnen Familien. Über den Leinen hatten die Menschen Decken oder Tücher gehängt, um sich einen kleinen Intimbereich gegenüber der Nachbarn zu schaffen. Auch meine Mutter, Großmutter und Tante Ann folgten diesem Vorbild und legten außerdem Decken zum Schlafen auf das Stroh. Manche Familien hatten schon mehrere Nächte in der Halle verbracht, aber uns wurde mitgeteilt, dass wir sofort am nächsten Tag abtransportiert würden. Zuvor mussten noch die von den an diesem Tag angekommenen Rückkehrer mitgebrachten Möbel in leere Viehwaggons verladen werden, die auf dem Gleis neben der Halle standen. In diesen Waggons sollten auch wir mitfahren. Der Großteil der Waggons war schon mit den Habseligkeiten der seit Tagen Wartenden beladen. Wir waren zusammen mit anderen Familien die letzten, die mit diesem ersten Transport aus Grießkirchen nach Deutschland zurückgeführt werden sollten.

Am nächsten Tag kam kurz vor Mittag das Signal zum Einsteigen in die Viehwaggons. Die mitgebrachten persönlichen Sachen waren schnell gepackt und verladen. Mit uns reisten in dem uns zugeteilten Wagen drei weitere Familien mit Kindern. Jede der vier Familien bekam eine Ecke des Viehwaggons angewiesen. In der Mitte jeder Längswand befand sich ein großes Schiebetor, durch das bei normalem Gebrauch das Vieh hinein und heraus getrieben wurde. Etwas seitlich eines Schiebetors gab es einen abgetrennten Verschlag, der das Plumsklo mit direkter Entsorgung auf das Gleisbett beherbergte. Mir war das nicht unangenehm, denn auf dem Bauernhof in Wendling konnte man seine Notdurft auch nur in einem Herzhäuschen abseits vom Wohnhaus verrichten. Ganz oben unter der Decke lag zwischen den Türen in jeder Längswand je ein schmales, langes Fenster, wodurch bei geschlossenen Türen für Frischluftzufuhr gesorgt war.

Die Schiebetüren wurden verschlossen, aber nicht verriegelt, und der Zug fuhr mit fauchenden Lokomotiven ab. Wohin die Fahrt ging und wie lang der Zug war, konnten wir bei den geschlossenen Türen nicht ausmachen, da die Fenster zum Durchschauen zu hoch unter der Decke lagen. Nach nicht allzu langer Zeit hielt der Zug und die Tore konnten geöffnet werden, wie das Zugbegleitpersonal mit lauten Stimmen verkündete. Wir schauten hinaus und sahen, dass der Zug zum Wasseraufnehmen für die Dampflokomotiven an einer Station hielt. Die Bahnstrecke lag hier in einem Gleisbogen, sodass ich zum ersten Mal den Zug in seiner ganzen Länge sehen konnte. Er schien mir ungeheuer lang. Gezogen wurde er von drei Lokomotiven. Jeweils eine vorne, hinten und in der Mitte. Solch einen Zug hatte ich überhaupt noch nicht gesehen. Hinter der Führungslokomotive hingen drei normale Personenwagen. Wie uns die Eisenbahner mitteilten, konnten wir diese mitbenutzen. Normal Reisende gab es in diesem Transport nicht. Im Verlauf der vierzehn Tage, die der Transport in das Ruhrgebiet dauerte, hatte ich mehrmals die Gelegenheit, in den Personenwagen mitzufahren. So auch jetzt, nach unserem ersten Halt. Meine Mutter erkundigte sich, ob der Zug lange genug hielt, um zu den Personenwagen am Zuganfang zu gelangen, da wir von der Mitte des Zuges, in der sich unser Waggon befand, doch ein ganzes Stück laufen mussten. Nach positivem Bescheid machten wir uns auf den Weg. Es waren nur wenige Plätze in den Personenwagen belegt, sodass wir in der Wahl unserer Sitzplätze vollkommen frei waren. Wir setzten uns in ein Abteil in der Mitte des ersten Wagens und nahmen auf gegenüberliegenden Fensterplätzen Platz. In unserem Abteil waren wir allein. Es war diese Art von Personenwagen, bei denen man die einzelnen Abteile nur von außen durch je eine Abteiltür von den beiden Wagenseiten aus betreten kann. Einen Mittelgang zur Erschließung des Wagens gab es nicht. In die Abteile gelangte man nach Öffnung der Tür über mehrere Gitterstufen. Nachdem wir uns gesetzt hatten, dauerte es noch eine ganze Weile, bis der Zug abfuhr. Staunend blickte ich aus dem Fenster und sah die oberösterreichische Landschaft langsam an uns vorüberziehen. Es war ja meine erste bewusste Zugfahrt. Ich machte das Fenster auf und streckte den Kopf aus dem Fenster. Der Wind zerzauste meine Haare und Rußpartikel vom Qualm der vorderen Lokomotive flogen in meine Augen. Das wurde dann doch so unangenehm, dass ich das Fenster wieder schloss. Meine Mutter genoss die Fahrt ebenso, war aber wohl mehr mit ihren Gedanken an die Zukunft beschäftigt. Traurig sah sie nicht aus. Die Landschaft blieb eben mit nur wenigen Wellungen am Horizont. Plötzlich pfiffen die Lokomotiven und kündigten etwas an. Was es war, konnten wir noch nicht ausmachen. Vor uns sahen wir nur einen Streifen mit Bäumen, der sich über Kilometer quer zur Fahrtrichtung hinzog. Ungewohnte Vibrationen, stetig zunehmend, durchliefen den Zug, verbunden mit metallischen Geräuschen. Bald erkannten wir die Ursache. Der Zug fuhr über eine stählerne Fachwerkbrücke. Unter uns lag ein tief eingeschnittenes Flusstal. Der tief unter uns liegende Fluss füllte das ganze Flussbett von einem Steilhang zum anderen aus.

»Das muss der Inn sein«, vermutete meine Mutter und fuhr fort: »Auf dem anderen Ufer beginnt Deutschland. Der Inn bildet hier die Grenze zwischen Österreich und Deutschland.«

Langsam dampften die Lokomotiven mit ihrer schweren Last im Schritttempo über die Innbrücke. Dann ging es auf der deutschen Seite weiter. Ein Dorf nach dem anderen erschien im Blickfeld. Manche weiter entfernt, einige direkt an der Bahnstrecke. Wenige Kilometer hinter der Grenze hielt der Zug an einer kleinen Station. Überhaupt wurde die Zugfahrt häufig durch Halte, manchmal auf freier Strecke, unterbrochen. Einige davon waren sicherlich betriebstechnisch im Hinblick auf den Ablauf des Zugverkehrs bedingt, andere dienten zur Wasseraufnahme für die Lokomotiven. Aussteigen konnten wir bei diesen Halten nur, wenn das ausdrücklich durch die Eisenbahner verkündet wurde. Das war jetzt der Fall. Man kündigte einen einstündigen Halt an. Sofort strömten die Rückkehrer aus den Wagen, vertraten sich die Beine und füllten ihre Wasservorräte auf. Auch meine Mutter und ich stiegen aus und erfrischten uns an einem Becken mit fließendem Wasser. Da unser Viehwaggon doch recht weit entfernt stand, beschloss meine Mutter zur Weiterfahrt wieder unser Personenabteil aufzusuchen. Ich tollte mit einigen anderen Kindern auf dem Bahnhofsgelände herum, bis die Lokomotiven zur Weiterfahrt pfiffen. Alle stiegen ein und nach einigen

Minuten setzte der Menschentransport seine Fahrt weiter nach Deutschland hinein fort.

Bald tauchte seitlich vor uns ein sehr breiter Fluss auf, den der Zug aber nicht überquerte, sondern an dessen Ufer er entlang fuhr. Solch einen breiten Fluss hatte ich noch nie gesehen. Die Gegend war flach. Nur am Horizont waren weit entfernt Berge auszumachen.

»Das ist die Donau«, wusste Mama nun ganz bestimmt.

Ich konnte mit diesem Namen wieder nichts anfangen, wunderte mich nur über die Breite des Flusses und die Baumreihen, die sporadisch die Ufer säumten. Bei einem der nächsten Halte verließen wir unser gemütliches Abteil und kehrten in den Güterwagen zurück. Hier konnte man zwar weniger komfortabel sitzen, aber mich lang ausstrecken und liegen konnte ich hier besser. Langsam brach die Dämmerung herein und bald wurde es dunkel. Der Zug fuhr die Nacht über und muss wohl irgendwann gehalten haben, denn als ich aufwachte und die Tore des Waggons geöffnet wurden, war es heller Tag. Neugierig ging ich zum Tor und schaute nach draußen. Unser Zug hielt auf einem Außengleis eines ausgedehnten Gleisfeldes mit schätzungsweise mehr als fünfzehn Gleisen. Die genaue Anzahl war nicht feststellbar, da dort einige Güterzüge abgestellt waren. Rechts neben unserem Zug lag eine geschotterte Fläche, über die man Zugang zu benachbarten Straßen hatte. Etwa hundert Meter vor unserem Waggon querte eine Straßenbrücke das gesamte Gleisfeld. An den Seitenenden des Gleisfeldes gab es Treppenanlagen, über die Fußgänger auf die Brücke gelangen konnten. Eine davon befand sich ganz in der Nähe unseres Waggons. Rechts und links des Gleisfeldes zog sich, soweit man blicken konnte, eine mehrgeschossige Wohn- und Industriebebauung hin. Unser Zug hielt wohl auf dem Güterzuggelände einer großen Stadt. Erst später erfuhr ich, dass es sich um das Bahngelände weit vor dem Münchner Hauptbahnhof handelte. München sagte mir nun auch nichts, zumal ich nicht dorthin gehen durfte, und so erkundeten wir Kinder nur die engste Umgebung um unseren Zug. Niemand wusste, wann und wie es weitergehen würde. Es verging ein Tag nach dem anderen und immer noch bekamen wir keine Information über den Zeitpunkt unserer Weiterreise. Auf dem Gleisfeld gab es allerdings eine Menge zu sehen. Güter- und Personenzüge fuhren in beiden

Richtungen an uns vorbei und auch auf der Brücke herrschte reger Betrieb.

An einem der nächsten Tage hielt direkt links neben uns ein britischer Truppentransport, wie wir an den Uniformen der Soldaten leicht erkennen konnten. Der Zug bestand wie unserer aus einer Abfolge von Güterwaggons. Bei beiden Zügen waren die Schiebetüren weit geöffnet, so dass wir neugierigen Kinder den Soldaten bei ihren Beschäftigungen zusehen konnten. Scheu kannten wir nicht, vielmehr winkten wir den Soldaten fröhlich lachend zu und versuchten mit ihnen Kontakt aufzunehmen. Leider sprach keiner von uns Englisch und auch nur wenige Erwachsene, darunter meine Mutter, brachten einige englische Worte heraus. Die Soldaten ihrerseits sprachen kein Deutsch. Zur Verständigung musste es also bei Gesten bleiben. Nach einiger Zeit bemerkten wir eine größere Bewegung bei den Soldaten in dem uns gegenüberstehenden Wagen. Zwei Uniformierte stiegen aus und bekamen aus dem Waggon heraus einen großen, oben offenen Karton herabgereicht. Die beiden fassten zu und schritten mit dem Karton über den Schotter zu unserem offenen Schiebetor. Dort angekommen hoben sie lächelnd den Karton auf die Ladefläche unseres Waggons. Verblüfft starrten wir Kinder in den Karton. Er war halb voll mit Süßigkeiten und Lebensmitteln. Die englischen Soldaten gaben uns zu verstehen, dass die Sachen für uns Kinder bestimmt seien. So ganz geheuer war uns dabei jedoch nicht, sodass wir erst unsere Mütter herbeiriefen. Die gaben grünes Licht und bedankten sich überschwänglich bei unseren Wohltätern. Unsere Kinderaugen leuchteten ob so vieler Köstlichkeiten. Wir stiegen herab und bedankten uns artig bei allen inzwischen herbeigeeilten Soldaten. Wie sich herausstellte, hatten sie in mehreren Wagen Teile ihrer Ration gesammelt, um uns Kindern damit eine Freude zu machen. Diese Begebenheit werde ich mein Leben lang nicht vergessen. Noch heute bin ich dankbar, solch eine Nächstenliebe von ehemaligen Feinden erfahren zu haben. Später habe ich die Geschichte oftmals erzählt. Zum einen, weil die Bilder sich tief in mein Gedächtnis eingebrannt haben, zum anderen aber auch, um zu verdeutlichen, dass selbst in kriegerischen Zeiten Menschlichkeit und Mitleid auch kampferprobte Soldaten weich werden lassen, wenn sie Kinder und Familien in Not sehen.

Der Truppentransport hielt noch einige Stunden neben uns. Manche Kinder hatten sich mittlerweile mit den Soldaten angefreundet und waren sogar zu ihnen in deren Waggon geklettert. Ich war dazu aber viel zu schüchtern und sah mir das Treiben lieber von unserer Ladefläche aus an. Der Inhalt des Kartons wurde sofort nach der Annahme durch unsere Mütter gerecht auf alle Familien verteilt. Für uns Kinder reichten die von den Müttern rationierten Süßigkeiten viele Tage. Als der Zug mit den britischen Soldaten abfuhr, winkten wir den an den geöffneten Toren stehen Wohltätern noch lange nach.

Wie viele Tage unser Zug auf dem Gleisfeld vor dem Münchner Hauptbahnhof warten musste, weiß ich nicht. Aber sicherlich werden es mehr als vier gewesen sein. Irgendwann, ich hatte jedes Zeitgefühl verloren, vermehrten sich die Anzeichen, dass es bald weitergehen könnte. Endlich war es soweit. Alle Rückkehrer waren eingestiegen, die Tore wurden geschlossen und die Reise fortgesetzt. Aus den Gesprächen der Erwachsenen konnten wir entnehmen, dass der Grund für die lange Wartezeit die nach Kriegsende eingerichteten Zonengrenzen waren. Wir befanden uns in der amerikanischen Zone, mussten aber in die britische Zone, da das Ruhrgebiet durch Briten besetzt war. Um in die britische Zone zu gelangen, bedurfte es damals umfangreicher Genehmigungen, auf welche die Zugleitung lange gewartet, sie aber nicht bekommen hatte. Schließlich entschloss man sich dennoch zur Weiterfahrt. Irgendwie würde es wohl gelingen, die Grenze zwischen amerikanischer und britischer Zone zu überwinden.

Mehrere Tage fuhr der Transport mit einigen längeren Unterbrechungen tagsüber durch Süddeutschland. Abends wurde in der Regel angehalten und erst am nächsten Morgen ging es weiter. Die Fahrstrecke verlief fast immer abseits von Großstädten. Jedenfalls konnte ich solche nicht erkennen, sondern nur ländliche Gegenden. Wir waren schon zehn Tage unterwegs, wie einige nachgehalten hatten, als wir zusammengerufen wurden und uns die Zugleitung mitteilte, dass immer noch keine Genehmigung zur Einreise in die britische Zone vorläge, aber man habe sich entschlossen heute auch nachts zu fahren, um im Schutz der Dunkelheit die Grenze zwischen den Besatzungszonen zu überwinden. Viele Rückkehrwillige rätselten, warum es einer Genehmigung bedurfte, von einer Besatzungszone in eine andere zu wechseln. Wir wollten alle nur zurück an unsere Heimatsorte. Das konnte man uns doch nicht verwehren. Aber bei den Amerikanern dagegen zu protestieren trauten wir uns nicht, schließlich hatten jetzt die Siegermächte das Sagen und wir mussten uns fügen. Einige Frauen, die erst kürzlich Briefkontakte in die Heimat gehabt hatten, meinten zu wissen, warum man uns eine Einreise verweigerte. Ihre Angehörigen hätten ihnen geschrieben, dass Versorgungsschwierigkeiten und die Wohnungsnot im Ruhrgebiet die Gründe für das restriktive Vorgehen der Briten seien. Die britische Besatzungsmacht habe schon genug Probleme, die Bevölkerung in ihrer Zone zu ernähren und ihr Wohnraum zu beschaffen. Da verschärfe ein Zuzug weiterer Personen nur die allgemein schlechte Versorgungslage im eigenen Zuständigkeitsbereich. Sollten doch die Amerikaner in ihrer Besatzungszone die Menschen ernähren.

Als es stockdunkel war, ging die Fahrt weiter. Nach einiger Zeit hielt der Zug und draußen waren Stimmen zu hören. Aufgeregte Gespräche, die durch die Holzwände der Waggons drangen, verhießen nichts Gutes. Endlich setzte sich der Zug wieder in Bewegung. Erstaunt stellten wir fest, dass er jetzt rückwärtsfuhr. Die Zugbegleiter hatten es nicht geschafft, die Grenzkontrolleure von einer Weiterfahrt in die britische Zone zu überzeugen. Es blieb uns nichts anderes übrig, als den Rest der Nacht schlafend und wartend in unseren Wagen zu verbringen. Bei Tagesanbruch öffneten sich manche Waggontüren und die Leute versuchten herauszufinden, wo wir uns befanden. Verschiedene Ortsnamen machten gerüchteweise die Runde. Eine endgültige Antwort war nicht zu finden, zumal sich von dem Bahnbegleitpersonal niemand blicken ließ. Wieder befand sich der Zug auf einem Gleisfeld, diesmal aber nur mit wenigen Gleisen. Andere Züge sah man nicht. Am späten Vormittag stellten sich die Zugbegleiter ein. Sie suchten der Reihe nach die ihnen zugewiesenen Waggons auf. Der für uns zuständige Eisenbahner stieg in den Wagen, als wir an der Reihe waren, und bat um Aufmerksamkeit. Wie uns der Beamte mitteilte, hielten wir nördlich von Dillenburg auf einem Güterbahnhof an der Bahnstrecke nach Siegen. Die Grenze zwischen der amerikanischen und der britischen Zone verlaufe etwa in der Mitte zwischen Dillenburg und Siegen. Er erklärte weiter, dass der nächtliche Durchbruch nicht gelungen sei, da die britischen Soldaten bemerkt haben, dass es sich um einen Personentransport ohne Genehmigung zur Grenzüberschreitung gehandelt habe. In der kommenden Nacht wolle man nochmals einen Durchbruch versuchen. Die begleitenden deutschen Eisenbahner würden den an der Zonengrenze kontrollierenden Briten erklären, dass es sich bei unserem Zug um einen Gütertransport mit Lebensmitteln zur Versorgung des Ruhrgebiets handele. Um keinen Verdacht aufkommen zu lassen, hatte man die mitgeführten Personenwagen abgekoppelt. Es wurde eindringlich darauf hingewiesen, dass sich während des Durchbruchsversuchs jeder ganz leise zu verhalten habe. Jegliches Sprechen, Herumlaufen oder anderes Verhalten, das auf Anwesenheit von Personen schließen ließ, müsse strikt unterlassen werden. Selbst Schnarchen wäre verdächtig. Ganz besonders wurden wir Kinder ermahnt, uns vollkommen ruhig zu verhalten. Manche Erwachsene waren skeptisch, ob dieses Unterfangen gelingen könne. Der Transport setzte sich erst bei vollkommener Dunkelheit in Bewegung, da er nur etwa eine halbe Stunde bis zur Zonengrenze zu fahren hatte. In den Wagen blieb es vollkommen still. Als der Zug hielt, wussten wir, dass es jetzt galt vollkommen ruhig zu sein, da wir wohl an der Zonengrenze hielten und eine Kontrolle, wie die auch aussehen mochte, bevorstand. Alle Waggontüren waren beim letzten Halt von innen verriegelt worden. Draußen schallten Rufe durch die Nacht und man hörte Personen den Zug entlang schreiten und Fragen stellen. Bald fragte auch an unserem Waggon außen eine männliche Stimme: »Ist da jemand drin?«

Vollkommene Stille, alle waren mucksmäuschenstill! Nur meine Großmutter, die in unangenehmen Situationen manchmal etwas vorlaut war, antwortete nach einer Weile laut: »Nein, nur Rindfleisch in Dosen.«

Wäre es nicht stockfinster gewesen, hätte man die entsetzten Gesichter der Erwachsenen sehen können. Einige wären wohl bereit gewesen, sich auf Großmutter zu stürzen und sie möglicherweise zu lynchen, wenn nicht jeglicher Krach die Sache noch verschlimmert hätte. Viele rechneten damit, dass auch dieser nächtliche Durchbruch gescheitert sei. Manche hatten sich wohl schon überlegt, wie sie Großmutter zur Rechenschaft ziehen könnten. Merkwürdigerweise blieb es aber draußen ruhig. Niemand fragte nach oder versuchte, das Waggontor zu öffnen, um nachzusehen, wer da im Waggon gesprochen hatte. Die Schritte und Stimmen entfernten sich. Nicht lange danach setzte sich der Zug wieder in Bewegung. Diesmal vorwärts. Nicht rückwärts wie in der vergangenen Nacht bei dem missglückten Durchbruchversuch. Alle atmeten auf. Auch Großmutter hatte nichts Unangenehmes mehr zu befürchten. Jetzt musste der Transport sich wohl schon in der britischen Zone befinden. Der Zug fuhr sehr langsam und hielt erst, als es schon Tag war. Als man die Türen unseres Waggons von innen entriegelt und öffnete, schauten wir alle nach draußen.

»Das ist Wanne-Eickel«, waren sich einige Frauen sicher.

Tatsächlich war es die große Gleisanlage des Güterbahnhofs von Wanne-Eickel. Meine Großmutter erkundigte sich, wie es nun weitergehen solle, denn es war klar, dass man hier die einzelnen Wagen abkoppeln musste, um sie an ihre Bestimmungsorte zum Entladen zu bringen. Großmutter kam zurück, teilte uns genau das mit und ergänzte, dass unser Waggon nach Essen bestimmt sei, dass er aber an verschiedenen Essener Bahnhöfen entladen werde. Leider nicht in Katernberg-Süd, wohin wir wollten, sondern in Katernberg-Nord. Nun gut, auch das war in Ordnung, denn der Weg bis zur Wohnung der Großeltern war nur wenige Kilometer länger. Die Hauptarbeit bestand eh im Abladen und Aufladen der Möbel. Großmutter erfuhr von den Eisenbahnern aber nicht, wann es weitergehen würde und wie lange das Abladen in Katernberg dauern könne. Weitere Nachfragen ergaben, dass es möglich sei, mit einem anderen Zug ohne unsere Möbelstücke nach Katernberg zu fahren. Mutter und Großmutter waren aber nicht bereit, unsere Habseligkeiten aus den Augen zu lassen. Es wurde daher beschlossen, dass Tante Ann und ich nach Katernberg vorfahren sollten. Großmutter und Mutter würden dann mit dem Waggon mit unseren Möbelstücken nachkommen. So wurde verfahren. Der nächste Zug, der auch über Essen-Katernberg fuhr, wurde mit Mühe ausfindig gemacht. Leider verfügte er nur über einen Personenwagen, der vollkommen überfüllt war. Dort konnten wir keinen Platz finden. Alle anderen Wagen waren offene Güterwagen, die man sonst für den Kohletransport verwendete. Jetzt waren sie angefüllt mit Möbelstücken zuvor angekommener Rückkehrer. Nur notdürftig abgedeckt durch Decken und Planen. Die Eisenbahner meinten, wir könnten doch in einem dieser Wagen mitfahren. Da wir so schnell als möglich weiter wollten, nahmen wir das Angebot an. Es war ein regnerischer Tag mit feinem Landregen, der schon früh eingesetzt hatte. Meine Mutter gab uns zwei Regenschirme, damit wir uns wenigstens etwas vor dem Regen schützen konnten. Tante Ann und ich stiegen ein und setzten uns auf einen durch Möbelstücke gebildeten Absatz, der, wie die anderen Gegenstände auch, mit Planen abgedeckt war. Komfortabel war es nicht, aber die Fahrt von Wanne-Eickel bis nach Katernberg sollte meiner Großmutter nach auch nicht lange dauern. Es wären nur drei Stationen bis dahin. Wir verabschiedeten uns von den Zurückbleibenden und stiegen bei Nieselregen in den offenen Kohletransportwagen. Notdürftig vor dem Regen geschützt erreichten wir endlich den Bahnhof Katernberg-Süd, stiegen aus und machten uns auf den Weg zur Wirtschaft unserer Verwandten. Tante Ann kannte den recht kurzen Weg von etwa fünf Minuten. Als wir erschienen, gab es ein großes Hallo, niemand hatte jetzt mit unserer Ankunft gerechnet. Das war nicht verwunderlich, denn Mitteilungen über unser Eintreffen hatten wir nicht machen können. Mutter und Großmutter erschienen einige Tage später, nachdem der Waggon ausgeladen worden war und sie für den Transport der Möbel zur Wirtschaft gesorgt hatten. Für mich war das erste aufregende Abenteuer meiner Kindheit beendet.

Ein Bayer in Essen

Als ich die Eingangstür öffnete, schien der große Gastraum im Erdgeschoss leer zu sein. Links neben der Tür zog sich mit einem schmalen Zugang eine Theke über die ganze Querseite der Wirtsstube. Rechts dehnte sich der Raum wohl über dreißig Meter bis zur äußeren Längswand hin aus. Der Tür gegenüber lag eine Giebelwand, die, wie die andere Außenwand auch, durch zahlreiche Fenster unterteilt war. Trotzdem drang nur wenig Licht in den Raum, da sich vor den Fenstern der Wirtshausgarten mit hohen Bäumen, die der Sonne nur einen geringen Zugang gewährten, ausdehnte.

Mir war diese ganze Szenerie neu, da ich zum ersten Mal in den Raum trat. Nach unserer Ankunft in Essen-Katernberg, 14 Tage nach Beginn unserer erzwungenen Rückreise aus Österreich, hatte uns meine Großmutter zunächst in das erste Obergeschoss geführt. Dort bewohnten meine Großeltern zwei ehemalige Fremdenzimmer, die auch meiner Mutter und mir zur Verfügung stehen sollten. Der Treppenaufgang war lang, gerade und steil und die Holzstufen in der Mitte bogenförmig ausgetreten. Offensichtlich hatte man die Stufen lange nicht instand gesetzt. Oben mündete die Treppe auf einem Podest, das sich parallel zu dieser bis zu einem breiten Längsgang hinzog. Linkerhand des Längsgangs befand sich ein mit einer Tür versehener Aufgang in den Dachboden und anschließend daran die Zimmer meiner Großeltern. Rechts des Längsganges gingen zwei weitere Zimmer und ein großes Bad mit einer Badewanne und einem Waschbecken ab. Rechts des Podestes führte eine Tür zu den Räumlichkeiten der Wirtsfamilie. Nachdem uns meine Großmutter mit den Örtlichkeiten vertraut gemacht hatte, stellte sie mich den anderen Hausbewohnern vor. Das waren Tante Berta, Onkel Hans, Tante Beate und ihr Mann Kurt sowie dessen Mutter, die ein kleines Zimmer im Dachboden bewohnte. Auf unserer Etage lebte uns gegenüber in einem der Fremdenzimmer noch Onkel Friedrich, auch ein Vetter meines Großvaters. Onkel Friedrich und Großvater waren gemeinsam in der Familie Großmann aufgewachsen. Meine Urgroßeltern Großmann wohnten damals in Lawdt, Kreis Friedland, in Ostpreußen. Da es so ausgesehen hatte, als ob meine Urgroßmutter Maria keine Kinder bekommen könne, nahmen die Urgroßeltern Friedrich, den Sohn ihrer Schwester, bei sich auf. Diese und ihr Mann waren reichlich mit Kindern gesegnet. Nach zwölf Jahren Ehe gebar dann Urgroßmutter Maria doch noch einen Sohn, meinen Großvater Hermann, der das einzige eigene Kind bleiben sollte. Trotz des großen Altersunterschiedes fühlten sich die beiden Kinder eng miteinander verbunden und wuchsen in Harmonie gemeinsam auf. Die beschriebenen familiären Zusammenhänge wurden mir aber erst viel später, in meinen Jugendjahren klar. Tante Berta war eine Cousine meines Großvaters, die Hans Wendler, einen waschechten Bayern, geheiratet hatte. Anfang der zwanziger Jahre des 20. Jahrhunderts pachtete das Ehepaar von der Zeche Zollverein eine Gaststätte in der Haldenstraße. Gleichzeitig bewirtschafteten sie noch das direkt neben der Gaststätte liegende Kasino der Zeche Zollverein, deren Schächte 1 und 2 nur etwa 200 Meter Luftlinie entfernt lagen. Über eine ausreichende Zahl von Gästen mussten sich die Wirtsleute auch jetzt nach dem Krieg nicht beklagen, da viele Bergleute nach der Schicht das Lokal aufsuchten, um ein Bier nach der staubigen Arbeit zu trinken. Außerdem wurden mittags gutbürgerliche Gerichte angeboten, welche die sich selbst versorgenden Kumpel gerne in Anspruch nahmen.

Als ich die leere Gaststube betrat, war es später Vormittag. Die Leere war nicht verwunderlich, da das Schichtende der Bergarbeiter erst um 14 Uhr bevorstand. »Komm zu mir«, hörte ich aus der hinteren Thekenecke heraus Onkel Hans in seinem typischen bayerischen Dialekt, den er auch in den vielen Jahren im Ruhrgebiet bewahrt hatte, rufen. Meine damalige Sprachfärbung war der seinigen sehr ähnlich, da sich der oberösterreichische Dialekt in der Gegend von Ried im Innkreis, wo Wendling liegt, nur wenig von bayerischen Dialekten unterscheidet. Onkel Hans hatte mich, wohl auch weil er sich mit mir in seinem heimischen Dialekt unterhalten konnte, sofort nach der Ankunft in sein Herz geschlossen. Mein »Grüß Gott« bei der Ankunft muss ihm sehr ans Herz gegangen sein. Wie lange wohl war er nicht durch diese im Ruhrgebiet äußerst seltene Formulierung begrüßt worden. Ich durfte, was einer großen Auszeichnung entsprach, neben ihm hinter der Theke sitzen, wenn keine Gäste anwesend waren. Hier, am Ende der Theke, hatte er als Sitzgelegenheiten zwei gut gepolsterte Stühle hingestellt auf denen er sich auszuruhen pflegte, wenn es nichts zu arbeiten gab. War nur geringer Betrieb, so durfte ich ihm sogar beim Gläserwaschen helfen. In einem in der Theke eingelassenen Metallbecken mit Ausguss, in das Wasser eingelassen werden konnte, standen senkrecht in Reihen angeordnet Bürsten, über welche die benutzten Gläser gestülpt und durch mehrmaliges Drehen und Auf- und Abwärtsbewegen gereinigt wurden. Dieser Vorgang fand bei wassergefülltem Becken und ständigem Zufluss von Frischwasser statt, damit nur ja keine Bierreste in den Gläsern verblieben. Die gereinigten Gläser stellte man zum Abtrocknen auf eine danebenliegende geriffelte Metallplatte. Waren sie sauber und trocken, so standen sie für den nächsten Zapfvorgang bereit. Bier für die Gäste zapfen durfte ich mit meinen fünf Jahren nicht, obwohl ich das liebend gern getan hätte. Allein schon der Zapfvorgang faszinierte mich. Es musste wohl viel Übung erfordern, um immer die richtige Menge Bier einlaufen zu lassen und gleichzeitig eine ansprechende Schaumkrone zu erzeugen. Onkel Hans konnte das meisterlich. Manchmal erlaubte er mir, für ihn ein Bier zu zapfen. War ich dann stolz, auch wenn das Ergebnis nicht dem entsprach, wie ich es bei ihm gesehen hatte. Waren wir alleine, so musste ich ihm über alles berichten, was ich in Wendling während unserer Evakuierung erlebt hatte. Onkel Hans war Mitte der

Fünfzig und aus Altersgründen nicht zum Wehrdienst einberufen worden; auch in den letzten Kriegstagen nicht zum Volkssturm. Möglicherweise sah man seine Tätigkeit als kriegswichtig zur Versorgung der Bergleute an. Onkel Hans und Tante Berta hatten nur ein Kind, die Tochter Beate, die gerade geheiratet hatte. Sehr zum Leidwesen ihres Vaters, der seinen Schwiegersohn so gar nicht leiden konnte. Onkel Hans war groß gewachsen, schlank und mit voller, leicht ergrauter Haarpracht. Mir gegenüber zeigte er immer ein offenes Wesen ohne jeglichen Anflug von Hinterhältigkeit. Sein Schwiegersohn hingegen wirkte verschlossen. Sein Gesichtsausdruck und sein ganzes Gehabe deuteten auf eine gewisse Verschlagenheit hin. Dabei sah er recht gut aus und machte auf einen bestimmten Frauentyp Eindruck. Er war mittelgroß, etwas kleiner als seine Frau und hatte volle schwarze Haare, die er sorgfältig pflegte. Ich mochte ihn nicht und konnte mich mit ihm auch nicht unterhalten. So verstand ich trotz meines kindlichen Alters instinktiv die Abneigung, die Onkel Hans ihm gegenüber offen zur Schau trug. Vor allem nahm er seinem Schwiegersohn übel, dass er in der Wirtschaft keinen Finger rührte, sondern als eine Art Hausierer über die Dörfer zog. Sicherlich, jeder musste in der Nachkriegszeit sehen, wie er über die Runden kam. Nach Meinung von Onkel Hans gab es aber durchaus Alternativen zu der Art Tätigkeit, die sein Schwiegersohn ausübte. Als Bergmann zum Beispiel hätte er eine gut bezahlte Arbeit annehmen können. Bergleute für die Arbeit unter Tage waren zu der Zeit sehr gefragt, da die Militärregierung der Briten aus Eigeninteresse die Kohleförderung massiv ausbaute. In Gesprächen, nicht nur mit Familienangehörigen, ließ Onkel Hans manchmal durchblicken, dass der Herr sich wohl nicht die Finger schmutzig machen wolle, um von harter Arbeit gar nicht zu sprechen. Clever schien Kurt allerdings zu sein. Mit einem Freund, der Fotograf war, suchte er Bauernhöfe in ländlichen Gegenden im Münsterland und im Rheinland auf. Sie boten sich bei den Bauern an, alte Fotos von den Vorfahren oder den Höfen abzufotografieren und sie zu vergrößern oder ganz neue Fotos aufzunehmen. Ob sich das Geschäft gelohnt hat, weiß ich nicht. Zu tun hatte er aber immer, wenn er von den Reisen zurückkam. Dann lagen die Abzüge zum Wässern in der einzigen Badewanne, die uns im ganzen Haus zur Verfügung stand. Danach hingen sie, mit Holzklammern befestigt, zum Trocknen an Leinen, die durch das Badezimmer gespannt waren. Wegen dieser Belegung der einzigen Badegelegenheit gab es häufig Streit mit den anderen Hausbewohnern; vor allem mit Onkel Hans. Nach einiger Zeit gab Kurt dieses Geschäft auf und wandte sich anderen Tätigkeiten zu, über die aber nicht geredet wurde.

Wenige Wochen nach unserer Ankunft in Essen teilte mir meine Mutter mit, dass wir nach Münster umziehen würden. Mit vier Personen in zwei kleinen Zimmern war es auf Dauer in Katernberg zu eng. Außerdem sollte ich in einem halben Jahr in Münster mit sechs Jahren eingeschult werden. In Kinderhaus, einem damals ländlichen Vorort von Münster, hatte meine Großmutter mütterlicherseits und ihr zweiter Mann den sieben Kindern ein Haus hinterlassen. Tante Ann war nur wenige Tage in Katernberg geblieben und dann nach Münster-Kinderhaus weitergereist. Dort wohnte sie fortan mit ihrer jüngeren Halbschwester Maria gemeinsam in einem Zimmer. Im elterlichen Haus war für meine Mutter und mich ebenfalls ein Zimmer reserviert, das ehemals das Elternschlafzimmer gewesen war. In anderen Zimmern lebten Onkel Heinz und Tante Dine mit zwei Kindern und Tante Grete mit den beiden Söhnen Karl und Heinz. Tante Gretes Mann war in Stalingrad vermisst und man hatte bisher kein Lebenszeichen von ihm erhalten.

Da ich mich in Essen-Katernberg noch gar nicht so recht eingelebt hatte, fiel mir der Abschied nicht besonders schwer, obwohl ja meine Großeltern und Onkel Hans, der zu meinem väterlichen Freund geworden war, und seine Theke in Katernberg blieben. So reisten wir also ab, nachdem zuvor schon unsere wenigen Möbel nach Münster transportiert worden waren.

Schiebewurst und Spargelstechen

Fast alle Zimmer im Elternhaus meiner Mutter in Münster-Kinderhaus waren im Herbst 1945 durch uns und andere Familienmitglieder belegt. Außerdem wohnte im ersten Obergeschoss eine Familie Barfuß, die man wegen der Wohnungsnot während des Krieges dort einquartierte. Das Haus hatten meine Großmutter mütterlicherseits und ihr zweiter Ehemann in den dreißiger Jahren als Ersatz für ein von der Wehrmacht enteignetes Haus erbauen lassen. Während mein Vater 1939/1940 in Münster-Handorf auf dem Fliegerhorst stationiert war, wohnte meine Mutter bei ihren Geschwistern in diesem Haus. Meine Großmutter mütterlicherseits, die meinen Vater sehr gemocht hatte, war schon Ende Oktober 1937 gestorben. Es wird berichtet, dass mein Vater auf dem Rückflug zum Fliegerhorst manchmal über das Haus flog und dabei zur Begrüßung mit den Tragflächen wackelte.

Noch vor dem ersten Weltkrieg hatten besagte Großeltern ein Haus in Handorf, einem damals noch selbstständigen Ort östlich von Münster, gebaut. Mit Beginn des III. Reiches richtete man in Münster-Handorf einen Militärflughafen ein. Unglücklicherweise stand das Haus der Großeltern auf dem Gelände des geplanten Flughafens. Es wurde zwar nicht abgerissen, sollte aber militärischen Zwecken dienen, sodass die Familie mit sieben Kindern ausziehen musste. Mit der Entschädigungssumme finanzierte man das neue Haus in Kinderhaus. All das entnahm ich den Erzählungen meiner Mutter und anderer Familienmitglieder. Noch am Ende der achtziger Jahre stand das Haus in Handorf und war von einem einzelnen Mann bewohnt, wie meine Mutter und ich bei einem Besuch feststellen konnten. Nach dem Krieg dienten die Räume der Flughafenkasernen Flüchtlingen aus dem Osten Deutschlands als Unterkünfte. Der Flughafen selbst war aufgelassen worden.

Das neue Haus in Münster-Kinderhaus war deutlich geräumiger als das alte Haus in Handorf. Zudem stand es auf einem viel größeren Grundstück von etwa 5000 Quadratmetern, das ganz überwiegend als Garten genutzt wurde. In der Kriegs- und Nachkriegszeit war das sehr günstig für eine gewisse Selbstversorgung mit Gemüse und Obst. Sieben Erwachsene und vier Kinder mussten ernährt werden. Da meine Mutter und ich nicht an der diesjährigen Aussaat und Gartenpflege beteiligt gewesen waren, hatten wir kein Anrecht auf die Ernte und waren auf das Wohlwollen der anderen Familienangehörigen angewiesen. Die Versorgungslage war in der Nachkriegszeit allgemein sehr schlecht. Nahrungsmittel gab es nur rationiert auf Lebensmittelkarten und zwar in einer Menge, die gerade das Überleben sicherte. Welcher krasse Unterschied zu den Jahren in Wendling und auch zu den Wochen in Essen. Dort hatte es uns an fast nichts gemangelt. Auf das kleine Stück Butter oder Margarine, das es als Wochenration gab, machte meine Mutter mit dem Messer kleine, strichförmige Einkerbungen etwa im Abstand von anderthalb Millimetern. Täglich durften wir nur bis zum nächsten Strich das Fett verbrauchen, wollten wir mit der Ration eine Woche auskommen. Fleisch gab es nur in sehr kleinen Rationen. Jede der vier wöchentlichen Fleischmarke war mit 125 Gramm ausgezeichnet. Kein Wunder, dass Fleischgerichte selten auf den Teller kamen. Meist nur am Sonntag. Um satt zu werden, waren wir auf das Gemüse aus dem Garten angewiesen. Schon jetzt, nach der Haupterntezeit, ließ sich absehen, dass die Familien damit nicht über den Winter kommen würden. Noch meine verstorbene Großmutter hatte im Garten Spargelbeete angelegt. Als wir einzogen, war die Spargelzeit zwar lange vorbei und die Beete abgeerntet, aber meine Mutter freute sich auf den frischen Spargel im nächsten Frühjahr. Als dann die Spargelzeit 1946 kam, genoss ich dieses Edelgemüses erstmalig. In unserem Dorf in Österreich baute niemand Spargel an. Die Gründe dafür sind mir unbekannt. Wollte meine Mutter am Vormittag Spargel stechen, fiel die Ernte sehr mager aus. Nur einige verspätete Stangen machten mit aufgebrochener Erde über den Köpfen auf sich aufmerksam. Mutter wunderte sich darüber, denn die Beete waren ausgedehnt und als recht ertragreich bekannt. Sollte sich das in den Jahren ihrer Abwesenheit geändert haben? Kaum anzunehmen. Die Erklärung blieb nicht lange aus. Tante Grete war früher aufgestanden und hatte fast alles abgeerntet. Diese Erkenntnis führt zu großen Verärgerungen zwischen ihr und den Geschwistern. Geändert hat sie ihr Verhalten aber nicht. Was sollte man tun? Es blieb nur, früher als Tante Grete aufzustehen und selbst als erster Spargel zu stechen. Einige Tage war diese Taktik erfolgreich, bis dann Tante Grete noch früher aufstand und wieder alles aberntete. Meine Mutter beteiligte sich nur kurze Zeit an diesem unwürdigen Wettbewerb des Frühaufstehens, denn mittlerweile stach Grete schon um vier Uhr früh den Spargel und legte sich dann wieder schlafen. Wir verzichteten daraufhin lieber auf Spargelgerichte. Noch heute ist mir unverständlich, dass Geschwister so miteinander umgehen. Man hätte doch gemeinsam den Spargel stechen und ihn dann entsprechend der Anzahl der Personen aufteilen können. Nein, das wollte Tante Grete nicht. Gott sei Dank dauert die Spargelsaison nicht lange; nur einige Wochen. Trotzdem blieb das Verhältnis zwischen der Spargelfreundin und ihren Geschwistern seit dieser Zeit angespannt. In späteren Jahren kam es mit ihr sogar zu Erbauseinandersetzungen.

Unser Frühstück bestand meist aus zwei Scheiben Brot für jeden, bestrichen mit Margarine oder Butter und Marmelade. Ganz selten sahen wir Wurst auf unseren Frühstücksbroten. An Schinken und Käse kann ich mich überhaupt nicht erinnern. Zu dieser Zeit erfand meine Mutter das Spiel »Schiebewurst«. Die beiden für jeden vorhandenen Wustscheiben wurden auf den Anfang des Butterbrots gelegt; da, wo man abbeißen wollte. Bevor man jedoch den ersten Bissen tat, schob man die Wurstscheiben um die Länge eines Bisses nach vorne und biss dann nur das bestrichene Brot ohne Wurst ab. Beim Abbeißen sah man die Wustscheiben, bekam sie jedoch nicht zwischen die Zähne. So ging man weiter vor, bis schließlich die Erlösung kam. Das Ende der Brotscheibe war erreicht und die letzten Bissen mit Wurst schmeckten köstlich.

Meine etwa gleichaltrigen Vettern und ich spielten mit den Kindern aus der Nachbarschaft und wir hatten uns auch mit britischen Soldaten, die schräg gegenüber in einem mehrstöckigen Wohngebäude untergebracht waren, angefreundet. Unser Haus lag an der Kreuzung zweier unbefestigter Straßen, die bei trockenem Wetter sehr staubten und bei Regen voller Pfützen standen. Bebaut waren die Straßen im Bereich der Kreuzung nur an drei Ecken. Durch unser Haus, das schräg gegenüberliegende Wohnhaus der Briten und einem kleinen, etwas zurückliegenden Haus auf der anderen Straßenseite gegenüber unserem Hauseingang. Auf der vierten Kreuzungsecke stand eine riesige Rot-buche, vor die man einen Prozessionsaltar gebaut hatte. Die britischen Offiziere aus dem Wohnhaus verrichteten ihren Dienst in einer mehrere Kilometer entfernten ehemaligen Polizeikaserne, in der schon mein Vater als Polizeischüler gelebt hatte. Den Offizieren stand ein von der britischen Militärverwaltung requirierter grauer VW-Käfer zur Verfügung. Nachmittags warteten wir Kinder sehnsüchtig auf die Rückkehr der Offiziere von ihrem Dienst und hofften, mit dem Auto eine Runde um die Kreuzung gefahren zu werden. Meist gelang uns das. Einige Kinder standen dann auf den Trittbrettern, andere auf der hinteren Stoßstange. Ein ganz großer Spaß mit viel Lachen für uns, aber auch wohl für die Soldaten. Gefährlich war diese Rundfahrt nicht, da der Fahrer sehr langsam fuhr. Selbst bei einem immerhin möglichen Absturz hätte es bei uns Kindern maximal kleine Hautabschürfungen gegeben. Abschürfungen der Art, wie wir sie uns fast täglich beim Spielen zuzogen.

Meine Tante Maria lernte in diesem Jahr einen englischen Soldaten mit Vornamen Victor kennen und lieben, der uns manchmal besuchte. Sein Nachname war Barfoot. Ein merkwürdiger Zufall, dass in unserem Haus eine deutsche Familie zur Untermiete wohnte, die Barfuss hieß. Victor war sehr schlank und wurde daher von seinen Kameraden und dann auch von uns nur Slim genannt. Victor und Maria haben 1948 in London mit einer großen Familienfeier geheiratet. Verwandte aus Deutschland konnten leider wegen fehlender finanzieller Mittel nicht teilnehmen. Tante Maria hat daran ihr Leben lang zu knabbern gehabt.

Ostern 1946 sollte ich in Kinderhaus eingeschult werden. Meine Mutter ging mit mir zur zuständigen Volksschule, um mich für die erste Klasse anzumelden. Als sie die nötigen Unterlagen vorlegte, teilte man uns mit, dass ich in diesem Jahr noch nicht eingeschult werden könne. Man nähme nur Kinder auf, die bis einschließlich dem 31. April 1940 geboren worden wären. Ich bin am 1. Mai 1940 geboren, also einen Tag zu spät für die diesjährige Einschulung. Aus heutiger Sicht ist diese sehr formale Auslegung der Vorschriften kaum nachvollziehbar. Noch weniger allerdings das Verhalten meiner Mutter, die wegen dieses einen Tages keinen Aufstand machte und sich nicht beschwerte. Nein, sie nahm die Entscheidung ohne Widerspruch hin. Meine Großmutter hätte in solch einer Situation sicherlich auf einer Einschulung bestanden, wäre dazu von Pontius zu Pilatus gelaufen und nicht eher gegangen, bis sie die Genehmigung bekommen hätte. Einige meiner Spielkameraden kamen nun in die erste Klasse und fehlten vormittags beim Spielen. Manche hatten in der Schule auch neue Freunde gefunden, so dass sie an uns Nichtschülern mehr und mehr das Interesse verloren.

Unter meinen Verwandten und den Spielkameraden war ich der Exot. Alle anderen waren katholisch, ich aber evangelisch. Und das im überwiegend katholischen Münster. Meine Mutter hatte nach dem Willen meiner Großmutter väterlicherseits evangelisch heiraten müssen. Die Familien meiner Großeltern waren seit Generationen evangelisch und das sollte beim Nachwuchs auch so bleiben. Mein Vater war ebenfalls im evangelischen Glauben erzogen worden und es kam ihm gar nicht in den Sinn seiner Mutter zu widersprechen. Für meine Mutter jedoch waren die seelischen Folgen schwerwiegend, denn durch die evangelische Heirat war sie exkommuniziert worden. Als gläubige Katholikin fühlte sie sich aus der Kirche ausgeschlossen und nahm auch nicht mehr an der Kommunion teil. Das war ihr ja verboten. Andere Menschen hätten sich in einer ähnlichen Situation wohl über das Verbot hinweggesetzt, nicht so meine Mutter.

Es war somit allgemein bekannt, dass ich evangelisch war, auch bei dem Pfarrer der katholischen Kinderhauser Gemeinde, den ich allerdings nur vom Sehen her kannte. Wie schon beschrieben, stand gegenüber unserem Haus besagter großer Marienaltar. Zu Fronleichnam wurde der Altar reich mit Blumen für die Prozession geschmückt, die hier für eine Predigt, Gebete und Gesänge anhielt. Ich stand mit einigen Kindern in Erwartung des Prozessionszuges vor der Gartenhecke unseres Hauses. Mit Gesang näherte sich der Prozessionszug, angeführt von dem Pfarrer, dem das Kruzifix vorangetragen wurde. Die Kirchengesänge hörte man schon von weitem. Sie verstummten erst, als der Pfarrer den Altar erreichte. Er hielt dort eine Predigt und die Gemeinde betete und sang gemeinsam. Mich beeindruckte das Geschehen ungemein. Blumen über Blumen am Altar und auf dem Boden davor, festlich gekleidete Menschen und der gezeigte kirchliche Pomp. Als sich der Zug wieder in Bewegung setzte, musste der Pfarrer sehr dicht an mir vorübergehen.

Er erblickte mich, wandte sich mir zu und sprach mich direkt an: »Was machst du denn hier? Du gehörst doch nicht dazu.«

Ob dieser barschen Anrede wäre ich am liebsten im Boden versunken oder hätte mich in Luft aufgelöst. Es gelang mir aber nur, mich umzudrehen und schnell hinter der Hecke zu verschwinden. Mir war mit meinen sechs Jahren unverständlich, warum ich nicht zusehen durfte, während andere Menschen den Prozessionsweg säumten. In späteren Jahren habe ich überwiegend positive Erfahrungen mit katholischen Geistlichen gemacht; weniger mit evangelischen Pfarrern. Doch diese priesterliche Kränkung zu Fronleichnam wird mir wohl bis ans Lebensende schmerzhaft in Erinnerung bleiben. Meiner Mutter habe ich nichts von diesem Vorfall erzählt, so schämte ich mich.

Einige Wochen später kam meine Großmutter zu Besuch. Sowohl meine Mutter als auch ich waren recht dünn geworden. Da aber fast alle so aussahen, war uns das bislang nicht aufgefallen.

Großmutter hingegen schlug die Hände über dem Kopf zusammen und meinte: »Ihr bekommt nicht genug zu essen. Allein von den Lebensmittelmarken und dem bisschen Gemüse aus dem Garten könnt ihr doch nicht satt werden.«

Als Sofortmaßnahme schlug sie vor, mich mit nach Harkenbleck, einem Vorort von Hannover zu nehmen. Dort wollte sie ihren Sohn Karl und die Schwiegertochter Friedel besuchen. Beide wohnten bei Friedels Eltern, die eine kleine Landwirtschaft betrieben. Bei denen sollte ich mich satt essen.

Ein Sommer in Harkenbleck

Onkel Karl, der Bruder meines Vaters, hatte bei Auflösung der Wehrmacht eine schwere 500er BMW mit Beiwagen für sich beiseite geschafft. Dieses Motorradgespann stellte er in weiser Voraussicht bei seinen Schwiegereltern in der Scheune des kleinen Hofes in Harkenbleck unter. Dort wohnte er mit seiner Frau Fiedel. Nach dem Rückzug der deutschen Truppen aus Frankreich gelangte er mit seiner Luftwaffeneinheit in die Nähe von Wunstorf bei Hannover, wo sich die Einheit in britische Kriegsgefangenschaft begab. Karl war zu der Zeit Spieß seiner Kompanie und in dieser Funktion für die Verpflegung verantwortlich. Wegen dieser einschlägigen Kenntnisse betrauten ihn die Briten mit der Organisation der Verpflegung für die Kriegsgefangenen im Lager. Eine sehr privilegierte Funktion, da es ihm erlaubt war, zu Hause zu übernachten, obwohl er Kriegsgefangener war. An den meisten Tagen ging er seiner Tätigkeit im Lager nach und übernachtete auch dort. Nur ein- oder zweimal in der Woche fuhr er mit dem Motorrad nach Hause und schlief dann in seiner Wohnung.

Hier in Harkenbleck sollte meine Großmutter mit mir im Sommer 1946 einige Wochen verbringen. So fuhren wir beide denn zunächst von Münster zurück nach Essen. Onkel Karl wollte uns von dort mit dem Motorradgespann nach Harkenbleck bringen. Wie geplant wurde vorgegangen. Karl erschien etwa eine Woche später. Der Beiwagen hatte Platz für Großmutter und unser weniges Gepäck. Ich fuhr als Sozius auf dem Motorrad mit

»Macht euch auf eine lange Fahrt gefasst«, eröffnete uns Karl. Zu mir gewandt ergänzte er: »Wenn du nicht mehr sitzen kannst, sag Bescheid. Wir halten dann an und machen eine Pause.«

‚Na, so schlimm wird es wohl nicht werden', dachte ich bei mir, sagte aber nichts.

Wir fuhren durch Katernberg, Altenessen und Karnap, wo Karl einen Umweg fahren musste, da einige Brücken über den Rhein-Herne-Kanal zerstört im Wasser lagen. Bei Gelsenkirchen-Buer erreichten wir die in den dreißiger Jahren gebaute Reichsautobahn, die vom Rhein-Ruhr-Gebiet nach Hamburg führt. War Karl bisher langsam gefahren, so drehte er auf der Autobahn voll auf. Großmutter lag windgeschützt im Beiwagen, aber mir wehte der Wind kräftig um die Ohren. Das Motorradgespann vibrierte mächtig und bei jeder Unebenheit gab es einen kleinen Hopser. Ordentlich festhalten war für mich die Devise. Glücklicherweise befand sich dazu vorne am Rücksitz ein Griff. Ich musste mich also nicht an Karl festhalten. Die Autobahn war völlig leer. Kein Auto oder Motorrad war weit und breit zu sehen. Nur das endlose graue Band, das in der Ferne auf einen Punkt zusammenzulaufen schien. Rechts und links eine flache Landschaft mit Wiesen, Feldern, Gehöften und einigen Waldstücken. Das typische Bild des flachen, südlichen Münsterlandes. Nach einigen Stunden tauchte am Horizont eine Bergkette auf. Der Teutoburger Wald mit seinen etwa parallel verlaufenden Bergketten. Erst langsam, dann zunehmend stärker stieg die Autobahn an. Die Geschwindigkeit des Gespanns verringerte sich bei den Anstiegen zunehmend. Bei den Abfahrten konnte Karl wieder Fahrt aufzunehmen. Raststätten zur Einkehr gab es nicht. Pausen machten wir am Autobahnrand. Das war notwendig, da wir alle durch die Fahrt ordentlich durcheinandergeschüttelt wurden. Selbst Oma im bequemen Beiwagen blieb davon nicht verschont. Nach Überqueren der Weser gab es nochmals einige, allerdings moderate Anstiege und Abfahrten. Schließlich ging es hinter dem Wesergebirge hinab in die Norddeutsche Tiefebene. Hier ähnelte die Landschaft der des Münsterlands, durch die wir zuvor gefahren waren. Bei einer letzten Rast meinte Karl, dass wir es bald geschafft hätten. An einer der Ausfahrten nach Hannover verließen wir die Autobahn. Weiter ging es auf Land- und Ortsstraßen südlich an Hannover vorbei zum Hof von Karls Schwiegereltern nach Harkenbleck.

Dort angekommen begrüßten uns sehr warmherzig die Schwiegereltern und meine Tante Friedel. Zum Hof gehörten nur das Wohnhaus, ein kleines Nebenhaus, eine Scheune, zwei Ställe und einige kleinere

Schuppen. Auch die Größe der zum Hof gehörenden Felder und Wiesen war überschaubar. Wie uns Karls Schwiegervater mitteilte, konnte der Ertrag der Landwirtschaft die Familie gut ernähren. Zwei weitere Mitesser für eine gewisse Zeit stellten da kein Problem dar. Das Ehepaar bewirtschaftete den Hof alleine ohne Knechte oder Mägde. Bei der Aussaat und bei der Ernte halfen engere Verwandte aus Hannover.

Wir bezogen unsere Zimmer. Für mich war ein kleines Zimmer mit Blick auf den Garten reserviert. Großmutter schlief in einem größeren Gästezimmer. Die Zimmer benutzten wir fast ausschließlich zum Schlafen. Tagsüber hielten wir uns meist im Freien oder bei schlechtem Wetter im Wohnzimmer der Bauersleute auf. Onkel Karl und Tante Friedel bewohnten das kleine Nebenhaus. Durch das herzliche Willkommen fühlte ich mich von Anfang an auf dem kleinen Hof wohl. Es kam hinzu, dass in der Nachbarschaft einige Jungen in meinem Alter wohnten, die gerade Ferien hatten. Wir unternahmen viel miteinander und trieben uns meist auf den abgeernteten Feldern und den angrenzenden Wiesen herum. Auf den Feldern sammelten wir die nach der Ernte verstreut liegen gebliebenen Ähren und brachten sie stolz auf den Hof, wo sie dann zusammen mit dem eingefahrenen Getreide gedroschen wurden. Nach dem Mähen zeigten sich zwischen den Stoppeln auf den Feldern zahlreiche Maulwurfbauten. Die Erwachsenen hatten uns gesagt, dass zu jedem bewohnten Maulwurfbau eine Vorratskammer voller Getreide gehörte. Das ließen wir uns nicht zweimal sagen. Mit Spaten hoben wir die Gänge aus, bis tief in der Erde die Wohnkammer und die anschließende Vorratskammer erschienen. Das dort für den Winter gelagerte Getreide wurde ebenfalls der Ernte des Hofes hinzugegeben. Damals haben wir mit keinem Gedanken daran gedacht, wie die Maulwürfe den Winter ohne Vorräte überleben konnten. Für die Bauern und uns waren Maulwürfe Schädlinge. Dass es sehr nützliche Tiere sind, habe ich erst später gelernt. Heute stehen sie unter strengem Naturschutz, damals waren sie aus Sicht der Bauern eine Plage.

Onkel Karl hatte neben dem Motorrad mit Beiwagen auch ein kleines Armeefahrrad über den Krieg gerettet und den Militäranstrich mit dicker blauer Farbe übermalt. Da er es nicht mehr benutzte, wollte er es mir schenken. Voraussetzung war, dass ich das Fahrradfahren lernte. Bald kam die erste Fahrstunde. Karl hielt das Fahrrad am Gepäckträger fest.

Ich stieg auf den Sattel und machte einige unbeholfene Pedaltritte, während mein Onkel, das Rad festhaltend, hinterherlief. Drei Jungen aus dem Dorf, die mich nicht kannten, beobachteten meinen Versuch und lästerten, dass ein so großer Junge wie ich noch nicht mit dem Fahrrad fahren könne. Ganz Unrecht hatten sie nicht, denn ich war für mein Alter groß gewachsen und konnte – trotz meiner sechs Jahre – gut für acht oder neun Jahre durchgehen. Plötzlich verstummte das Gelächter. Ich wusste nicht, warum. Das interessierte mich aber auch nicht, da ich mich voll auf das Pedaltreten konzentrierte. Nur merkte ich, dass ich nun schneller fuhr. Warum? Onkel Karl hatte den Gepäckträger losgelassen und ich fuhr selbstständig. Als ich das bemerkte, schwankte ich mächtig mit dem Fahrrad hin und her und drohte umzufallen. Glücklicherweise war Karl hinter mir hergelaufen, fasste das Rad und ich konnte ohne Sturz absteigen. Nach einigen weiteren Versuchen ähnlicher Art, gelang es mir dann das Fahrrad einigermaßen zu beherrschen. Ein Jahr später, als wir schon wieder in Katernberg wohnten, schickte Karl uns das Fahrrad mit der Bahn nach. Wie stolz war ich damals auf den Besitz des Fahrrads, denn außer mir besaß keiner meiner Spielkameraden solch eine Fortbewegungsmöglichkeit.

An den Wochenenden kam Onkel Karl meist aus dem Kriegsgefangenenlager in Wunstorf nach Harkenbleck. Dann war die ganze Familie zusammen. Bei gutem Wetter saß man vor dem Hof und plauderte miteinander. Auf dem Hof gab es Kühe, Schweine, Schafe, Ziegen und auch einen Ziegenbock. An einem Sonntag saßen nachmittags einige Familienmitglieder, darunter meine Großmutter, Tante Friedel, die Bauersleute und ich auf der Wiese vor dem Hof und unterhielten uns angeregt. Einige Ziegen grasten weiter entfernt am anderen Ende der Wiese. Zur Herde gehörte ein stämmiger Ziegenbock, der als aggressiv bekannt war. Da er aber weiter entfernt auf seine Ziegen aufpasste, meinten die Bauersleute, er würde sich wohl ruhig verhalten. Das war eine Fehleinschätzung. Der Ziegenbock näherte sich vorsichtig, uns immer im Auge behaltend. Manchmal blieb er stehen, sah aber immer zu uns herüber. Immer noch sahen wir keine Gefahr. Urplötzlich setzte er zum Spurt an und kam mit hoher Geschwindigkeit direkt auf uns zugelaufen. Wir sprangen auseinander, aber der Bock lief weiter. Gerade auf mich zu. In wenigen Sekunden musste er mich erreicht und umgestoßen haben. Geistesgegenwärtig stellte sich meine Großmutter, ihr Gesicht mir zugewandt, schützend vor mich. Der Bock raste auf uns zu und stieß mit voller Wucht Großmutter in den Hintern. Durch die Wucht des Aufpralls fiel sie, mich unter sich begrabend, auf den Boden. Ehe der Ziegenbock einen neuen Angriff starten konnte, packte ihn Karls Schwiegervater bei den Hörnern und warf ihn zu Boden. Nachdem man ihm einen Strick um den Hals gebunden hatte, wurde er widerstrebend in seinen Stall geführt. Heute bekam er wohl keine Gelegenheit mehr, seinen Harem zu bewachen.

Die Sommertage in Harkenbleck gingen vorüber und die Zeit des Abschieds kam. Noch voll von den Eindrücken der letzten Wochen verabschiedeten wir uns von unseren Gastgebern und versprachen, sie in einem der nächsten Jahre wieder zu besuchen. Karl brachte uns zum Bahnhof nach Hannover, wo wir den Zug nach Essen bestiegen. Wenige Tage nach unserer Ankunft kam auch meine Mutter aus Münster. Es war ja verabredet, dass wir nun wieder bei meinen Großeltern in Katernberg wohnen würden, trotz der räumlichen Enge.

Wieder in Katernberg

Großmutter war eine resolute, aber auch sehr warmherzige Frau, die Probleme handfest und sofort zu lösen pflegte. Schon nach dem Ersten Weltkrieg hatte sie mehrfach im Oldenburger Land mit gutem Erfolg gehamstert. Was lag näher, als diese Aktivitäten in der schlechten Zeit nach dem Zweiten Weltkrieg zur Sicherung des Lebensunterhaltes der Familie wieder aufzunehmen. Allerdings stieß diese Unternehmung zunächst aus Mangel an tauschbaren Wertgegenständen oder eigenen Produkten auf unüberwindbare Schwierigkeiten. Unsere Familie war im Kriege total ausgebombt und wir lebten nun mit vier Personen in zwei Zimmern des Wirtshauses der Familie Wendler in Katernberg. Rückblickend erstaunt mich heute die Selbstverständlichkeit, mit der uns unsere Verwandten aufgenommen hatten. Sicherlich, ihnen ging es nicht schlecht, da sie schon in den zwanziger Jahren diese große Gaststätte ganz in der Nähe des Schachtes 1 der Zeche Zollverein gepachtet hatten. Zudem mag die Bereitwilligkeit, uns aufzunehmen, auch unterstützt worden sein durch den damals übermäßigen Wohnungsmangel und die Wohnungsbewirtschaftung, durch die immer mit Zwangseinweisungen von Wohnungssuchenden zu rechnen war. Da war es dann vordergründig wohl besser, Verwandte im Haus zu haben, von denen man immerhin mehr oder weniger wusste, wie sie sich verhalten würden. Aber diese Überlegungen spielten bei unseren Verwandten sicherlich nur eine sehr untergeordnete Rolle, wenn überhaupt. Ganz im Vordergrund stand eine ausgeprägte Hilfsbereitschaft, die ich später auch noch in vielen anderen Dingen erfahren konnte.

So wohnten wir also in der ersten Etage der großen Gastwirtschaft in zwei ehemaligen Gästezimmern, die in dieser Zeit nicht benötigt wurden. Unser Schlafzimmer lag zur Straße hinaus, und ich erinnere mich noch heute deutlich an die Geräusche in den frühen Morgenstunden, wenn die Kumpels zur Schicht auf die Zeche gingen: Schritte, Klappern von Henkelmännern und vereinzelte Gesprächsfetzen bei sonst nahezu völliger Stille.

Wir bezahlten keine Miete, aber meine Großeltern halfen in der Wirtschaftsküche, die mittags reichlich zu tun hatte. Die Gäste verlangten meist das Stammessen, Sonderwünsche wurden nur selten vorgebracht und waren auch nur sehr begrenzt erfüllbar. Die Arbeitsbelastung in der Küche steigerte sich dadurch, dass man auch für Firmen kochte. Das Essen wurde dann in großen, verschließbaren Kübeln am späten Vormittag ausgeliefert. Damals, nur ein Jahr nach dem Kriege, war dazu schon ein Auto vorhanden.

Die Wirtsfamilie bestand aus der Cousine meines Großvaters, ihrem Ehemann und der Familie der einzigen Tochter Beate mit ihrem Mann Kurt. Ein Bruder der Cousine, also ein weiterer Cousin meines Großvaters, arbeitete als Koch in der Gastwirtschaft, obwohl er den Beruf nicht erlernt hatte. Dennoch haben mir seine Gerichte immer geschmeckt; und den Gästen auch, denn sonst wären sie nicht Tag für Tag wiedergekommen. In späteren Jahren bestand die Hauptaufgabe meiner Großmutter in der Beaufsichtigung und Erziehung von Beates Kindern. Nahezu regelmäßig bekam Beate alle zwei Jahre ein Kind. Sie gebar die Kinder und gab sie nach kurzer Zeit in die Obhut von Großmutter.

Das Haus war sehr geräumig. Mit Wirtsräumen, Küche, Nebenräumen und sanitären Anlagen im Erdgeschoss sowie den Wohnräumen und ehemaligen Gästezimmern im Obergeschoss und an den Stirnseiten des geräumigen und hohen Dachbodens. Wie eine geschmiedete Jahreszahl über der Eingangstür auswies, war das Haus, ein großer Fachwerkbau, im Jahre 1837 erbaut worden. Das Alter des Hauses von über 100 Jahren hat mich damals sehr beeindruckt.

Es gab einen sehr großen Wirtsraum und einen kleineren, allgemein nur das Stübchen genannt. Das Stübchen wurde nur für Zusammenkünfte der leitenden Herren der Schachtanlage der Zeche Zollverein in Ermanglung eines Kasinos genutzt. Andere Gäste durften diesen Wirtsraum nicht benutzen. Vor und im Kriege wurde auch das neben dem Wirtshaus liegende Kasino der Zeche Zollverein von Tante Berta und Onkel Hans bewirtschaftet. Nach verlässlichen Aussagen meiner Verwandten hatte in Stoßzeiten mein Vater im Kasino als Kellner ausgeholfen. Nach einem versehentlichen Brandbombenwurf war das gesamte große Kasinogebäude ausgebrannt. Warum versehentlich? Keine einzige Schachtanlage des Ruhrgebietes war im Krieg gezielt bombardiert worden, sodass in deren Umkreis von einigen hundert Metern fast keine Häuser beschädigt waren. Später habe ich erfahren, dass die Alliierten die Zechen nach dem Krieg funktionsfähig übernehmen wollten. Nicht zuletzt, weil sehr viel britisches und amerikanisches Kapital in ihnen steckte. Vom Kasinogebäude standen nur noch, zwei Geschosse hoch, die Umfassungsmauern aus massivem dunkelrotbraunem Klinkermauerwerk und einige Zwischenwände. Aus unseren Zimmerfenstern sahen wir jenseits einer kurzen Stichstraße direkt auf die Ruine des Kasinos.

Für uns Kinder war die Ruine ein bevorzugter Spielplatz. Obwohl es streng verboten war, die Ruine zu betreten, schlichen wir uns fast täglich heimlich hinein. Einmal drinnen, gab es reichlich Räume und Ecken, die von außen nicht oder nur schwer einsehbar waren. Allerdings mussten wir immer sehr vor meinem Großvater auf der Hut sein, der, wenn er uns entdeckte, recht grob werden konnte. Mehrmals sahen wir ihn nur in letzter Minute und konnten gerade noch die Flucht ergreifen. Unsere Ortskenntnis war allerdings so gut, dass es ihm nicht ein einziges Mal gelungen ist, einen von uns zu fassen. Schläge habe ich als Folge der verbotenen Ruinenbesuche zwar nie bekommen, aber Hausarrest war dann doch meist angesagt.

Auf unsere Spiele konzentriert, bemerkten wir eines Tages erst spät, dass mein Großvater nahte. Es fehlten wohl nur zwei Meter, bevor er mich hätte fassen können. Die anderen bemerkten ihn schon einen kurzen Augenblick eher und waren weggerannt. Nach einer Schrecksekunde konnte ich gerade noch hinterherlaufen, ohne nachzudenken, wohin es ging. Die Spielkameraden benutzten diesmal einen Fluchtweg, der durch einige Nebenräume führte und schließlich in einem langen, gemauerten und etwa fünf Meter hohen Kellerschacht endete. Der einzige Zugang zu diesem Schacht war die Türöffnung, durch die wir gerannt kamen. Dort befand ich mich nun. Ich war gefangen. Vor mir und rechts und links hohe Wände, und hinter mir versperrte der Großvater den Rückweg durch die Türöffnung. Dennoch gab es einen Ausweg. Die Wand war gleichzeitig die Außenwand eines in die anschließende Kleine Halde gebauten Luftschutzbunkers. Ältere Jungen hatten in unregelmäßigen Abständen kurze Eisenhaken in die Mauerwerksfugen geschlagen, über die man senkrecht nach oben auf die Mauerwerkskrone gelangen konnte. Von dort aus war es dann leicht, über die Bergwerkshalde zu entkommen. Nur, mir war es bisher – ohne Verfolger im Nacken – nicht gelungen diese, mit Trittstiften bestückte senkrechte Wand zu bezwingen, obwohl ich es wieder und wieder versucht hatte. Diesmal blieb mir keine Wahl: Ich musste hinauf, wollte ich nicht von Großvater gefasst werden. Und es gelang. Vollkommen ohne Mühe. Ehe ich mich versah, hatte ich die Mauerkrone erreicht und flüchtete auf die Halde wie schon zuvor die Spielkameraden. Mein Großvater machte erst gar nicht den Versuch, uns zu folgen. Er hätte es wohl auch kaum mehr gekonnt, mit seinen fast sechzig Jahren. Möglicherweise habe ich damit aber seine körperlichen Fähigkeiten auch unterschätzt und er wollte es nur bei dem Schreck belassen, den er uns eingejagt hatte.

Meine durch die Flucht über die senkrechte Wand gezeigten Fähigkeiten müssen ihn beeindruckt haben, denn als ich nach Hause kam und eine Schimpfkanonade erwartete, erwähnte er die Begebenheit mit keinem Wort.

Die Haldenstraße

Das gepachtete Wirtshaus unserer Verwandten lag an der Haldenstraße. Nomen est omen gab es an dieser nicht langen Straße auf einer Seite zwei Bergwerkshalden. Beginnend direkt an Abzweig Katernberg, wo die Straßenbahngleise sich trennten und nach Gelsenkirchen bzw. bis ans andere Ende von Katernberg führten, begann über mehrere hundert Meter die sogenannte »Große Halde«. Eine zur Straßenseite steil abfallende, stark bewachsene Halde zu deren Kamm ein lang gezogener Serpentinenweg hinaufführte. Die Große Halde endete an einer Wiese vor den Verwaltungsgebäuden der Zeche und der sich daran anschließenden Fahrstraße zum Zecheneingang. Jenseits dieser Straße gab es auf der linken Seite – in Richtung der aufsteigenden Hausnummern – einige mehrgeschossige Zechenhäuser, an die sich die Gaststätte Wendler als letztes Haus auf dieser Seite anschloss. Zur Wirtschaft gehörte ein Wirtshausgarten, der aber nur noch bei seltenen Anlässen genutzt wurde. Direkt dahinter stieg die »Kleine Halde« an, die sich entlang der Straße bis zum Übergang über die Köln-Mindener Eisenbahn erstreckte. Die rechte Seite der Haldenstraße war vom Abzweig Katernberg bis zum Bahnübergang bebaut. Allerdings lagen zwischen den einzelnen Häusern bereichsweise große oder kleinere Gärten, die zu den Häusern gehörten. Auffällig war schräg gegenüber dem Wirtshaus ein riesiges Villengrundstück, das bis an den Bahndamm reichte. Bebaut war es mit einer freistehenden Villa, die von der Familie des Betriebsführers der Schächte 1 und 2 der Zeche Zollverein bewohnt wurde. Die beiden Zwillingssöhne der Familie waren mit mir gleichaltrig und gehörten zum engeren Kreis meiner Spielkameraden. Mein bester Freund allerdings hieß Alfred. Er wohnte nur wenige Häuser von der Gaststätte entfernt auf unserer Straßenseite.

Obwohl uns das streng verboten war, spielten wir meist auf der Kleinen Halde. Sie war nicht besonders hoch und oben gab es ein Plateau, das mit Gras bewachsen war. An den steilen Hängen wuchsen Bäume und Sträucher. Bäume standen auch vereinzelt auf dem Plateau. Die Halde wurde zur Straße hin durch eine mit Ziegeln ausgefachte Wand aus Stahlprofilen begrenzt. Die gegenüberliegende Seite endete direkt an dem großen Holzlagerplatz der Zeche und war gegen diesen mit einem Maschendrahtzaun abgegrenzt. Nur zum Wirtshausgarten hin gab es keine Einzäunung. Von hier aus konnten wir ungehindert die Halde besteigen.

Als ich in den ersten Tagen nach unserer Ankunft meine Spielkameraden kennenlernte, zeigten mir diese als erstes den Zugang zur Halde ohne mir allerdings zu sagen, dass man die Halde nicht betreten dürfe.

Mit von der Partie waren die Zwillingsbrüder, die Freunde Alfred und Dieter und ich. Dieter war im Krieg nach einem Unfall der linke Unterschenkel amputiert worden. Er trug keine Prothese, sondern bewegte sich erstaunlich schnell mit seinen Metallkrücken vorwärts. Auf ebener Straße hatten wir manchmal Mühe, ihm zu folgen. Er war ganz selbstverständlich Mitglied unserer Gruppe und nahm an allen unseren Spielen gleichberechtigt teil. Wir fünf etwa gleichaltrigen Kinder, Dieter war der älteste, erstiegen zwischen den Bäumen und Sträuchern hindurch die Halde. Oben bot sich ein weiter Blick über den Holzlagerplatz, an dessen gegenüberliegendem Rand sich eine andere Halde erhob, die aber nicht mehr innerhalb unseres Aktionsbereiches lag. Für mich war die Halde Neuland und so streifte ich alleine umher. Meine Freunde kletterten derweil lieber auf Bäume. Am anderen Ende der Halde gab es einen Flakgefechtsstand aus massivem Beton, den ich bei meinen Erkundungen zuletzt erreichte. Eine ausführliche Besichtigung des Inneren war Pflicht für mich. Dort gab es mehrere Räume, die aber vollständig leergeräumt waren. Enttäuscht verließ ich den Gefechtsstand und wollte zu meinen Kameraden zurückkehren. Denn auch ich kletterte am liebsten auf Bäume und hatte es dabei schon zu erstaunlichen Fähigkeiten gebracht. Auf dem Rückweg stolperte ich über das Gehäuse eines alten Radios, in dem sich noch etliche Röhren, Widerstände und Kondensatoren befanden. Diese Radioüberreste interessierten mich und ich wollte sie näher untersuchen. Dazu setzte ich mich auf eine niedrige Abbruchkante, die sich hier auf der Halde in einem kleinen Bereich gebildet hatte. Vollständig im meine Inspektion vertieft hörte ich meine Freunde laut »Feuerwehrollen« rufen. Obwohl als Warnung gedacht, nahm ich sie so nicht wahr, denn der Begriff »Feuerwehrollen« sagte mir gar nichts. Aus einiger Entfernung näherte sich ein Mann in Uniform. Ich blieb seelenruhig sitzen, vertieft in die Untersuchung des Radios, und kümmerte mich nicht weiter um den auf mich zukommenden Uniformierten. Von meinen Freunden war weit und breit nichts zu sehen; sie waren geflüchtet. Ein mulmiges Gefühl überkam mich jetzt doch. Warum waren die anderen weggerannt? Hatte das etwas mit dem sich nähernden Mann zu tun?

Noch einige Schritte und dann stand er vor mir, sah mich an und sagte »Ihr dürft doch hier auf der Halde nicht spielen. Weißt du das nicht?«

Verständnislos sah ich ihn an: »Nein. Warum denn nicht?

»Weil dies Zechengelände ist, und wenn euch etwas geschieht, muss die Zeche dafür einstehen.«

Noch konnte er mich nicht einschüchtern und musste sich meiner nächsten Frage stellen: »Was soll denn hier auf der Halde passieren? Hier wird doch nicht gearbeitet.«

Ohne meine Frage zu beantworten, schlug er eine härtere Gangart an: »Wie heißt du und wo wohnst du?«

Wahrheitsgemäß beantwortete ich seine Frage, denn ich hatte ja nichts zu verschweigen. Angst hatte ich nicht, denn dass man auf der Halde nicht spielen durfte, blieb mir weiter unverständlich.

Daher merkte ich an: »Aber die Halde ist doch von der Wirtschaft aus zugänglich. Einen Zaun gibt es da nicht. Warum darf ich von dort aus nicht auf die Halde?«

Auch auf diese Frage blieb er die Antwort schuldig, sagte auch sonst nichts mehr und verschwand. Wie er auf die Halde gekommen war und wo er sie wieder verlassen hatte blieb mir ein Rätsel, denn vom Zechengelände aus gab es keinen Zugang, weder ein Tor noch eine Tür. Gab es ein Loch im Zaun? Nun, ich würde meine Spielkameraden fragen. Aber wo waren die? Wohl unten vor der Wirtschaft. Ich stieg daher die Halde hinab und richtig, unten warteten sie und empfingen mich sofort mit den Worten: »Warum bist du nicht weggerannt? Wir haben doch Feuerwehrollen gerufen?«

Es dauerte eine Weile, bis ihnen klar wurde, dass ich mit dieser Warnung nichts anfangen konnte.

»Was hast du ihm denn gesagt?«, wurde ich gefragt.

Als ich ihnen versicherte, dass ich ihre Namen nicht genannt hatte, sondern nur meinen und wo ich wohnte, waren sie beruhigt. Sie meinten nur, dass meine Großeltern mir eine Standpauke halten würden. Weiter erklärten sie mir, dass der Uniformierte zur Feuerwehr, die sie Feuerwehrollen nannten, der Zeche gehörte, die auch die Aufgabe hatte, Unbefugte vom Zechengelände fernzuhalten. Als meine Freunde merkten, dass ich aus Unkenntnis der Situation auf der Halde sitzen geblieben war, wandelte sich ihre anfangs gezeigte Bewunderung mir gegenüber in Mitleid um. Wie konnte nur jemand so dumm sein und nicht wegrennen? Ein Gutes hatte die Sache aber. Als ich sie fragte, wo denn der Feuerwehrmann hergekommen sei, wussten auch sie keine Antwort.

»Dann muss ein Loch im Zaun zum Zechengelände sein«, behauptete ich und fuhr fort: »Kommt, wir suchen nach dem Loch im Zaun, dann können wir auch auf den Holzplatz kommen.«

Das leuchtete ihnen ein, aber sie wollten die Suche auf ein anderes Mal verschieben. Der überstandene Schreck saß ihnen wohl noch zu tief in den Gliedern. Weder meine Großeltern noch ein Mitglied der Familie Wendler hat mir im Übrigen Vorwürfe gemacht. Ihnen allen war wohl klar, wie unsinnig das Verbot war. Wir spielten weiterhin auf der Halde, achteten aber vermehrt auf das Erscheinen von Feuerwehrollen. Gelegentlich kam in der nächsten Zeit einer auf die Halde, aber jedes Mal gelang es uns zu fliehen. Irgendwann müssen die Feuerwehrollen dann die Lust am Fangen oder Verscheuchen verloren haben. Jedenfalls blieben wir von da an unbehelligt. Vielleicht hatte die Zechenverwaltung eingesehen, dass wir keine Gefahr darstellten.

Sie hätten sicherlich anders gehandelt, wenn sie geahnt hätten, dass wir durch das mittlerweile entdeckte Loch im Zaun unseren Aktionsradius ausdehnten. Jetzt konnten wir durch das Loch und die Böschung hinunter zum Holzplatz gelangen. Der riesige Holzlagerplatz mit den Stempeln für den Grubenausbau war rechtwinklig in gewissen Abständen von schmalen einspurigen Gleisen durchzogen. Loren zum An- und Abtransport von Grubenholz verkehrten auf diesen Gleisen, gezogen von kleinen Lokomotiven. Manchmal standen einzelne Loren auf den Gleisen zwischen den etwa drei Meter hohen, sorgfältig aufgeschichteten Rundholzstapeln. An jeder Kreuzungsstelle der Gleise befand sich eine Drehscheibe, sodass die Fahrtrichtung der Loren um 90 Grad geändert werden konnte. Hatten wir eine einsame Lore entdeckt, stieg einer von uns ein und die anderen schoben die Lore kreuz und quer zwischen den Holzstapeln hin und her. Nur mussten wir sorgfältig darauf achten, dass die Kipploren verriegelt waren. Andernfalls konnte der Insasse leicht aus der Lore geschleudert werden. Das Gute bei den Aktivitäten auf dem Holzlagerplatz war, dass wir zwischen den Holzstapeln kaum bemerkt werden konnten. Sollte es dennoch geschehen, so war es ein leichtes, sich hinter den Stapeln zu verstecken.

Im Herbst, wenn Wind aufkam, war besonders reger Betrieb auf der Halde. Es war ein ideales Gelände, um Drachen steigen zu lassen. Manchmal befanden sich fünf und mehr Drachen hoch in der Luft, ohne sich ins Gehege zu kommen, da die Drachenbändiger in weitem Abstand voneinander standen. Jeder Drache war selbst gebaut. Meist allerdings mit Unterstützung eines Erwachsenen. So war es denn auch nicht verwunderlich, dass Kinder, Jugendliche und Erwachsene die Halde bevölkerten. Ein beliebtes Spiel nannten wir »Briefe verschicken«. In ein Blatt Papier, meist mit einem kurzen Text beschrieben, wurde ein Loch geschnitten und dann der Brief auf die Drachenschnur gefädelt. Der Wind trieb den »Brief« die Schnur hinauf bis zum Drachen. Nach der Drachensaison gehörte uns Kindern die Halder wieder ganz alleine.

Wenn ich gerade keine Spielkameraden fand, betätigte ich mich als Bergmann an den Hängen der Kleinen Halde. Ein bevorzugtes Arbeitsgebiet lag direkt neben dem Eingang zum Luftschutzbunker. Dort ragte die schon erwähnte Außenwand aus dem Hang heraus. Die Anschüttungen bestanden in diesem Bereich aus zusammengebackener, rötlichbrauner Schlacke. Direkt neben der Wand befand sich mein Arbeitsgebiet. Mit dem Bauch auf dem Hang liegend löste ich Schlackenbrocken für Schlackenbrocken und ließ sie den Hang hinunter kullern. Bis zum Fuß des Hanges waren es gut fünf Meter. Schlugen die Brocken unten auf, so zerplatzten sie mit lauten, knirschenden Geräuschen. Verursacher dieses Vorgangs zu sein, bereitete mir große Freude. Eines Tages arbeitete ich wieder an dieser Stelle. Plötzlich löste sich über meinem Kopf ein mächtiger Brocken. Wesentlich größer als alle, die ich bisher aus dem Hang geschlagen hatte. Ich sah den Brocken, der nur etwa einen Meter über meinem Kopf hing, auf mich zukommen. Instinktiv rollte ich mich nach links zur Seite. Da erreichte mich der Abraumbrocken auch schon und rollte nur wenige Zentimeter neben mir den Abhang hinunter. Mein Schutzengel hatte mal wieder eine starke Leistung vollbracht. Nicht auszudenken, was geschehen wäre, wenn mich der Brocken am Kopf getroffen hätte. Tödliche oder mindestens schwere Verletzungen wären die Folge gewesen. Der Schreck saß mir in den Gliedern, aber der Instinkt war in dieser bedrohlichen Situation wach, konnten sich doch weitere Brocken lösen. Ohne zu überlegen sprang ich auf, rannte stolpernd den Hang hinunter und weit in die unten angrenzende

Rasenfläche hinein. Mir schlotterten die Knie und ich sackte ohnmächtig zusammen. Wie lange ich dort gelegen habe, weiß ich nicht. Wahrscheinlich waren es nur wenige Sekunden. Ich sah mich um. Niemand war zu sehen oder machte sich bemerkbar. Meinen Unfall hatte man wohl nicht bemerkt. Darüber war ich richtig froh. Ersparte mir das doch umständliche Erklärungsversuche und Vorwürfe. Seit der Zeit habe ich mich in Katernberg auf den Halden nie mehr als Bergmann betätigt. Viele Jahrzehnte später erlebte ich in einem Steinbruch beim Sammeln von Fossilien eine ähnliche, aber noch gefährlichere Situation. Auch dieses Mal war mein Schutzengel zur Stelle. Er muss wohl guten Kontakt zur Heiligen Barbara haben, dem Schutzpatronin der Bergleute.

Der Rauswurf

Meine Mutter und ich wohnten schon einige Monate in Katernberg bei meinen Großeltern, da dort die Versorgungslage weit besser war als in Münster. Doch die beengte Wohnsituation sollte nur vorübergehend sein. Meine Mutter sah unsere Zukunft in Münster. Sie war im Innersten wohl eifersüchtig auf meine Großmutter, an der ich sehr hing und die mich in ihr Herz geschlossen hatte. Das Zimmer in Mutters Elternhaus in Kinderhaus, in dem wir 1946 gewohnt hatten, wollte sie nicht aufgeben. Unsere Möbel standen noch darin und es war vorgesehen, so bald als möglich nach Münster zurückzukehren. Schließlich sollte ich dort nach den Wünschen meiner Mutter zur Schule gehen.

Eines Tages erhielt meine Mutter von meinem Onkel aus Kinderhaus einen Brief mit einer unglaublichen Nachricht und der Bitte, dass sie sofort nach Münster kommen solle. Was war geschehen? Tante Grete, die älteste Schwester, hatte kurzerhand unser Zimmer für sich in Anspruch genommen. Unsere Möbel ließ sie ins Freie auslagern und notdürftig abdecken, sodass sie seitdem Wind und Wetter ausgesetzt waren. Meine Mutter konnte sich lange nicht beruhigen über solch eine Unverschämtheit. Sie fuhr sofort nach Münster, aber Grete blieb bei ihrer Zimmerbesetzung und war nicht gewillt, uns und unsere Möbel wieder in das Zimmer zu lassen. Auch gutes Zureden meines Onkels und der anderen Schwestern half nichts. Grete meinte, wir sollten in Essen bleiben, dort ging es uns doch gut. Die Tatsache, dass wir mit vier Personen auf zwei kleinen Gastzimmern hockten, beeindruckte sie in keiner

Weise. Sie meinte, jeder müsse in der jetzigen Zeit für sich selbst sorgen. Familienbande würden da keine Rolle spielen. Voller Wut kehrte meine Mutter nach Katernberg zurück. Da sie bald danach Arbeit in der Umgebung von Essen fand, und nur gelegentlich nach Katernberg kam, entschärfte sich die Wohnsituation. Ich schlief mit im Schlafzimmer der Großeltern und das andere Zimmer diente als Wohn- und Esszimmer, in dem auch gekocht wurde.

Durch diesen Rauswurf und durch spätere Unverschämtheiten hatte sich Grete in der Familie gänzlich isoliert. Das Haus in Kinderhaus gehörte der Erbengemeinschaft. Grete wollte es aber für sich alleine nutzen und die anderen Erben auszahlen. Dagegen hatten die Geschwister nichts einzuwenden und warteten auf die Auszahlung ihres Erbanteils. Der fiel dann aber äußerst mager aus, da ein Gutachter feststellte, dass der Hausbock das Haus befallen habe und es kaum noch etwas wert sei. Wie sich später herausstellte, war es ein Gefälligkeitsgutachten gewesen. Den Hausbock hat das Haus weder vorher noch nachher jemals gesehen. Wesentliche Renovierungsarbeiten mussten auch nicht durchgeführt werden. Grete hatte ihre Geschwister hinters Licht geführt. Ändern konnten die an der Sachlage aber nichts. Es blieb ihnen nur, die Faust in der Tasche zu ballen und sämtliche Kontakte zu Grete abzubrechen.

Im Krankenhaus

In Februar 1947 kam ich ins Huyssenstift, einem von der Familie bevorzugten Krankenhaus in Essen-Rüttenscheid. Mir sollte mein angeborener Blutschwamm im Innern der Oberlippe entfernt werden, bevor ich zur Schule kam. Normalerweise bemerkte man den Blutschwamm von außen nicht. Nur bei Minustemperaturen verfärbte sich die Oberlippe auffällig bläulich. Mir machte das nichts aus, aber meine Mutter wollte nicht, dass mich Kinder damit hänselten. Darum meldete sie mich zur Operation im Huyssenstift an. Dort lag ich mit sieben Männern in einem Krankenzimmer mit freiem Ausblick in den Garten, da der Balkon vom Zimmer nur durch eine Glaswand abgetrennt war.

Nach gründlicher Untersuchung stand an nächsten Tag die Operation an. Ich wurde im Bett in das Operationszimmer gefahren und auf den Operationstisch gelegt. Der Anästhesist legte mir eine Maske auf die

Nase und forderte mich auf, langsam von eins an zu zählen. Schon nach kurzer Zeit muss ich eingeschlafen sein. Als ich aufwachte, konnte ich mich nur an Bilder mit unglaublich farbigen konzentrischen Ringen erinnern. Nie zuvor hatte ich solch prächtige Regenbogenfarben gesehen. Die farbigen Ringe dehnten sich aus und zogen sich in freiem Spiel wieder zusammen. Das wiederholte sich in meiner Erinnerung einige Male. Noch ganz benommen von diesem Erlebnis schob man mich zurück in das Krankenzimmer. Damit ich nicht an meiner frisch operierten Oberlippe die Operationsfäden aufreißen konnte, hatte man mir die Hände an den Seitenholmen des Bettes festgebunden. Aus dem Bett aufstehen konnte ich daher nicht. Es kam wie es kommen musste: Ich pinkelte auf das Bettlaken. Schamhaft verschwieg ich das und lag lieber im nassen Bett. Als ich die Schwester bat, meine Fesseln zu lösen, wurde sie böse und lehnte das strikt ab. Meine Großmutter trat kurze Zeit nach meiner Operation in das Krankenzimmer und sah sofort die Bescherung. Wutentbrannt rannte sie in das Schwesternzimmer und kam mit der Schwester zurück.

Noch immer aufgebracht schlug meine Großmutter die Bettdecke zurück und zeigte der Schwester die Bescherung: »So geht das nicht. Binden Sie den Jungen sofort los.«

»Das darf ich nicht. Die Ärzte haben das Festbinden angeordnet, damit ihr Enkel nicht mit den Fingern an der Operationsstelle knibbelt und die Wunde aufreißt«, versuchte die Schwester meinen Zustand zu erklären.

Oma ließ sich aber nicht beruhigen und verlangte, sofort den zuständigen Arzt zu sprechen. Eingeschüchtert verließ die Schwester den Krankensaal und kam nach einiger Zeit mit dem diensthabenden Arzt zurück.

Meine Großmutter beschwerte sich und wiederholte ihre Forderung: »Das geht so nicht. Ich werde mich an die Krankenhausverwaltung wenden.«

Der Arzt merkte wohl, dass die Krankenschwester eigenmächtig gehandelt hatte, und sich an sie wendend ordnete er an: »Binden Sie den Jungen los. Damit er nicht an der Lippe knibbeln kann, umwickeln sie ihm Finger und Daumen mit Mullbinden und sichern Sie den Verband mit Leukoplast.«

Kleinlaut folgte die Schwester seinen Anordnungen. Vielleicht sah sie ein, dass sie auch selbst auf diese Lösung hätte kommen können. Ich durfte aufstehen und mir eine neue Unterhose und ein Nachthemd anziehen. Derweil wurde das Bett neu bezogen. Die umwickelten Hände führten dazu, dass ich einige Tage gefüttert werden musste. Das wollte die Schwester wohl aus Gründen der Arbeitserleichterung vermeiden. So viel Arbeit hatte sie damit aber nicht, da meine Großmutter jeden Tag um die Mittagszeit kam, um diese Arbeit zu übernehmen. Oma hatte festgestellt, dass das Krankenhausessen kaum genießbar war. Nicht verwunderlich, knapp zwei Jahre nach Kriegsende bei dem Mangel an Lebensmitteln. Sie kam daher jeden Mittag aus Katernberg und brachte mir selbst gekochtes Essen. Ganz besonders schmackhaft war ein Püree aus Steckrüben mit guter Butter zubereitet. An anderes Gemüse kam man im Winter 1946/1947 ja kaum. Mir schmeckten Großmutters Steckrüben so gut, dass ich seit der Zeit Steckrübengerichte liebe. Einige Tage nach der Operation entfernte man den Verband von meinen Händen, ermahnte mich aber eindringlich, ja nicht an der Operationsnarbe zu knibbeln, da das zu heftigen Blutungen führen könne. Diese Begründung hat mich wohl überzeugt, denn die Wunde blieb zu. Nach vierzehn Tagen konnte ich das Huyssenstift verlassen. Nie mehr wollte ich als Patient in ein Krankenhaus, das schwor ich mir.

Einschulung

Vor Ostern 1947 sollte ich in Katernberg eingeschult werden, nachdem man mich ein Jahr zuvor in Münster abgelehnt hatte, weil ich einen Tag zu spät geboren war. Bald nachdem wir zu meinen Großeltern nach Katernberg gezogen waren, hatte meine Mutter Arbeit als Köchin außerhalb von Essen gefunden. Der Bruder Hermann von Tante Berta, der ja gleichzeitig ein Vetter meines Großvaters war, hatte von den Briten den Auftrag bekommen, Lagerfreizeiten für Jugendliche durchzuführen. Warum übertrug man gerade einem Deutschen diese Aufgabe? Hermann und sein Bruder Franz waren während des Dritten Reiches mehrmals verhaftet und sogar inhaftiert worden. Herrmann wegen sozialistischer Umtriebe und sein Bruder als Mitglied der Kommunistischen Partei. Wegen dieser nicht nationalsozialistisch belasteten Vergangenheit und da Hermann Kaufmann war, hatte man ihm die Organisation und Durchführung der Jugendlager übertragen. Im Sommerhalbjahr brachte man die Jugendlichen in Zeltlagern unter, im Winter in der Jugendherberge in

Langenberg, ganz in der Nähe des Langenberger Senders. Dort arbeitete meine Mutter als Köchin, als ich eingeschult werden sollte. So hatte meine Großmutter die Aufgabe übernommen, mich bei der Volksschule anzumelden.

Die für mich zuständige evangelische Paul-Gerhard-Schule lag einige Gehminuten hinter dem Abzweig Katernberg in Richtung Schonnebeck. Zu Fuß hatte ich von zu Hause etwa eine Viertelstunde zu gehen. Adrett angezogen machte sich Großmutter mit mir auf den Weg. Das mehrgeschossige große Schulgebäude lag in einer gutbürgerlichen Wohngegend. Rechts neben der Schule gab es ein großes eingezäuntes Grundstück mit einem herrschaftlichen Gebäude. Jeder Katernberger wusste, dass hier der Direktor der Zeche Zollverein, ein Assessor, mit seiner Familie wohnte. Sein Büro befand sich in den Verwaltungsgebäuden am Schacht 12 des Zollvereins im nahen Schonnebeck. Direkt links neben dem Grundstück des Direktors führte ein asphaltierter Weg zum Eingang der Schule, der nicht an der Straßenfront, sondern im Hof lag. Vom Schulhof gelangte man über eine breite, aber kurze Treppe in den Eingangsbereich des Hochparterres. Im linken hinteren Eingangsbereich vor der Tür eines Klassenraumes stand schon eine lange Menschenschlange. Eine kurze Nachfrage ergab, dass hier die Erstklässler eingeschult wurden. Wir stellten uns am Ende der Schlange an, die nur langsam vorankam. Endlich nach fast einer halben Stunde standen wir nur noch einige Meter entfernt von dem Tisch, an dem eine Frau die Aufnahme durchführte. Nach weiteren zehn Minuten waren wir an der Reihe. Meine Großmutter und ich traten vor die Frau. Bevor Großmutter die Unterlagen vorlegen konnte, herrschte die Frau sie in aggressivem Ton an: »Hier findet die Aufnahme in die erste Klasse statt. Für die Anmeldungen zu den höheren Klassen müssen Sie in den ersten Stock gehen.«

Ich war verwirrt, aber Großmutter antwortete sehr ruhig, die Aufnehmende anlächelnd: »Wir sind hier schon richtig. Der Junge soll in die erste Klasse aufgenommen werden. Er ist für sein Alter groß, aber bisher noch nicht eingeschult.«

Verblüfft sah die Frau uns an und nahm ohne weitere Kommentare die Anmeldeunterlagen entgegen. Ich war also eingeschult und hatte keine Vorstellung, was mich in der Schule erwarten würde. Zurück nach Hause gingen wir einen anderen Weg, der nur geringfügig länger war, dafür aber an Geschäften vorbeiführte. Es gab da unseren Frisör Temmesfeld, einen Metzger, die Luisen-Apotheke und einen kleinen Gemischtwarenladen, zu dessen Eingang eine Treppe mit wenigen Stufen hinaufführte. An der Schaufensterscheibe war in Großbuchstaben auch der Name der Inhaber zu lesen: Albrecht. Wer hätte damals vermutet, dass dieser Laden die Urzelle des Lebensmitteldiscounters Albrecht werden sollte.

Wochen vergingen und nach Ostern 1947 kam der erste Schultag. Mein gleichaltriger bester Freund Alfred aus einer alteingesessenen Katernberger Familie und ich gingen in dieselbe Klasse. Sein Vater arbeitete als Steiger auf der Zeche Zollverein und spielte zusammen mit seinem Bruder und einem Vetter in der Bergmannskapelle, worauf alle sehr stolz waren. Alfreds Onkel war zudem im Vorstand des Fußballvereins Sportfreunde Katernberg, der damals über eine recht leistungsstarke 1. Mannschaft verfügte. Aus dem Verein gingen später bekannte Fußgrößen hervor und zwar unter anderen keine geringeren als Rahn und Kubsch. Ende der 1940-er Jahre ragte dabei besonders der Torwart Kubsch heraus. Ein Torwart, der regelmäßig den Trainer und den Vereinsvorstand während des Spiels zur Verzweiflung brachte. Egal, ob er einen Angriff der eigenen Mannschaft einleitete oder auf den Angriff des Gegners reagierte, immer lief er weit aus dem Tor hinaus. Die Aufschreie der Zuschauer begleiteten ihn wegen dieser riskanten Manöver. Manche schimpften auf ihn. Doch habe ich es niemals erlebt, dass sich seine Mannschaft durch sein Herauslaufen ein Tor einhandelte. Wir gingen allerdings nur selten zu den Heimspielen der Sportfreunde Katernberg, sodass ich nicht weiß, ob er sich nicht doch gelegentlich durch seine riskante Spielweise ein Tor eingefangen hat. Eintrittskarten mussten wir für die Spiele nicht kaufen. Wegen der guten Beziehungen zum Vorstand bekam Alfred Freikarten von seinem Onkel zugesteckt. Wenn wir Lust hatten, ein Fußballspiel zu sehen, so gelang es Alfred immer, die nötige Anzahl Karten für unsere Clique zu besorgen.

Am ersten Schultag gingen Alfred und ich alleine zur Schule. Wir fühlten uns so erwachsen, dass wir weder seinen Eltern noch meiner Mutter oder meinen Großeltern erlaubten, uns zur Schule zu begleiten. Unser Klassenzimmer war ein Eckraum im Hochparterre des großen Schulgebäudes, genau der Raum, den ich von der Einschulung her schon kannte. In der Außenwand gegenüber der Eingangstür gab es große, erhöht liegende Fenster, durch die man nicht nach draußen sehen konnte. Bei der anschließenden Seitenwand waren die Fenster tief heruntergezogen, sodass man auch im Sitzen einen freien Blick auf den Schulvorgarten und die angrenzende Straße mit ihren Wohnhäusern hatte. In dem rechteckigen Raum standen senkrecht zur hinteren Fensterfront drei Blöcke mit je zwei nebeneinander stehenden Tischen, die in fünf Reihen hintereinander angeordnet waren. Es handelte sich nicht um die damals vielfach noch üblichen Schulbänke mit schrägem Schreibpult und eingelassenen Tintenfässern, sondern um moderne Schultische, wie sie heute noch gebräuchlich sind. Zwischen den drei Blöcken gab es breite Gänge. Außerdem einen breiten Längsgang, der von der Eingangstür ganz links in der Innenwand bis zum Lehrerpult in der vorderen rechten Ecke verlief. Die reine Jungenklasse bestand aus etwa 60 Schülern.

Am ersten Schultag war freie Platzwahl. Alfred und ich setzten uns in die letzte Reihe auf gegenüberliegende Außenplätze im linken und mittleren Sitzplatzblock. So hatten wir jeweils an einer Seite mehr Bewegungsfreiheit, auf die ich bestanden hatte. Alfred kannte einige der Schüler, da er in Katernberg aufgewachsen war. Ich hingegen kannte nur Alfred und sonst niemanden, auch nicht die drei Schüler, die neben mir in der letzten Reihe des linken Blockes saßen. Näher bekannt wurde ich später außer mit Alfred nur mit zwei Klassenkameraden: Friedel Heil und Klaus Klabunde. Friedel Heil saß neben Alfred und Klaus Klabunde saß auf dem anderen Außenplatz in der letzten Reihe, in der auch ich saß. Klaus Klabunde war der Sohn eines Arztes und so fleißig, dass er vom ersten bis zum vierten Schuljahr immer Klassenbester war. Leistungsmäßig stand ich über die Jahre an zweiter Stelle, gefolgt von Alfred und Friedel.

Schützenfest

Einmal im Jahr feierten verschiedene Straßen und Nachbarschaften in Katernberg Kinderschützenfeste. Auch die Haldenstraße veranstaltete solche Belustigungen. Sie fanden in den Räumen und auf dem Gelände der Wirtschaft Wendler statt und wurden meist von meiner Tante Beate ausgerichtet. Höhepunkt war ein großer Straßenumzug, an dem Gott und die Welt teilnahmen. Wie es sich gehört, gab es ein Königspaar und zwei Prinzenpaare. In einem Jahr war ich einer der Prinzen. Meine Prinzessin war ein gleichaltriges Mädchen aus der Nachbarschaft, das zu unserem erweiterten Freundeskreis gehörte. Ich fand, es war eines der weniger hübschen Mädchen aus der Haldenstraße. Aber man weiß ja nie, ob sich ein hässliches Entlein nicht in einen wunderschönen Schwan verwandelt. Im Gegensatz zu meiner Prinzessin war die andere Prinzessin schon damals ein sehr schönes Mädchen. Mit Evi hatte in meinen Augen mein Freund Rolf, der ihr Prinz war, das große Los gezogen. Die Königin hieß Edelgard, eine wirkliche Schönheit. Sie umgab sich im normalen Leben meist mit jüngeren Kindern, zu denen auch ich gehörte. Wir alle himmelten sie an und suchten ihre Nähe. Als Königin machte sie eine blendende Figur, da stand selbst die schöne Evi zurück.

Nachmittags gab es für alle am Schützenfest Beteiligten und die vielen Besucher Kaffee und Kuchen. Die Hoheiten saßen an einem eigenen Tisch. Gefeiert wurde im ehemaligen Gaststättengarten und auf dem Gartengelände der Villa von Rolfs Eltern. Ganz standesgemäß spielte auch eine kleine Bergmannskapelle auf, die uns schon während des Umzugs lautstark begleitet hatte. Viele der Jungen und Mädchen waren in unterschiedlichsten Kostümen erschienen. Mein Freund Alfred als südamerikanischer Peon und Dieter als Bäcker. Andere waren Indianer, Cowboys, Piraten, Schornsteinfeger und vieles mehr oder trugen Fantasiekostüme.

Der Straßenumzug dauerte etwa zwei Stunden, in denen es über die Haldenstraße und einige andere Straßen zurück zum Ausgangspunkt, der Gaststätte Wendler, ging. Vorne weg die Blaskapelle und dahinter einige Reihen kostümierter Kinder. Dann kam das Königspaar und in einigen Abständen die beiden Prinzenpaare. Begleitet wurden alle Hoheiten durch Bogenträgerinnen, die einen mit Papierblumen geschmückten Bogen über die Paare hielten. Vom Bogenscheitel herab hing ein bunter Lampion. Unter dem ersten Bogen schritt das Königspaar, danach folgte unter dem zweiten Bogen meine Prinzessin und ich und unter dem letzten Bogen das andere Prinzenpaar. Anstrengend war der Umzug wohl hauptsächlich für die bogentragenden Mädchen. Mit im Zug gingen auch – meist kostümierte – Erwachsene, die auf die kleinen Kinder aufzupassen hatten. An den Straßenrändern standen reichlich Zuschauer. Autos fuhren damals auf den Straßen nur äußerst selten, sodass der Kinderumzug ungehindert auf der Fahrbahn marschieren konnte.

Zum Abschluss des Umzugs stellten sich die teilnehmenden Kinder zu einem Gruppenbild auf. 1947 gab es noch die Ruine des alten Kasinogebäudes, das im Krieg durch einen verirrten Brandbombenabwurf vollständig ausgebrannt war, da die Decken und das Dach aus Holz bestanden hatten. Den Kasinoeingang erreichte man über eine mehrstufige, weit ausgedehnte Treppenanlage, die sich vorzüglich zum Aufstellen der Kinder und Jugendlichen eignete. Nach dieser Gruppenaufnahme begann der gemütliche Teil mit Getränken, von den Eltern selbst gebackenem Kuchen und verschiedenen Spielen. Für mich war es das erste Kinderschützenfest der Haldenstraße. In den folgenden Jahren folgten weitere mit meiner Teilnahme. Dann allerdings kostümiert und ohne zu den Hoheiten zu gehören.

Sommerferienlager

Die von Onkel Hermann für verschiedene Jugendorganisationen, darunter die Falken, organisierten Zeltlager des Essener Stadtbezirks lagen an verschiedenen Stellen am Rande des Bergischen Landes südlich von Essen oder direkt an der Ruhr. Im Sommer 1947 hatte man das Zeltlager auf einer Bergkuppe südlich von Langenberg in Walmichrath eingerichtet. Damals besuchte ich die erste Klasse und konnte meine gesamten Sommerferien bei meiner Mutter, die als Köchin im Zeltlager arbeitete, verbringen. Das Zeltlager lag direkt neben dem großen Gebäude eines ehemaligen Freizeitheimes, in dem die Bediensteten des Lagers arbeiteten und wohnten. Das Heim verfügte über eine große Küche, Speiseräume für die Kinder und Jugendlichen des Zeltlagers und einen Saal für Aufführungen. In unserem Zeltlager in Walmichrath gab es nur männliche Teilnehmer. Von Mädchenzeltlagern habe ich damals nie etwas erfahren. Eine Kollegin meiner Mutter hatte einen Sohn in meinem Alter, der mit mir die Sommerferien im Lager verbrachte. Aufgebaut waren unterschiedlich große Zelte mit jeweils 10 bis 20 Schlafplätzen. Wir beide wohnten zusammen mit anderen in einem Zehnmannzelt. Die Schlafplätze in den Zelten bestanden aus einfachen Stahlfeldbetten, auf die mit Stroh gefüllte Matratzen gelegt wurden. Um jedes Zelt war ein umlaufender Graben ausgehoben worden, damit das Regenwasser abfließen konnte. Einige Zeltbewohner hatten vor dem Graben bereichsweise kleine Vorgärten mit Blumen angelegt. Mitten im Zeltlager auf einem kleinen freien Platz stand ein Fahnenmast, an dem die Fahne der jeweiligen Jugendgruppe aufgezogen war.

Das Lager stand auf einer Wiese, an drei Seiten von Nadelwald umgeben. Im östlich angrenzenden Wald, ausreichender weit von den Zelten entfernt, hatte man eine Latrinengrube ausgehoben und seitlich mit Zeltplanen umgeben. An der hinteren Längsseite der Grube lag auf stabilen Pfosten in Sitzhöhe ein breiter Baumstamm, der sogenannte Donnerbalken. Darauf setzte man sich mit heruntergezogenen Hosen und verrichtete sein Geschäft. Fast täglich wurde Kalk mit Desinfektionsmitteln auf die oberste Schicht der offenen Grube gestreut. Bis auf den Geruch der Desinfektionsmittel habe ich niemals unangenehme Gerüche aus der Grube wahrgenommen. Der Zugang zum Zeltlager erfolgte von einer schmalen Straße, die von Langenberg aus dem Tal kommend am Gebäude des Ferienheimes endete. Das direkt angrenzende Gelände des Zeltlagers war durch eine Schranke versperrt, neben der ein Wachzelt für zwei Personen stand. Der Eingang wurde Tag und Nacht durch Jugendliche aus dem Lager bewacht, um ungebetene Besucher fernzuhalten. Freilich hätten solche sich bequem an anderen Stellen Zugang verschaffen können, da das Gelände nicht eingezäunt war. Aus heutiger Sicht war der bewachte Zugang wohl nur dazu da, um an das Verantwortungsbewusstsein der Jugendlichen zu appellieren. Zwischen dem Abzug einer Gruppe und dem Neuzugang einer anderen lagen immer einige Tage, in denen die Anlage in Ordnung gebracht wurde. In dieser Zeit durften wir beiden Söhne von Bediensteten im Wachzelt wohnen. Uns wurde gesagt, dass wir nun ganz alleine für die Bewachung des Zeltlagers verantwortlich wären und niemandem Zugang gewähren dürften, der sich nicht ausweisen konnte. Denn alle Besucher mussten eine Zugangsgenehmigung vorzeigen, die ihnen vorher bei der Verwaltung des Lagers ausgestellt wurde. Wir waren mächtig stolz auf diese doch so herausgehobene Verantwortung und kamen ihr gewissenhaft nach.

Das ehemalige Freizeitheim war nicht an die öffentliche Wasserversorgung und -entsorgung angeschlossen. Frischwasser musste man mit Tanklastwagen aus Langenberg heraufschaffen. Jetzt nach dem Krieg standen solche Transportmittel aber nicht zur Verfügung. Ein findiger

Kopf hatte sich eine den Verhältnissen angepasste Lösung des Problems ausgedacht. Ein alter ausrangierter Lkw mit Holzvergaser zum Antrieb des Verbrennungsmotors wurde instand gesetzt und mehrere kleine Tankbehälter auf die Ladefläche montiert. Mit diesem Fahrzeug holte man mehrmals in der Woche Frischwasser aus Langenberg. Der Ofen zum Vergasen des Holzes stand hinter der Führerkabine auf der Ladefläche. Bergab reichte eine Holzbeschickung zur Fahrt aus, aber bergauf musste von Hand nachgelegt werden. Zu dieser Tätigkeit ließen wir uns gerne verpflichten. Welches Gefühl, während der Fahrt vor dem Ofen zu knien und ihn mit dem bereitliegenden Holz zu füttern. Wissend, dass ohne unsere Arbeit der Lastwagen stehen bleiben würde!

Gegen Ende des Aufenthalts jeder Gruppe fand ein geselliger Abend mit verschiedenen Bühnenauftritten der Gruppenmitglieder statt. Kleine gespielte Geschichten, welche die Jugendlichen mit ihren Leitern zuvor einstudiert hatten. Einmal durfte auch ich mitmachen. Mein Auftritt als Polizist währte sehr kurz und bestand nur aus einem Satz.

Ich musste einen Beschuldigten von der Bühne holen mit den Worten: »Sie sind verhaftet. Mitkommen!« Und ihn von der Bühne zerren.

Mein Mitstreiter im Wachzelt nahm häufiger an den Aufführungen teil als ich, nämlich als Hintermann in einem Kamelkostüm. Ich tröstete mich damit, dass er ja nicht zu sehen war und auch keinen Text aufsagen durfte.

Vor dem Frühstück half ich manchmal in der Küche. Dann galt es Brote zu schmieren. Auf einfache Graubrotscheiben wurde dünn Margarine gekratzt. Der Belag bestand immer aus Marmelade. Wurst oder Käse als Belag gab es damals in der Nachkriegszeit im Zeltlager nie. Beschwerden über das karge Frühstück waren äußerst selten. Jeder kannte die angespannte Verpflegungslage und die Bevölkerung hatte sich an die Rationierung von Lebensmitteln gewöhnt. Ich allerdings nicht, denn zuhause gab es durchaus auch Wurst und Käse außerhalb der Mengen, die auf den Lebensmittelkarten standen. Meine Großmutter brachte regelmäßig Butter, Wurst, Käse und Eier von ihren Hamstertouren ins Oldenburger Münsterland mit nach Hause.

Bei ihren Hamstertouren besuchte sie verschiedene Bauern in der Gegend um Bad Essen. Dort hatte sie schon im Ersten Weltkrieg gehamstert und diese Verbindungen aktivierte sie jetzt wieder. Zu Gute kam ihr, dass Verwandte aus den USA regelmäßig größere Pakete mit Rohkaffee schickten. Großmutter röstete den größten Teil davon und packte ihn und den Rest Rohkaffee in Portionen zum Tausch bei den Bauern gegen Lebensmittel ab. Schon bei ihrer ersten Hamstertour baten die Bauern, sie möge doch wiederkommen und Kaffee gegen Produkte des Hofes eintauschen. Bohnenkaffee war in der Nachkriegszeit kaum zu bekommen. Insofern füllte Großmutter mit ihrem Angebot eine große Lücke. Fast regelmäßig einmal im Monat brach Großmutter ins Oldenburgische auf und kam reichlich mit Lebensmitteln bepackt zurück, die gerecht auf die im Hause wohnenden Personen verteilt wurden. Später in meinem Leben hat mir lufttrockene Mettwurst nie mehr so gut geschmeckt wie damals, als Oma sie vom Hamstern mitbrachte. Hamstern bei den Bauern war damals weit verbreitet. Die wenigen Züge waren so voll, dass etliche Fahrgäste – meist Leute, die zum Hamstern fuhren – auf den Trittbrettern stehen mussten. Oma fuhr von Essen-Hauptbahnhof und musste in Altenbeken umsteigen. Damals war Altenbeken einer der größten Bahnhöfe in Nordrhein-Westfalen. Ein typischer Umsteigebahnhof, denn hier liefen mehrere Bahnlinien aus verschiedenen Himmelsrichtungen in einem Knoten zusammen. Die große Anzahl Reisender nutzten deutsche Polizisten und englische Aufseher für Kontrollen, da Hamstern streng verboten war. Wer erwischt wurde musste das Gehamsterte abgeben und es gab zudem noch eine Anzeige, die saftige Strafen zur Folge haben konnte. Bei ihren bisherigen Aufenthalten auf Bahnhöfen war Oma nicht kontrolliert worden. Eines Tages erwischte es sie aber doch. In Altenbeken wurde sie zusammen mit anderen Frauen angehalten. Das Gepäck sollte kontrolliert werden. Die Frauen hatten sich in eine Reihe aufzustellen und dann wurde eine nach der anderen gefragt, ob sie gehamsterte Sachen mit sich führe. Großmutter stand als letzte in der Reihe und überlegte fieberhaft, wie sie der Kontrolle entgehen könne. Die gehamsterten Lebensmittel wollte sie unbedingt behalten, keinesfalls abgeben. Sich heimlich davonzuschleichen konnte auffallen. Sie hoffte, dass man die Kontrolle abbrach, bevor sie an der Reihe war. Leider hoffte sie darauf vergeblich. Die Schlange verkürzte sich von Minute zu Minute, da die Polizisten die befragten Personen in das Bahnhofsgebäude zu gründlichen Untersuchungen abführten, wenn man gehamsterte Sachen bei ihnen vermutete. Das erfolgte durch zwei der kontrollierenden Polizisten, sodass nur ein einzelner Polizist am Kopf der Schlange verblieb. Der setzte die Kontrolle erst fort, wenn seine Kollegen aus dem Bahnhofsgebäude zurückgekehrt waren. Als man die zwei vor ihr in der Reihe stehenden Frauen abführte, stand Oma alleine vor dem Polizisten.

Er sah sie lange an und sagte. »Na Muttchen, haben Sie viele gute Sachen für Ihre Lieben im Rucksack?« Ohne auf ihre Antwort zu warten fuhr er fort: »Sie erinnern mich sehr an meine Mutter und sehen ihr recht ähnlich. Verschwinden Sie ganz schnell, bevor meine Kollegen zurück sind.«

Das ließ sich Großmutter nicht zweimal sagen. Sie machte langsam zwei Schritte seitlich nach vorne neben den Polizisten, erhöhte dann das Tempo und stieg eilig in den nächsten Eisenbahnwagen. Sie war noch einmal davongekommen. Der geschilderte Ablauf lässt vermuten, dass die Kontrolleure ihre Arbeit nicht gerne erledigten. Sie erfuhren ja das Elend der Bevölkerung am eigenen Leibe. Da sie aber selbst von den Besatzern beobachtetet wurden, waren ihre Spielräume für lasche oder nicht durchgeführte Kontrollen denkbar gering. Großmutter hatte also sehr viel Glück gehabt. Bei weiteren Hamsterfahrten hat sie es immer verstanden, sich so zu verhalten, dass sie nicht noch einmal kontrolliert wurde.

Die so geliebten Tage im Wachzelt vergingen schnell, da nach wenigen Tagen neue Jugendgruppen eintrafen. Dann übernahmen diese die Wachen. Obwohl auch nachts gewacht wurde, stellte man eines Morgens fest, dass die Lagerfahne gestohlen worden war. Das war ein beliebtes Spiel zwischen benachbarten Zeltlagern. Nur gab es in der näheren Umgebung unseres Lagers kein weiteres Zeltlager. Das nächste lag jenseits eines breiten Tales auf einer gegenüberliegenden Bergkuppe viele Kilometer entfernt. Bei guter Sicht konnte man dessen Zelte und den Mast mit der Fahne sehen. Es schien ausgeschlossen, dass die Jungen in einer Nacht eine so weite Strecke zu unserem Lager marschierten, unbemerkt unsere Fahne stahlen und dann zu ihrem Lager zurückkehrten. Doch belehrte uns ein Blick auf das andere Lager am Morgen eines Besseren. Dort wehten zwei Fahnen im Wind. Die untere war unsere gestohlene Lagerfahne, darüber die Lagerfahne der dort campierenden Jugendgruppe.

Helle Aufregung lief durch das Lager. »Wir müssen unsere Fahne zurückholen und gleich die andere mitnehmen«, war die überwiegende Meinung der Lagerbewohner: »Das dürfen wir uns nicht bieten lassen. Das verlangt schon unser Stolz.«

So wurde denn beratschlagt und eine Gruppe zum nächtlichen Gegenbesuch im feindlichen Lager zusammengestellt. Man wollte aber einige Nächte warten, da anzunehmen war, dass im anderen Lager von nun an die Fahnen sehr aufmerksam bewacht wurden. Mehrere Tage mussten wir voller Wut im Bauch unsere Fahne am gegnerischen Fahnenmast flattern sehen. Aber dann war es soweit. Eines Nachts waren unsere Jungen schleichend in das gegnerische Lager gedrungen und hatten beide Fahnen mitgenommen. Dabei waren sie entdeckt worden und es hatte eine große Rauferei gegeben, bei der die Unsrigen die Oberhand behielten und im Dunkel der Nacht mit den Fahnen verschwinden konnten. Nun hingen unsere und die erbeutete Fahne weit sichtbar an unserem Mast. Eine große Genugtuung breitete sich aus und die wackeren Kämpfer feierten wir gebührend. Den Fahnenmast bewachte man danach Tag und Nacht mit einer verstärkten Mannschaft, die sofort Alarm schlagen sollte, wenn sie etwas Verdächtiges bemerkte. Nach einigen Tagen fuhr eine Abordnung aus dem gegenüberliegenden Zeltlager am Tage vor und wollte über die Herausgabe ihrer Fahne verhandeln. Schließlich wurde feierlich Frieden und ein Nichtangriffspakt geschlossen. In Zukunft wollte man sich gegenseitig nicht mehr die Fahnen entwenden. Dann wurde die gegnerische Fahne heruntergezogen und der Abordnung übergeben. Von nun an hing nur noch die eigene Fahne am jeweiligen Mast.

Im nächsten Jahr arbeitete meine Mutter in einem Zeltlager auf der Brehminsel, einer Insel in der Ruhr gegenüber der Stadt Werden. Diese Insel wird durch einen schmalen Flussarm von der Stadt getrennt und ist nur über eine einzige Holzbrücke von Werden aus zugänglich. Die Insel ist mehrere hundert Meter lang, aber maximal nur einhundert Meter breit. Sie erstreckt sich etwas westlich von der Holzbrücke bis kurz vor das Wehr, das den Baldeneysee aufstaut. Auf der Insel gab es keine Gebäude, sodass ein eigenes Kochzelt und ein großes Essenszelt errichtet worden waren. Das Lager war ähnlich dem in Walmichrath aufgebaut.

Ich schlief wieder mit anderen zusammen in einem großen Zelt. Meine Mutter und ihre Kolleginnen bewohnten mehrere Zweipersonenzelte.

An der nördlichen Seite der Brehminsel fließt auch heute noch der Hauptarm der Ruhr entlang. Damals war dort das Ufer direkt am Wasser bereichsweise mit Bäumen und Büschen bewachsen. Dazwischen gab es von Bewuchs offene Stellen, die einen flachen Zugang zur Ruhr erlaubten. Meine Mutter war eine ausgesprochene Wasserratte und wollte wohl, dass auch ich Gefallen am Schwimmen gewänne. In ihrer Freizeit ging sie daher mit mir zu einer der offenen Stellen und brachte mir das Schwimmen bei. Sie stieg bis zur Hüfte in den Fluss und breitete die Arme vor sich aus. Dann hatte ich mich auf ihre Arme zu legen und die Brustschwimmübungen auszuführen, die sie mir vorher in Trockenübungen an Land gezeigt hatte. Ich fühlte mich sehr sicher und merkte gar nicht, dass sie mich nicht mehr trug. So leicht hatte ich mir das Schwimmen nicht vorgestellt. Von nun an gingen wir fast jeden Tag an diese Stelle und schwammen. Bald hatte ich darin so viel Übung, dass ich alleine schwimmen durfte. Auf der Insel zeltete außerhalb des Jugendlagers ein junges Ehepaar, das ein Faltboot besaß. Meine Mutter sprach sie an und fragte, ob sie mich mal auf eine ihrer Ausfahrten mitnehmen könnten. Das Ehepaar sagte zu und so stieg ich einige Tage später in ihr Boot. Wir paddelten auf der Ruhr wenige hundert Meter bis zum großen Stauwehr des Baldeneysees. Die ganze Zeit fühlte ich mich in dem schwankenden Boot sehr unwohl, obwohl das Wasser hier nicht tief war. Angekommen am Wehr mussten wir aussteigen und das Boot sollte über eine Treppe seitlich des Wehrs hoch auf die Ebene des Sees tragen. Was erwartete uns auf dem See? Der war doch sehr tief und so gut schwimmen konnte ich noch nicht. Mich überkam ein mulmiges Gefühl und ich bat das Ehepaar, alleine auf den See hinauszupaddeln. Sie versuchten mir die Angst zu nehmen, hatten damit aber keinen Erfolg. Also stieg ich das Ufer auf der Werdener Seite hinauf, während das Ehepaar das Boot die Treppe hinauf schaffte. Oben auf dem Uferweg angekommen, waren es nur wenige hundert Meter bis zur Brücke auf die Brehminsel. Meine Mutter wunderte sich, dass ich schon zurück war, hatte aber Verständnis für meine Angst.

Die Verpflegung der Zeltlagerbewohner stellten die Amerikaner, merkwürdigerweise nicht die Briten, obwohl wir in deren Besatzungszone lebten. Neben den bekannten Lebensmitteln gab es für uns ganz ungewohnte. Angetan hatte es mir vor allem der Schokoladenkäse. Das ist, wie der Name sagt, eine Mischung aus Schokolade und Käse. Der Geschmack lässt sich nur schwer beschreiben, da es kaum vergleichbare Geschmacksrichtungen gibt, die wir kennen. Das Zeug schmeckt sowohl nach Käse als auch nach Schokolade, wobei der Käsegeschmack überwiegt. Man kann den Geschmack in etwa nachempfinden, wenn man ein Stück jungen Gouda zusammen mit einer halbbitteren Schokolade isst. Zunächst ungewohnt wurde ich nach einiger Zeit geradezu süchtig nach diesem Geschmack und konnte kaum genug davon bekommen. Der Vorrat dieser Süßigkeit war recht begrenzt, sodass wir nur gelegentlich in den Genuss des Schokoladekäses gelangten. Mir kam zu Gute, dass einigen der Jugendlichen diese Art von Leckereien überhaupt nicht schmeckte und sie mir ihre Portionen bereitwillig schenkten.

Unter den Jugendleitern gab es einen etwa 40jährigen Mann, von dem bekannt war, dass er hypnotisieren konnte. Auf seine besondere Fähigkeit angesprochen, erklärte er sich bereit, eine Hypnosesitzung vor Publikum durchzuführen. Am Abend des Ereignisses herrschte großer Andrang im viel zu kleinen Veranstaltungszelt. Dicht gedrängt saßen die Zuschauer, darunter auch die Lagerköchinnen, um den Hypnotiseur. Zuerst brachte er eine junge Köchin dazu, lustige Dinge zu machen, an die sie sich nach dem Erwachen nicht mehr erinnern konnte. Dann war ein etwa 14jähriger Junge an der Reihe, der sofort in Trance fiel und erstaunliche Dinge von sich gab.

Ich mochte nicht recht an die Macht des Hypnotisierens glauben und rief vorlaut: »Ist doch alles Humbug. Das war doch abgesprochen.«

Der Hypnotiseur lächelte und fragte: »Möchtest du nicht auch mal? Dann kannst du feststellen, ob es Tricks sind.«

»Bei mir werden Sie kein Glück haben«, sagte ich selbstbewusst und fuhr fort: »Selbst wenn Sie hypnotisieren können, bei mir schaffen Sie das nicht.«

»Lassen wir es darauf ankommen, wenn du mutig bist«, provozierte er mich.

Jetzt war ich in der Zwickmühle. Einerseits hatte ich Angst, andererseits hatte ich so großspurig getönt, dass ich kaum noch zurück konnte.

Ich überwand meine Angst und drängte mich dicht an ihn vor: »Sie werden es nicht schaffen, mich zu hypnotisieren.«

»Warten wir es ab. Setz dich vor mich und sieh mir in die Augen«, forderte er mich auf.

Ich tat ihm den Gefallen und nahm mir vor, mich nicht hypnotisieren zu lassen. Er versuchte mich zu hypnotisieren. Es gelang ihm nicht, obwohl ich mich ganz ruhig verhielt und ihm weiter in die Augen schaute. Lag es an meinem starken Willen oder konnte er nicht hypnotisieren?

Jedenfalls brach er nach einer Weile ab und meinte: »Du lässt dich wirklich nicht hypnotisieren. Das kommt schon mal vor.«

Ich stand auf und verließ das Zelt, da ich genug gesehen hatte. Bis heute weiß ich nicht, ob man mich hypnotisieren kann. Ich habe es nie wieder versuchen lassen.

Großvater

Bewusst sah ich meinen Großvater zum ersten Mal, als er uns im Winter in Wendling besuchte. Schon Tage zuvor hatte man mir gesagt, dass er kommen würde. Ich fieberte der Begegnung entgegen. Wir wussten, wann er mit dem Zug ankommen würde und holten ihn in Grießkirchen vom Bahnhof ab. Ein großgewachsener, schlanker Mann mit leicht ergrauten vollen Haaren trat auf mich zu und nahm mich in die Arme.

»Du bist aber groß geworden«, staunte er und fuhr fort »Ich habe dir auch etwas mitgebracht.«

Gespannt schaute ich ihn an. Er griff in seine Manteltasche, zog daraus zwei kleine verschrumpelte Äpfel hervor und gab sie mir. Das sollte das Geschenk sein? Zwei Äpfel, die ich normalerweise weggeworfen hätte. Äpfel hatten wir reichlich. Und was für schmackhafte und große Äpfel. Unschlüssig, wie ich mich verhalten solle, sagte ich nur: »Danke.« Großvater erklärte, es hätte vor einigen Tagen eine Sonderration Äpfel gegeben, von denen er zwei für mich aufgehoben habe. Das rührte mich sehr an und mir traten Tränen in die Augen. Die Versorgungslage im Ruhrgebiet musste wohl sehr unzureichend sein, wenn man solche Äpfel als Geschenk ansah. Na, dachte ich, da wird sich Opa aber wundern, wenn er unsere Äpfel sieht, manche so groß wie ein kleiner Kinderkopf. Großvater hatte sich die Äpfel vom Munde abgespart, um mir eine Freude zu machen. Zurückgewiesen habe ich sie nicht, sondern steckte sie in meine Hosentasche und sagte, dass ich sie später essen würde. Großvater blieb zwei Wochen und unternahm viel mit mir. Besonders angetan haben es ihm die Besuche bei den Bauern, bei denen wir uns mit Geflügel, Eier, Milch und Gemüse versorgten. Vielleicht auch, weil ihn das an seine Kindheit in einer ländlichen Gegend Ostpreußens erinnerte. Nach vierzehn Tagen in Wendling fuhren er und Großmutter, die ihn jetzt begleitete, zurück nach Essen.

Mein Großvater war ein starker Raucher, der in der Nachkriegszeit im Garten hinter der Wirtschaft in Katernberg Tabak für seinen Eigenbedarf anbaute. Nach der Ernte getrocknet und geschnitten drehte er sich seine Zigaretten in einer kleinen Vorrichtung selber. Manchmal half ich ihm dabei. Um ihm eine Freude zu machen, hob ich jede Zigarettenkippe auf, die ich auf den Straßen finden konnte. Nach einigen Tagen hatte ich meist etliche Kippen gesammelt, entfernte das Papier und hob den Tabak in einer Dose auf. Dann übergab ich sie stolz an Großvater.

Der freute sich sehr darüber und meinte: »Das ist doch ein viel besserer Zigarettengeschmack als der mit dem selbst angebauten Tabak.«

Streichhölzer waren rar und so steckte Großvater seine Zigaretten mit einem Feuerzeug an. In der Wohnung häufig auch mit einem Fidibus. Einem Stück zusammengerollten Papiers, das er kurz in das Herdfeuer hielt, damit es sich entflammte. Ganz ungefährlich war diese Prozedur nicht, aber es ist meines Wissens nie zu einem Brand in der Küche gekommen. Viel lieber benutzte er aber das Feuerzeug, das nur einen Nachteil hat: Man braucht Feuersteine. Wo bekam man Feuersteine in der Nachkriegszeit? Nur auf dem schwarzen Markt. Eines Tages gingen Großvaters Feuersteine zu Ende und er musste sich neue besorgen.

Er fragte mich: »Willst du mit auf den Schwarzmarkt gehen. Ich brauche Feuersteine. Mal sehen, ob ich dort welche bekomme.«

Ich hatte viel vom Schwarzmarkt gehört, war aber noch nie auf einem solchen gewesen und fragte daher: »Wo gibt es denn hier einen Schwarzmarkt?«

»Ja, da müssen wir mit der Straßenbahn zum Viehofer Platz fahren. Dort ist jeden Tag und auch jede Nacht Schwarzmarkt.«

Der Viehofer Platz befindet sich am nördlichen Rand der Essener Innenstadt. 1947 lag der Platz wie die meisten Teile der Innenstadt in Trümmern. Überall ragten Ruinen aus der Schuttwüste. Ein recht unübersichtliches Gelände. So richtig geeignet für dunkle Geschäfte. Bei Nacht von der Polizei kaum zu kontrollieren. Nicht zerstörte Keller waren bewohnt. Meist von Menschen, die früher in den zerstörten Häusern lebten. Großvater mischte sich in der beginnenden Dämmerung unter die zahlreichen anwesenden Menschen; ich blieb immer dicht bei ihm. Flüsternd fragte er nach Feuersteinen. Nach einigen vergeblichen Versuchen fasste ein Mann Großvater am Arm und zog ihn in eine dunkle Ruinenecke. Dort zeigte er ihm eine Schachtel mit der begehrten Ware. Großvater sah sich die Steine an und gab dem Schwarzhändler den vereinbarten Geldbetrag, da er keine Tauschware anbieten konnte. Wieder aus der einsamen und dunklen Ecke tretend sagte er zu mir: »Jetzt fahren wir nach Hause. Mehr wollte ich hier nicht erledigen.«

Zu Hause angekommen, nahm er einen Feuerstein aus der Schachtel, setzte ihn in das Feuerzeug ein und probierte, ob es funktionierte. Ein Klick, aber kein Funken sprang über, um das Benzingemisch zu entzünden. Auch weitere Klicks brachten nicht das gewünschte Ergebnis. Wie kam das? War das Feuerzeug defekt? Großvater tauschte den neuen Feuerstein gegen den alten, gerade aus dem Feuerzeug entfernten aus. Wieder macht es klick und der Funke zündete. Am Feuerzeug lag es also nicht. Dann musste der angebliche Feuerstein wohl kein Feuerstein sein. Bei genauerer Betrachtung der gekauften Feuersteine unter der Lupe zeigten sich an den Enden der zylinderförmigen Steine kleine Sägespuren. Es sah so aus, als ob man von einem Stab die einzelnen Stücke abgeschnitten hätte. Da fiel es Großvater wie Schuppen von den Augen. Man hatte ihn betrogen. Die angeblichen Feuersteine waren wertlose Abschnitte von metallischen Fahrradspeichen, die den gleichen Durchmesser wie richtige Feuersteine hatten. Insgeheim beeindruckte mich der Schwarzmarkthändler. Auf solch eine Idee musste man erst einmal kommen. Großvater erzählte anderen Leuten erbost, auf welchen Schwindel er hereingefallen sei, und riet ihnen beim Kauf oder Tausch von Feuersteinen vorsichtig zu sein und sie vorher erst auszuprobieren. Ein Freund lächelte und sagte, es sei doch bekannt, dass man Abschnitte von Fahrradspeichen als Feuersteine ausgebe. Leider hatte Großvater davon aber vor seinem Kauf noch nichts gehört.

Hinter der Gastwirtschaft Wendler verlief eine kurze Stichstraße. Dahinter gab es eine Holzbaracke mit großen Räumen, die für Versammlungen genutzt und dann auch bewirtschaftet wurden. Hinter dieser Baracke dehnten sich bis an das Zechengelände Gärten der Bewohner der Straßenanlieger aus. Unsere Verwandten und auch mein Großvater bauten dort Gemüse und Tabak an. Für seine Tabakpflanzen verwendete er als Dünger am liebsten Pferdemist. Immer wenn er oder ich ein Pferdefuhrwerk auf der Straße erspähte, passten wir auf, wo ein Pferd äppelte, und sammelten die Pferdeäpfel mit Schaufel und Besen auf und füllten sie in einen Eimer. Am hinteren Gartenende, direkt an der Böschung zum eingezäunten Zechenplatz befand sich ein Schuppen mit Gartengerät und außen an einer Längswand mehrere Kaninchenställe. Fast jede Familie auf der Haldenstraße besaß solche Kaninchenställe. Auch mein Großvater. Manchmal stach ich nach der Schule Löwenzahn aus den umliegenden Wiesen und fütterte damit die Kaninchen. Die Kaninchen dienten der Gewinnung von Fleisch. Großvater schlachtete sie selbst. Einmal habe ich dabei zugesehen. Aber nur einmal. Auf die Betrachtung weiterer Schlachtvorgänge habe ich danach dankend verzichtet. Der obligatorische Kaninchenbraten zu Weihnachten hat mir trotzdem immer geschmeckt. Etwa eine Woche vor dem Weihnachtsfest 1947 kann Großvater morgens vollkommen erregt von den Kaninchenställen zurück und rief schon von weitem: »Alle Kaninchen sind weg. Sie wurden in der Nacht gestohlen.«

Nicht nur er hatte den Verlust seiner Kaninchen zu beklagen, sondern auch die Kaninchen der Verwandten hatte man gestohlen. Wutentbrannt machte sich Großvater zur Polizeiwache auf, um den Diebstahl anzuzeigen. Als er eintrat, saßen dort schon einige unserer Nachbarn und wollten ebenfalls Kaninchendiebstähle anzeigen. Wie sich herausstellte, hatte man alle Kaninchenställe auf der mittleren Haldenstraße ausgeraubt. Diesmal gab es keinen Kaninchenbraten zu Weihnachten, auf den die ganze Familie sich schon so gefreut hatte.

Im nächsten Frühjahr versuchte Großvater ein kleines Feld mit Kartoffeln auf der Kleinen Halde anzulegen. Ich war skeptisch über den Erfolg dieser Bemühungen, gab es dort doch nur eine millimeterdicke Mutterbodenschicht, die nur mühsam einem schütteren Grasbewuchs Nahrung bot. Aber er ließ sich von seinem Vorhaben nicht abbringen. Mühsam legte er mit Spitzhacke und Schaufel sein Feld an. Überall traten die Steine des Abraums an die Oberfläche. Dazwischen vereinzelte Bodenkrumen. Wie sollten darauf Kartoffeln gedeihen? Trotzdem setzte Großvater in etwas tiefer angelegte Löcher Kartoffeln ein. Die Setzkartoffeln entwickelten im Laufe der Monate nur sehr wenige grüne Blätter. Geerntet hat Großvater keine einzige Kartoffel und er machte daher im nächsten Jahr auch keinen weiteren Versuch des Kartoffelanbaus auf der Halde. Zwischen den zutage getretenen Brocken flachen Schiefergesteins fand ich allerdings mein erstes Fossil. Den Teilabdruck einer Karbonpflanze. Mir scheint im Nachhinein, dass dies der Beginn meiner Fossiliensammelleidenschaft war.

Wie Großmutter arbeitete auch Großvater in der Wirtschaft mit. Eine seiner Aufgaben war es, für genügend Klopapier auf den Toiletten zu sorgen. Manchmal half ich ihm dabei. Toilettenpapier gab es nicht zu kaufen, wir mussten es anfertigen. Woraus? Aus alten Tageszeitungen, die in der Wirtschaft nicht mehr gelesen wurden. Wir zerrissen die einzelnen Zeitungsseiten in »handliche« Stücke, mit denen man sich nach seinem Geschäft den Hintern säubern konnte. Nachdem wir einen Packen solcher Blätter gerissen hatten, brachten wir sie in den Toiletten an. Dazu waren von den Außenseiten der Kabinen lange Nägel schräg nach oben eingeschlagen, die nahe dem Toilettentopf in die Kabine hineinragten. Dort, wo üblicherweise die Rolle mit dem Toilettenpapier angebracht wird. Auf die Nägel spießten wir die Blätter. Das Zeitungspapier war wegen der durch die Druckerschwärze glatten Oberfläche keine ideale Lösung, aber immer noch besser, als ohne Papier auszukommen. Verwendete man mehrere Blätter nacheinander, so erfüllten sie durchaus ihren Zweck.

Fräulein Liebefeld

In den ersten beiden Schuljahren konnte ich die Lehrer, Lehrerinnen gab es in meiner Klasse in diesen Jahren nicht, überhaupt nicht leiden. Da meine Großmutter mir aber schon vor dem Schuleintritt Lesen, Schreiben und Rechnen beigebracht hatte, bewältigte ich den Lehrstoff ohne Probleme und mit sehr guten Noten. Allerdings konnte ich einen Lehrer ganz und gar nicht leiden, weil er mir im Halbjahreszeugnis im Fach Schreiben ein Mangelhaft gegeben hatte. Ich hatte damals zwar eine Sauklaue, aber eine Fünf erschien mir dann doch eine zu schlechte Benotung. Da aber alle anderen Noten gut oder sehr gut waren, konnte ich trotz meines Ärgers mit dem Zeugnis leben. Auf späteren Zeugnissen hat die Benotung der Handschrift durch andere Lehrerinnen und Lehrer auch nie mehr als ein Ausreichend oder Befriedigend ergeben.

Zu Beginn der dritten Klasse bekamen wir eine Klassenlehrerin, die von nun an den Unterricht in fast allen Fächern erteilte. Fräulein Liebefeld war eine junge Frau, deren erste zu unterrichtende Schulklasse wir waren. Sie sah gut aus, war aber noch unverheiratet. Sie wohnte bei ihren Eltern in Bredeney, dem nobelsten Vorort von Essen, ganz im Süden, wo auch der Baldeney-See liegt. Sie fuhr täglich mit der Straßenbahn zur Schule. In der ersten Stunde hatte ich sofort einen ausgezeichneten Eindruck von ihr, da sie uns in sehr offener und netter Weise den Lehrplan für das Schuljahr schmackhaft machen konnte. Ich jedenfalls freute mich auf ihren Unterricht. In den nächsten Tagen, so scheint es mir heute, wollte sie sich wohl einen Überblick über das Wissen und die Teilnahme am Unterricht ihrer Schüler verschaffen. Sie fragte viel und nahm dann die dran, die sich meldeten. Einer der schlechtesten Schüler melde sich fast bei jeder Frage und wurde auch mehrmals drangenommen. Meist war seine Antwort richtig, sodass Fräulein Liebefeld ihn vor der ganzen Klasse lobte, was ihm sichtlich behagte. Viele der Mitschüler und auch ich fanden sein Verhalten aufdringlich, da wir alle wussten, dass er lediglich Schaum schlug, ohne dass sich dahinter intellektuelle Substanz verbarg. Mich widerte sein Auftreten so an, dass ich mich praktisch nicht am Unterricht beteiligte. Welch schlechten Eindruck mochte Fräulein Liebefeld wohl von mir haben, aber das interessierte mich nicht, da ich alle ihre Fragen hätte beantworten können. Insgeheim hoffte ich, dass unsere neue Lehrerin bald erkennen würde, welchen Blender sie vor sich hatte.

An einem der nächsten Tage mussten wir in der ersten Stunde, in der sie Rechnen unterrichtete, aufstehen und uns hinstellen. Sie erklärte uns, um was es ginge. Sie wollte mündliche Kettenaufgaben mit Addieren, Subtrahieren, Multiplizieren und Dividieren stellen, die wir im Kopf lösen sollten. Wer meinte, die Lösung gefunden zu haben, sollte diese laut in den Raum hineinrufen. War die Antwort richtig, so konnte sich der Schüler hinsetzen. Wir wussten nicht, was auf uns zukam, aber von einigen habe ich später erfahren, dass sie diese Art des Rechnens überhaupt nicht mochten. Fräulein Liebefeld stellte eine recht längliche Kettenaufgabe und ich rief als erster meine Lösung in den Raum.

Erstaunt sah sie mich an und sagte nur: »Richtig, Du kannst dich setzen.«

Danach folgten ungefähr zehn bis fünfzehn weitere Kettenaufgaben, die ich aber nicht mehr mitrechnete. Ich saß ja schon und insgeheim überkam mich eine gewisse Genugtuung über meinen Erfolg. Die nächsten Rechenstunden begannen in gleicher Weise. Immer konnte ich mich als Erster setzen. Ich liebte diese Schulstunden sehr und war selbst überrascht, dass ich so gut im Kopf rechnen konnte.

Besonders gerne mochte ich die Heimatkundestunden mit Fräulein Liebefeld. Sie brachte uns sehr anschaulich vieles über unsere nähere und weitere Heimat bei. Gut in Erinnerung ist mir eine von der ganzen Klasse aus Pappmaché gemachte Relieflandschaft des Rheinischen Schiefergebirges. Wir hatten alte Zeitungen mitzubringen, die wir dann in kleine Stücke zerrissen, in einen Eimer mit Kleister warfen und tief eintauchten. Durch vielfaches Umrühren und nach einer entsprechenden Zeit entstand daraus eine formbare Masse, mit der wir auf einer großen Sperrholzplatte von etwa 3 x 3 Metern das gesamte Rheinische Schiefergebirge modellierten. In der Mitte das Rheintal. Davon abzweigend die rechtsrheinischen Täler von Ruhr, Wupper, Sieg und Lahn samt einiger kleinerer Zuflüsse und die Flüsse Ahr, Mosel und Nahe auf der linken Rheinseite. Dazwischen die bergigen Flächen von Sauerland, Westerwald und Taunus sowie Eifel und Hunsrück. Nach der Modellierung wurden die Hochflächen braun, die Flüsse blau und die tiefer liegenden Landschaften grün eingefärbt. Die Erstellung des Reliefs verlangte einige Wochen Arbeit durch eine Arbeitsgruppe von etwa zehn Schülern, zu denen auch ich gehörte. Das Ergebnis konnte sich sehen lassen und wurde von anderen Angehörigen des Lehrkörpers bewundert. Ich glaube bei allen beteiligten Schülern trat der von unserer Klassenlehrerin erhoffte Lernerfolg über Aufbau und Untergliederung des Rheinischen Schiefergebirges ein. Bei mir jedenfalls war das so und ist es auch bis heute geblieben. Mit den Händen geformte und kolorierte Landschaften sind wohl besonders einprägsam.

In sehr guter Erinnerung sind mir auch die von Fräulein Liebefeld vorgetragenen Geschichten über Riesen und Zwerge, die in früheren Zeiten im Essener Norden gelebt und teilweise ihr Unwesen getrieben hätten. So soll auch der Hallo, ein einzelner Berg, der in Stoppenberg aus der Ebene hervorragt, durch einen Riesen geschaffen worden sein. Er hatte einen riesigen Felsbrocken nach einem Bauern, der ihn geärgert hatte, geworfen, als der gerade sein Feld bestellte. Das Ergebnis war der Hallo genannte Berg. In späteren Zeiten haben die Menschen auf diesem Berg den Hallo-Turm errichtet, von dem man weit in das Land sehen kann. Unsere Klassenausflüge gingen immer nur in die nähere Umgebung, also auch zum Hallo, dessen Wälder wir durchwanderten, natürlich mit Picknickpause und dem Erzählen weiterer Sagen.

Im dritten Schuljahr wurde unsere Schule renoviert und wir mussten die ersten Monate in eine Schule in Schonnebeck gehen. Der Schulweg dahin war für mich wesentlich länger. Ich hatte etwa eine Dreiviertelstunde zu Fuß zu gehen. Ein Teil des Weges führte meine Schulfreunde und mich am Fuße eines Bahndamms entlang, auf dem die Kohlenzüge das Gelände der Zeche Zollverein, Schacht XII, verließen. Wir wunderten uns, dass die Böschung an vielen Stellen mit Kohlenstaub bis hin zum Fußweg bedeckt war. Kohlenstücke selbst lagen dort jedoch nicht. Einige Schüler aus höheren Jahrgängen klärten uns auf.

»Die beladenen Kohlenzüge, die von englischen Soldaten bewacht werden, fahren hier kurz nach der Ausfahrt aus dem Zechengelände so langsam, dass man aufspringen kann. Einige Erwachsene und wir selbst haben das auch schon gemacht und mit kleinen Schaufeln oder den Händen Kohlen aus den offenen Kohlewagen geworfen. Da die Böschung sehr steil ist, rollen die Kohlenstücke teilweise bis zum Weg hinunter. Unten und auf der Böschung sammeln dann Frauen und Jugendliche die Kohlen in Säcken oder anderen Behältern«, berichtete ein Junge aus der Abschlussklasse.

Brennmaterial war für viele Familien in den Nachkriegsjahren lebenswichtig, aber kaum zu bekommen und sehr teuer. Was also lag näher, sich als Kohlenklau zu betätigen. Ich habe niemals gehört, dass die englischen Bewachungssoldaten eingeschritten wären. Sie kannten wohl die Not der Bevölkerung und gingen davon aus, dass der Verlust an Kohle so gering war, dass ihn die Zeche verkraften konnte.

Ich bin immer gerne zur Schule gegangen und das traf auch für die Schonnebecker Zeit mit ihrem langen Fußmarsch zu. Eines Morgens fühlte ich mich schlecht und dachte an den langen Weg. Aber da rief von der Straße her schon Alfred, der mit mir wie üblich zur Schule gehen wollte. Also machten wir uns auf den Weg. In der Schule angekommen ging es mir schon wesentlich besser und ich dachte nicht mehr an meine Unpässlichkeit. Die erste Stunde erteilte Fräulein Liebefeld. Nach einer Weile sah sie mich an und bat mich, nach vorne zu kommen. Ich wusste nicht warum, aber ich gehorchte.

»Du bist krank. Du hast die Masern«, sagte sie, als sie mich nach vorne gerufen und näher angesehen hatte, und fuhr fort: »Geh jetzt nach Hause, sonst steckst du noch die ganze Klasse an. Deine Mutter wird schon wissen, was zu tun ist, wenn du ihr sagst, dass du die Masern hast. «

Also verließ ich die Schule und ging nach Hause. Meine Großmutter war da, und als ich ihr sagte, dass ich die Masern hätte, steckte sie mich sofort ins Bett. Wir haben nie darüber gesprochen, dass ihr meine Krankheit nicht aufgefallen war, sondern erst meiner Lehrerin.

Eines Tages im Winterhalbjahr des dritten Schuljahres überraschte uns Fräulein Liebefeld mit der Ankündigung, dass vor Weihnachten ein großer Elternabend im Gemeindesaal der evangelischen Kirche am Katernberger Markt geplant sei. Gedacht war an einen bunten Abend, zu dem jede Klasse etwas beitragen sollte. Das konnten z.B. Musik- und Schauspieldarbietungen, akrobatische Auftritte oder das Vortragen von Gedichten und Erzählungen sein. Für uns hatte sie sich etwas Besonderes ausgedacht. Die Rezitation eines Gedichts oder das Vortragen einer Erzählung von namhaften Autoren schienen ihr wohl etwas gewöhnlich zu sein. Sie schlug vor, dass wir uns selbst kleine Geschichten ausdenken sollten. Der beste dieser Aufsätze würde dann von dem Verfasser vorgetragen werden. Die guten Aufsatzschreiber der Klasse waren von diesem Vorschlag angetan, während die anderen froh waren, sich nicht präsentieren zu müssen. Aufsätze hatte ich schon immer gern geschrieben und Fantasie für eine eigene kleine Geschichte besaß ich reichlich. Wir konnten uns eine Geschichte ausdenken und sie im Rahmen einer Klassenarbeit niederschreiben. Große Hoffnungen auf den ersten Preis hatte ich nicht, den traute ich unserem Klassenbesten Klaus zu. Ich hätte mich schon über eine gute Benotung gefreut. Es kam aber anders. Fräulein

Liebefeld bewertete meine Geschichte als die beste. Ich hatte nie damit gerechnet, da ich meine literarischen Ergüsse bei dieser Aktion als eher kindisch betrachtete. Aber etwas anderes war mir nicht eingefallen. Klaus war bei diesem Wettbewerb erstmals neidisch auf mich. Bisher hatte er wegen seiner besseren Noten nie eine Veranlassung dazu gehabt. Zu gern hätte er bei dem Elternabend vor einem großen Publikum selbst vorgetragen. Ich selbst hatte Bedenken, ob ich dieser Aufgabe gewachsen sei, und fragte Fräulein Liebefeld, ob ich die Geschichte denn wirklich selbst vortragen solle. Sie könnte das doch auch tun.

»Nein, Fritz, du kannst am besten von allen lesen und vortragen. Hab keine Angst, du wirst das sehr gut machen«, versuchte sie meine Bedenken zu zerstreuen.

Schließlich habe ich mich gefügt. Hatte aber mehrere Wochen bis zur Aufführung ziemlichen Bammel vor meinem Auftritt. Viele Male habe ich die Geschichte ohne Zuhörer nur für mich vorgetragen und bekam immer mehr Sicherheit. Ich musste die Geschichte ja nicht frei vortragen, sondern konnte den Text ablesen. Das gab mir dann schließlich ein hinreichendes Vertrauen in meine Fähigkeiten.

Der große Tag kam. Dicht gedrängt saßen Eltern und Verwandte auf den Stühlen im Gemeindesaal. Aus meiner Familie waren die Großeltern, meine Mutter und Verwandte anwesend. Die Aufführenden versammelten sich hinter der Bühne und warteten ungeduldig auf ihre Auftritte. Mein Vortrag war zeitlich in der Mitte der Vortragsveranstaltung geplant. Ich stand hinter der Bühne und konnte vor Anspannung und Lampenfiebers nur sehr eingeschränkt den Darbietungen derjenigen, die vor mir auftraten, folgen. Die Qualität der Darbietungen konnte ich überhaupt nicht beurteilen. Schließlich rief man mich auf die Bühne. Ein einzelner Stuhl wurde in der Mitte der Bühne in Rampennähe aufgestellt. Ich trat mit klopfendem Herzen hinter dem Vorhang hervor und Applaus brandete auf. Dann stellte ich mich hinter den Stuhl, die Lehne mit krampfhaftem Griff umklammernd. Die Bühnenbeleuchtung erlosch bis auf einen Scheinwerfer, der auf mich gerichtet war. Ich stand vollkommen alleine mit dem Stuhl in einem Lichtkegel auf der sonst leeren Bühne. Fräulein Liebefeld war seitlich aus dem Zuschauerraum von unten auf die Bühne getreten, kündigte mich an und erläuterte, dass ich ein eigenes Werk, mit dem ich einen Klassenaufsatzwettbewerb gewonnen hätte, vortragen würde. Wieder klatschen die Anwesenden. Mir rutschte vor Aufregung das Herz immer weiter in die Hose. Aber nur kurz, denn schon Sekunden später hatte ich mich gefasst und setzte mich auf den Stuhl. Fräulein Liebefeld gab mir ein Zeichen und dann begann ich, meine kleine Geschichte laut, deutlich und mit Betonungen vorzulesen.

»Die kleine weiße Maus.

Es war einmal eine kleine weiße Maus. Ihr Vater hatte ein graues Fell, ihre Mutter hatte auch ein graues Fell.

Die weiße Maus putzte sich jeden Tag. Sie stand stundenlang vor dem Spiegel und wollte immer schöner sein als die anderen Mäuse. Eines Abends als sie in ihrem Bette lag dachte sie: Wie bin ich doch schön, ich müsste eigentlich eine Prinzessin sein. Gut, morgen früh geh ich zur Mäusekönigin und frage, ob ich bei ihr bleiben darf.

Am anderen Tag als die Sonne aufging, sprang die kleine weiße Maus, husch, aus den Federn. Sie zog sich ihr blaues Kleid mit den roten Tupfen an. Setzte sich ihren gelben Strohhut auf und steckte sich ihre güldene Brosche an. So ging sie nun zum Schloss der Königin. Es war in einer Scheune, in der so viel Korn lag, dass die Mäuse für viele Jahre was zu beißen hatten. Als sie an dem Schloss ankam, klopfte sie laut an das große Tor. Ein Diener machte ihr auf und fragte nach ihren Wünschen.

»Ich möchte zur Königin«, antwortete die weiße Maus.

»Da kommt keiner hin«, sprach der Diener zornig. Da stand die kleine weiße Maus nun und fing an zu weinen. Aber es half ihr ja doch nichts. Darum sprang sie über den Acker in den Wald hinein. Es dauerte nicht lange, da begegnete ihr eine Schnecke. Schnell schlossen die beiden Freundschaft, denn sie verstanden sich gut. Die Schnecke nahm die Maus mit in ihr Haus. Da erzählte die Maus nun der Schnecke ihr Missgeschick. Die gute Schnecke bedauerte die kleine Maus sehr. Sie gab der Maus die Hälfte ihrer Vorräte und Maus und Schnecke leben noch jetzt zusammen. Wer es aber nicht glauben will, der gehe selbst zum Wald Verirrdichnicht, da wird er die Maus bei der Schnecke in ihrer Wohnung sitzen sehen.«

Als ich geendet hatte, stand ich vom Stuhl auf und verbeugte mich. Ich war noch so in einer anderen Welt, dass ich nicht hörte, ob die Zuschauer Beifall spendeten. Wie man mir später mitteilte, war das jedoch der Fall. Bewusst habe ich den ersten Applaus meines Lebens – ich war damals neun Jahre alt – für einen Vortrag nicht wahrgenommen. Viele Jahrzehnte später genoss ich den Applaus nach Vorträgen dafür umso mehr. Ich stieg die wenigen Stufen von der Bühne hinab und setzte mich zu meiner Familie, um den anderen Darbietungen zu folgen. Das geschah aber immer noch mehr oder weniger unbewusst, da ich mich nach Ende der Veranstaltung an keine der Aufführungen erinnern konnte.

Viele Jahrzehnte habe ich nicht mehr an diesen meinen ersten Auftritt vor Publikum gedacht, bis mir meine Mutter das Original meines damaligen Aufsatzes, den sie die ganze Zeit aufbewahrt hatte, mit der Post zuschickte.

Gegen Ende des vierten Schuljahres standen die Aufnahmeprüfungen für die weiterführenden Schulen – Gymnasium und Realschule – an. Um sich einen aktuellen Überblick über unsere Eignung für den Besuch dieser Schulen zu verschaffen, machte Fräulein Liebefeld mit uns einen Eignungstest, bei dem maximal 100 Punkte erreichbar waren. Es handelte sich um einen Intelligenztest. Anhand der Ergebnisse konnte dann jeder selbst mit seinen Eltern entscheiden, ob er an den Aufnahmeprüfungen teilnehmen wolle. Wir schrieben diesen Test und warteten auf das Ergebnis, das uns Fräulein Liebefeld für die nächsten Tage ankündigte. Alle waren der Meinung, dass Klaus am besten abschneiden würde. Für mich war das Ergebnis von untergeordneter Bedeutung, da meine Mutter mich weder auf das Gymnasium noch auf die Realschule schicken wollte. Die Zahl der Klassenkameraden, die zu weiterführenden Schulen gehen wollten, war mit insgesamt acht Schülern recht überschaubar. Unter ihnen waren Klaus, Alfred und Friedel. Das Testergebnis war eine große Überraschung. Bester war Fritz Großmann mit einer Punktzahl von 96, gefolgt von Klaus mit 92 Punkten. Fräulein Liebefeld erklärte uns, dass in Schulnoten ausgedrückt alles über 90 Punkte ein »Sehr Gut« bedeutete. Zwischen 80 und 90 Punkten war es ein Gut und zwischen 70 und 80 Punkten ein Befriedigend. Bei unter 70 Punkten sollte sich jeder selbst mit seinen Eltern überlegen, ob es für ihn richtig sei, auf ein Gymnasium oder eine Realschule zu gehen.

Einige Tage später schrieb sich unsere Klassenlehrerin die Namen sämtlicher Schüler auf, die an den Aufnahmeprüfungen zu den weiterführenden Schulen teilnehmen wollten, und verteilte Anmeldungsformulare, die zuhause ausgefüllt und dann zurückgegeben werden sollten. Meine betroffenen Klassenkameraden zeigten auf, erhielten den Anmeldebogen und Fräulein Liebefeld notierte sich ihre Namen.

»Fritz, du hast dich noch nicht gemeldet. Hier ist der Anmeldebogen«, wandte sie sich zu mir.

»Ich brauche keinen. Ich gehe nicht aufs Gymnasium«, antwortete ich und muss dabei wohl sehr traurig ausgesehen haben. Denn es war mein sehnlichster Wunsch ein Gymnasium zu besuchen, aber meine Mutter hatte das strikt abgelehnt. Großmutter war da anderer Meinung, wollte aber meine Mutter nicht bevormunden und mischte sich nicht ein.

»Natürlich gehst du auf das Gymnasium. Ich werde mit deiner Mutter sprechen«, sagte Fräulein Liebefeld energisch.

Mir war das sehr recht, da sie wohl die einzige war, die Mutter umstimmen konnte.

»Sag bitte deiner Mutter, dass ich übermorgen zu ihr kommen werde, um mit ihr darüber zu sprechen«, gab sie mir als Auftrag an Mama mit.

Zwei Tage später saß ich nachmittags im Wohnraum, der gleichzeitig als Küche und Arbeitsraum diente, an einem Ende unseres Küchentisches und machte meine Hausaufgaben, während meine Mutter am anderen Ende bügelte. Plötzlich trat Fräulein Liebefeld durch die offene Tür in den Raum. Die Eingangstür zum Wirtshaus war tagsüber immer geöffnet, sodass sie nicht hatte klingeln müssen. Eine eigene Klingel hatten wir damals sowieso nicht. Sie hatte im Wirtsraum nach uns gefragt und man beschrieb ihr den Weg zu uns in das erste Obergeschoss. Fräulein Liebefeld begrüßte uns und auch Großmutter, die inzwischen hinzugetreten war.

Dann nannte sie den Grund ihres Besuchs: »Liebe Frau Großmann. Ich komme, um mit Ihnen über die weitere schulische Ausbildung Ihres Sohnes zu sprechen. Fritz hat mir gesagt, dass er nicht auf das Gymnasium gehen wird.«

Meine Mutter antwortete verlegen: »Ja, das stimmt. Ich werde das Schulgeld nicht bezahlen können.« Zu mir gewandt sagte sie: »Fritz, ich möchte alleine mit deiner Lehrerin sprechen. Geh doch bitte nach draußen spielen.«

Wie das Gespräch verlaufen war, erfuhr ich im Einzelnen nicht. Doch der Besuch zeigte Erfolg. Meine Mutter füllte das von meiner Lehrerin mitgebrachte Formular zur Beantragung der Teilnahme an der Aufnahmeprüfung aus und gab es Fräulein Liebefeld mit. Am nächsten Tag in der Schule hatte ich Hemmungen, mit Fräulein Liebefeld über die Angelegenheit zu sprechen, aber schließlich bedankte ich mich doch bei ihr, dass sie es geschafft hatte, meine Mutter umzustimmen. Dafür bin ich ihr noch heute sehr dankbar. Leider weiß ich nicht, was später aus ihr geworden ist. Mein Freund Alfred konnte mir etwa ein Jahrzehnt später nur berichten, dass sie einen evangelischen Pastor geheiratet hatte und mit ihm in die DDR gezogen war, da er dort eine Pfarrerstelle übernehmen konnte.

Aufnahmeprüfung

Der Tag der Aufnahmeprüfung, bei der keine Unterschiede zwischen dem Gymnasium und der Realschule gemacht wurden, kam. Sie fand im Gebäude eines Gymnasiums in Essen-Mitte in der Nähe des Viehhofer Platzes statt. Von Katernberg aus war der Viehhofer Platz mit den Straßenbahnlinien 7 oder 17 in etwa 20 Minuten zu erreichen. Ich fuhr alleine, da ich eher als Alfred zur Prüfung fahren wollte und Friedel kam auch auf eigene Faust, ebenso wie die anderen Prüflinge aus meiner Klasse. Unterwegs ging mir vieles durch den Kopf. Wie würden wohl die Aufgaben sein? Bekannt war nur, dass die Aufnahmeprüfung aus zwei Teilen bestand: Aufsatz und Rechenaufgaben. Was aber inhaltlich abgefragt würde, war streng vor uns geheim gehalten worden.

Das Schulgebäude und den Raum, in den ich musste, fand ich schnell, da alles gut ausgeschildert war. Es hatten sich so viele Schüler angemeldet, dass mehrere Klassenräume für die Prüfungen zur Verfügung gestellt werden mussten. Ich setzte mich, ganz entgegen meinen Gewohnheiten, in die erste Reihe. Warum, weiß ich nicht, da ich üblicherweise die letzte Reihe bevorzugte. Unter den Prüflingen war keiner, den ich kannte. Meine Klassenkameraden mussten wohl in anderen Räumen sitzen. Der erste Prüfungsabschnitt bestand im Lösen von Rechenaufgaben. Der aufsichtführende Lehrer sprach einige wenige einführenden Worte zum Ablauf der Prüfung und verteilte dann die Rechenaufgaben. Ich sah sie durch und fing sofort an, sie zu lösen. Schwer waren sie nicht, sodass ich mir Zeit lassen konnte. Als ich fast fertig mit den Rechenaufgaben war, ging die Tür auf und ein mir bekannter Lehrer unserer Schule trat ein und unterhielt sich flüsternd mit dem Aufsicht führenden Lehrer. Neugierig war ich immer schon und mein Gehör war auch damals ausgezeichnet. Außerdem war ich ja fast fertig. So hörte ich aufmerksam zu. Der mir bekannte Lehrer teilte zunächst mit, dass auch seine Tochter an der Aufnahmeprüfung teilnehme. Dann kam er zur Sache und fragte, wie denn wohl das Aufsatzthema laute. ‚Aha', dachte ich, ‚der Lehrer aus unserer Schule gehört also nicht zum Prüfungspersonal. Dann wird er wohl auch keine Antwort bekommen.' Erst druckste der Aufsichtsführende etwas herum und murmelte, dass er das nicht sagen dürfe, dann aber flüsterte er dem Fragenden das Thema zu. Ich saß etwa zwei Meter entfernt und konnte es trotzdem deutlich verstehen. Es lautete: »Was ich mir heute Morgen gedacht habe, als ich zur Aufnahmeprüfung ging.« Ein schönes Thema, fand ich, dazu kannst du einen guten Aufsatz schreiben, denn du hast ja in der Straßenbahn auf der Herfahrt an nichts anderes gedacht. Kurz darauf verließ der Lehrer aus meiner Schule das Klassenzimmer und ich widmete mich meinen restlichen Rechenaufgaben. Noch vor Ablauf der Bearbeitungszeit gab ich die Arbeit ab, musste aber noch an meinem Platz sitzen bleiben. Die Zeit nutzte ich, um mir weitere Gedanken zum Aufsatz zu machen. Nach der Rechenarbeit gab es eine Pause und alle Schüler verließen den Klassenraum. Ich ging zur Toilette und traf dort meinen Klassenkameraden Friedel.

»Kennst du schon das Thema des Aufsatzes?«, fragte ich provozierend.

»Nein, das ist doch geheim«, antwortete Friedel verständnislos.

Triumphierend und überheblich sagte ich wohl etwas laut: »Aber ich weiß es.« Und nannte ihm das Thema. Einige Umstehende waren aus meiner Prüfungsklasse und versuchten herauszufinden, woher ich das wisse und ob ich denn sicher sei, dass es stimme. Ich blieb bei meiner Behauptung, erzählte aber nicht, woher ich es erfahren hatte.

Nach einer halben Stunde endete die Pause und wir kehrten in die Klassenräume zurück. Der aufsichtführende Lehrer trat an die Tafel und begann, das Thema an die Tafel zu schreiben. Als er die beiden ersten Worte »Was ich« an die Tafel geschrieben hatte, erschall aus den letzten Reihen die Fortsetzung des Themas bis zum Ende. Mir fiel vor Schreck fast das Herz in die Hose. Wie dumm sich doch die Prüflinge verhielten.

Entsetzt drehte sich der Lehrer um und rief laut: »Woher wisst ihr das?«, und sprach direkt einen Schüler aus der letzten Reihe an.

Der deutete auf einen anderen Schüler und der wieder auf einen Dritten. So ging es weiter, bis der letzte auf mich gewiesen hatte. Ich konnte auf niemanden verweisen, denn von mir ging ja das Gerücht aus. Da war dem Lehrer klar, dass ich derjenige war, der das Thema gekannt hatte. Ich weiß nicht, was in ihm vorging, aber er bat mich streng, mit ihm vor die Tür zu kommen. Nicht ohne vorher zu verkünden, dass die Zurückbleibenden noch nicht mit dem Aufsatz beginnen sollten. Vielleicht würde das Thema ja noch geändert. Mir wurde fast schlecht. Wurde ich jetzt von der Aufnahmeprüfung ausgeschlossen? Aber ich hatte doch nichts anderes getan, als das Gehörte weiterzusagen. War das ein schwerwiegender Verstoß gegen die Prüfungsordnung? Sicherlich, wenn ich nicht so angeberisch gewesen wäre und das Thema für mich behalten hätte, wäre es nicht zu der jetzigen Situation gekommen.

»Wir gehen jetzt zum Direktor und dann sagst du, woher du das Thema kennst«, blaffte er mich an.

Na, dachte ich, wenn das mal für dich nicht nach hinten losgeht. Beim Direktor erzählte ich, wie der uns beaufsichtigende Lehrer dem Lehrer aus unserer Schule während der Rechenarbeit das Thema mitgeteilt hatte. Dann wurde ich wieder in meine Klasse geschickt. Etwa zehn Minuten später trat der Lehrer in die Klasse und teilte uns mit, dass wir mit dem Aufsatz beginnen könnten. Mich würdigte er in der Folgezeit keines Blickes. Wie die ganze Sache mit dem Direktor geregelt und was weiter aus dem Lehrer wurde, habe ich nie erfahren. Es bleibt nur hinzuzufügen, dass ich die Aufnahmeprüfung für Höhere Schulen bestanden hatte.

Umzug nach Münster

Meine Mutter gab ihre alte Idee, wieder nach Münster zu ziehen, um mich dem starken Einfluss der Großmutter zu entziehen, nicht auf. Die Suche nach einer eigenen Wohnung in Katernberg war erfolglos verlaufen und so reifte in ihr der Gedanke, nach meinem Besuch der Volksschule nach Münster umzuziehen. Eine glückliche Entwicklung hatte zu diesem Entschluss beigetragen. Onkel Heinz und Tante Dine hatten zwei weitere Kinder bekommen und es musste eine größere Wohnung her.

Onkel Heinz war bei der Landesversicherungsanstalt (LVA) in Münster angestellt. Wegen der großen Wohnungsnot hatte diese auf der Sentruper Höhe, einem westlichen Stadtteil von Münster, Baugrund für eine ganze Siedlung bereitgestellt. Die Grundstücke konnten von den Angestellten und Beamten der LVA gekauft und darauf in Eigenregie Häuser gebaut werden. Nacheinander entstanden entlang mehrerer Straßen viele gleichartige zweigeschossige Familienwohnheime. Die Grundstückseigentümer bauten, fast nur in Eigenleistung, ihre Häuser. Jeder half beim Bau der Nachbarhäuser mit und die Nachbarn beim eigenen Hausbau. Die Aktion der LVA hatte 1949 begonnen und dehnte sich bis 1951 aus. Das Haus für die Familie meines Onkels war als eines der letzten im Februar 1951 fertiggestellt. Wie bei den meisten der Häuser gab es ein normales Erdgeschoss und ein ausgebautes Dachgeschoss mit schrägen Wänden. Für das fertige Haus mit Grundstück hat Onkel Heinz damals 30.000 DM bezahlt. Auch für damalige Verhältnisse war das ein günstiger Preis. Immerhin stand das Haus auf einem etwa 1200 Quadratmeter großen Grundstück.

Damals gab es wegen der großen Wohnungsnot eine amtliche Wohnungsbewirtschaftung. Das Haus hatte für die Familie von Onkel Heinz alleine eine zu große Wohnfläche. Er musste daher die überzählige Fläche auf Anordnung des Wohnungsamts an Familien vermieten, die man ihm zuwies. Das wollte er aber nicht und bot meiner Tante Ann, eine seiner alleinlebenden jüngeren Schwestern, ein Zimmer und meiner Mutter und mir drei kleine Zimmer und eine Küche als Wohnung an. Mutter griff sofort zu und wir zogen nach Münster um. Onkel Heinz hatte eigenmächtig gehandelt und das Wohnungsamt vor vollendete Tatsachen gestellt. Die Behördenmitarbeiter stellten sich stur und verlangten, dass wir ausziehen müssten, da wir in Essen eine Wohnung hätten und Tante Ann könne ja weiterhin in Kinderhaus im Elternhaus leben. Es bedurfte einiger Überzeugungen, die Zuständigen dazu zu bewegen, uns die Wohnung schließlich doch zuzuteilen.

In den Osterferien 1951 war es dann soweit. Wir zogen in die neue Wohnung ein. Da ich die Aufnahmeprüfung für weiterführende Schulen bestanden hatte, begab sich meine Mutter zum Direktor der evangelischen Realschule, in die ich in Essen hätte gehen sollen und meldete mich in meinem Beisein dort an. Sie teilte aber sofort mit, dass wir wahrscheinlich nach Münster umziehen würden und ich die dortige Realschule besuchen solle. Der Direktor war sehr freundlich und klärte uns über die Schulverhältnisse in Münster auf. Bis vor einem Jahr hatte es dort nur je eine Realschule für Jungen und eine für Mädchen gegeben. Dann hatte man wegen der vielen Zuzüge von evangelischen Flüchtlingen aus Ostdeutschland eine evangelische Realschule für Jungen und Mädchen eingerichtet. Der Direktor dieser Schule war ein Studienfreund des Direktors, für den er uns ein Empfehlungsschreiben mitgab. Mutter lieferte das Schreiben pflichtgemäß ab und meldete mich gleichzeitig an der neuen Schule an.

Als wir in das Haus auf der Redigerstraße 39 einzogen, war die Straße noch unbefestigt. Bei nasser Witterung musste man durch tiefen Matsch stampften bevor die Haustreppe erreicht war. Erst etwa zwei Jahre später wurde die Straße endgültig ausgebaut und asphaltiert. Im Erdgeschoss lebten Onkel Heinz und Tante Dine mit ihren Kindern Günter, Brigitte und Walter. Im Dachgeschoss wohnte Tante Ann sowie meine Mutter und ich. Das Haus war voll unterkellert, sogar mit einem eigenen Waschmaschinenraum mit Wasserbecken und Waschmaschine. Auch für uns stand ein eigener Kellerraum bereit.

Mein Vetter Günter war nur ein Jahr jünger als ich und daher ein idealer Spielkamerad. Anfänglich waren wir häufig zusammen, aber nach kurzer Zeit hatte ich mich mit Peter angefreundet, der wenige Häuser weiter wohnte. Wie wir lebte seine Familie im Dachgeschoss eines Hauses vom selben Typ wie das unsrige. Peter und ich wurden nach kurzer Zeit unzertrennliche Freunde. Wie selbstverständlich gehörte ich zu seiner Familie. Die Eltern stellten sich als herzensgute Menschen heraus und seine Schwester – nur ein Jahr jünger als ich – gefiel mir auf Anhieb. Die Familie war erst vor kurzem aus Norderney nach Münster umgezogen, da Peters Vater die Direktorenstelle im renommierten Hotel Schnellmann angenommen hatte. Das alteingesessene Hotel in der Nähe der Kliniken gehörte damals zu den zwei Spitzenhotels in Münster. Es wurde sehr gern von prominenten Künstlern und Politikern besucht. Fuhren diese vor und wir waren nicht in der Schule, so durften Peter und ich inmitten der Hotelangestellten das Spalier zum Empfang bilden. Besonders erinnere ich mich an den Besuch unseres Bundespräsidenten Theodor Heuss und einige Jahre später an den von Konrad Adenauer.

An Spielkameraden mangelte es uns auf der Sentruper Höhe nicht. Die Familien waren alle etwa zu gleicher Zeit eingezogen und in der Regel hatten sie mindestens zwei Kinder. Sehr schnell fanden wir uns zu einer Gruppe gleichaltriger Jungen zusammen. Mein Freund Peter, ohne den ich wenig unternahm, ist am 30. April und ich am 1. Mai geboren. Als wir etwas älter waren, haben wir so manche Geburtstage gemeinsam gefeiert. Von seinem Geburtstag über Mitternacht in meinen hinein.

Die Realschule beginnt

Da meine Mutter bei dem Direktor der Evangelischen Realschule für Jungen und Mädchen das Empfehlungsschreiben aus Essen abgegeben hatte, war ich für ihn kein unbeschriebenes Blatt. Vorerst unterrichtet er in unserer Klasse nicht, sodass ich kaum Berührungspunkte mit ihm hatte. 1951 gab es an unserer neu eingerichteten Schule nur zwei Jahrgänge. Unseren und einen darüber. Über ein eigenes Schulgebäude verfügten wir nicht. Unsere Schule war in zwei Baracken auf dem Schulhof der Handelsschule untergebracht, die weit entfernt von der Sentruper Höhe am entgegengesetzten Ende der Stadt am Hansaring lag. Zusammen mit anderen Straßen bildete der Hansaring damals den äußeren Verkehrsring um Münster. Südlich, direkt an der Handelsschule vorbei, führte eine Straße über den nur wenige hundert Meter entfernten Dortmund-Ems-Kanal. In den Pausen gingen wir manchmal dort hin, um die Schiffe auf dem Kanal zu beobachten. Der Sommer 1951 war zeitweise sehr warm. Die Baracken heizten sich so sehr auf, dass wir mächtig schwitzten und unsere Aufmerksamkeit am Unterricht stark litt. Hitzefrei haben wir deshalb aber nicht bekommen. Unser Klassenlehrer hieß Wibker, ein schon älterer Herr mit grauen Haaren, der als Hobby die Imkerei betrieb. Mich konnte er nicht sonderlich leiden. Zumindest fühlte ich mich von ihm manchmal ungerecht behandelt. Nach den Sommerferien, wir wurden damals zu Ostern eingeschult, hatten wir einen Aufsatz mit dem Thema »Ein schönes Erlebnis« zu schreiben. Aufsätze habe ich immer gern geschrieben und dafür meist auch gute Noten bekommen. Nach kurzer Überlegung entschloss ich mich, einen Aufsatz zur Überfahrt von Emden nach Borkum zu schreiben. Gut ein Jahr zuvor war ich dort zur Erholung gewesen und hatte die Überfahrt noch sehr gut in Erinnerung. Ziemlich am Anfang des Aufsatzes benutzte ich in einem Satz den Ausdruck »... das Schiff legte ab ...«, ohne mir weiter Gedanken darüber zu machen.

Als wir die Klassenarbeit zurück bekamen zog Herr Wibker meinen Aufsatz aus dem Stapel der Hefte hervor und sprach zu mir: »Fritz, du musst dich richtig ausdrücken. Da lese ich »Das Schiff legte ab«. Man kann seine Kleidung ablegen, aber ein Schiff legt nicht ab, das macht die Leinen los. »Ablegen« passt da gar nicht.«

Ich war wie vor den Kopf gestoßen und keiner Erwiderung fähig. Sollte ich dem Lehrer sagen, dass dies doch ein ganz gebräuchlicher Ausdruck für den beschriebenen Vorgang ist, den ich schon mehrfach gehört und gelesen hatte? Ich fühlte mich tief gekränkt und beleidigt, traute mich aber nicht zu antworten. Die anderen Schüler lachten mich aus, wahrscheinlich froh, nicht selbst gerüffelt zu werden. Wenn heute von Ungerechtigkeiten der Lehrer die Rede ist, werde ich häufig an diese Situation erinnert, die sich tief in meine Seele eingebrannt hat. Leider gab Herr Wibker bei uns nicht nur Deutsch, sondern auch Englisch. Anfänglich war ich Feuer und Flamme, diese Sprache zu lernen, hatte ich doch eine Tante, die in London verheiratet war, und mit der wir regen Briefverkehr pflegten. Wie schön, wenn ich ihr bald in Englisch den ersten Brief schreiben könnte. Meine Freude am Englischlernen hielt sich von Anfang an in Grenzen, da ich immer an die Ungerechtigkeit des Lehrers denken musste. Damals habe ich noch nicht verstanden, dass man nicht für den Lehrer, sondern nur für sich selbst lernt. Hinzu kam die wenig motivierende Art, in der er Englisch unterrichtete. Lieber sprach er über seine Bienen. Im ersten Schuljahr hatte ich zwar keine Leistungsprobleme, lag aber bei den Noten nur im vorderen Drittel der Klasse. Andere waren deutlich besser. Damals machte ich mir darüber aber keine Gedanken.

Vor Beginn meines zweiten Jahres in der Realschule zog unsere Schule in ein anderes Gebäude um. Wir teilten uns dort die Klassenräume mit einer Volksschule. Das bedeutet für uns in einer Woche Vormittagsunterricht; in der darauffolgenden Woche gingen wir nachmittags zur Schule. Den Nachmittagsunterricht habe ich regelrecht gehasst. Morgens Schularbeiten machen und dann anschließend in die Schule ohne freie Zeit zum Spielen war nun gar nicht mein Ding. Erhebliche Vorteile brachte die Lage des Schulgebäudes in der Coerdestraße mit sich. Am

Rande der Promenade gelegen, die mit einem inneren Ring die Altstadt von Münster umgibt, sparte ich nun gut die Hälfte des Schulweges ein und konnte immer das Fahrrad benutzen. Zur Handelsschule am Hansaring fuhr ich wegen des langen Weges meist mit dem Bus.

Im CVJM

Auch heute noch überwiegt in Münster die katholische Bevölkerung. In den 1950er Jahren war das noch ausgeprägter. Wir lebten in einer evangelischen Diaspora. Bei dieser Situation verwundert es nicht, dass viele meiner Mitschüler in den CVJM (Christlicher Verein Junger Männer) eintraten. Ich schloss mich dem CVJM an, um mich sportlich in einem vertrauten Kreis zu bestätigen. Neben den sportlichen Angeboten gab es in jeder Woche eine Zusammenkunft mit Gesprächen und Spielen. Wir grenzten uns zwar nicht von den Katholiken ab, wollten uns aber auch nicht von ihnen dominieren lassen. Mit meinen katholischen Spielkameraden gab es in dieser Hinsicht keinerlei Probleme, aber manche Erwachsene der anderen Konfession zeigten uns doch die kalte Schulter. Selbstbewusst, wie wir unseren Glauben vertraten, machte uns das aber kaum etwas aus. Zu diesem Selbstbewusstsein einer Minderheit trugen auch die Aktivitäten im CVJM bei. Ich erinnere mich noch genau, dass damals der neu gedrehte Schwarzweißfilm über das Leben Luthers in Münster gezeigt werden sollte. Wir, ich war damals elf Jahre alt, hatten bei einer Zusammenkunft im CVJM den Auftrag bekommen; Einladungszettel für diesen Film zu verteilen und Plakate aufzuhängen. Mit Feuer und Flamme gingen wir diese Sache an. Sprachen mit Geschäftsleute, ob wir bei ihnen Plakate anbringen durften. Viele erlaubten das aber es gab auch Erzkonservative, die unserem Ansinnen nicht zustimmten. Es blieben einige Plakate übrig und wir beratschlagten, wo wir sie anbringen könnten. Einer aus unserer Gruppe schlug vor, die katholischen Kirchgänger direkt mit der Einladung zum Film zu konfrontieren. Anfang der 1950er Jahre gab es noch viele Ruinen in Münster, da die Innenstadt durch Bombenangriffe zu etwa 90 Prozent zerstört worden war. Der Wiederaufbau hatte direkt nach dem Krieg begonnen und an vielen Stellen wurden Gebäude jetzt wiederhergestellt. Dazu gehörte auch die Beseitigung der Kriegsschäden an der Fassade der Überwasserkirche, die in unserem Verteilungsgebiet für die Plakate zum Lutherfilm lag.

Damit die Besucher der Kirche vor herabfallenden Gegenständen geschützt waren hatte man den Zugang zum Haupteingang mit einer Holzkonstruktion überdacht. Auf einer Seite bestand diese aus einer durchgehenden Holzwand, an der auch Bekanntmachungen der Gemeinde befestigt waren. Wir wollten ja auch informieren und einer von uns schlug vor, als wir an der Überwasserkirche vorbeikamen, dort ein Plakat für den Lutherfilm anzubringen.

»Das sollten wir aber erst tun, wenn keiner in der Nähe ist. Sonst könnte man uns zur Rede stellen, dass wir an einer katholischen Kirche Reklame für Luther machen«, gab Günter zu bedenken.

Damit hatte er nicht Unrecht. So passten wir einen Augenblick ab, in dem niemand an der Kirche war oder sich ihr näherte. Schnell befestigten wir mit Reißzwecken das Plakat an der Holzwand und versteckten uns hinter einer nahegelegenen Ruinenmauer. Es war gerade keine Zeit, in der eine Messe stattfand, aber dennoch gingen sporadisch Menschen in die Kirche. Wir wollten miterleben, wie die Katholiken reagierten, wenn sie das Plakat wahrnahmen. Einer gingen vorbei, ohne auf das Plakat zu achten. Ein anderer blieb davor stehen, las es wohl auch und ging dann in die Kirche. Bald aber kam einer, der das Plakat an einer katholischen Anschlagwand wohl unpassend fand, es abriss, zerknüllte und in den Papierkorb vor der Kirche warf. Insgeheim hatten wir mit einer solchen Reaktion gerechnet. Heute ist das wohl kaum vorstellbar, aber damals war die ökumenische Bewegung zumindest in Münster nicht vorhanden. Als der Kirchgänger in der Kirche verschwand, nutzten wir die nächste unbeobachtete Gelegenheit, ein neues Plakat anzuheften. Wir warteten weiter in unserem Versteck und haben noch zwei weitere Male ein abgerissenes Plakat durch ein neues ersetzt.

Meine Zugehörigkeit zum CVJM endete schlagartig, im wahrsten Sinne des Wortes, da ich mich nicht mehr traute, an den wöchentlichen Zusammenkünften teilzunehmen. Was war geschehen? Wir trafen uns regelmäßig an einem Tag in jeder Woche im ersten Obergeschoss eines Hauses am Drubbel in der Münsteraner Innenstadt. Zu unserem Versammlungsraum führte eine alte Holztreppe mit einem wackeligen Holzgeländer aus senkrechten, aufwendig gedrechselten Füllstaben und einem geschwungenen Handlauf. Beim Hinuntergehen fasste ich das Geländer wohl etwas zu heftig an: Es verschob sich seitlich so, dass sich ein Pfosten löste. Andere folgten und purzelten laut krachend die Treppe hinunter in den Eingangsflur. Großer Lärm entstand. Ich erschrak mächtig, stolperte die Treppe hinab und rannte fluchtartig aus dem Haus. Seitdem habe ich keinen Kontakt mehr zum CVJM. Mir war vollkommen egal, was mit dem Geländer geschah und wer für dessen Zusammenbruch verantwortlich gemacht wurde. Noch lange Zeit danach hatte ich ein sehr schlechtes Gewissen, weil ich mich nicht als Urheber des Schadens gemeldet habe. Vielleicht entschuldigt mein jugendliches Alter meine Feigheit.

Unser Klassenlehrer Dr. Ringleben

Während meiner ganzen Schulzeit bekam ich mit wenigen Ausnahmen immer gute Lehrer, die mich motiviert haben. Dazu gehört in der Volksschule Fräulein Liebefeld, der ich es zu verdanken habe, dass ich eine weiterführende Schule besuchen durfte. In der Realschule war es mit weitem Abstand zu den anderen Lehrern und Lehrerinnen mein sehr verehrter Lehrer Dr. Ringleben. Er kam 1952 an unsere Schule und übernahm unsere Klasse als Klassenlehrer. Im Krieg hatte er als Jagdflieger gedient, was ihn mir gefühlsmäßig nahe brachte. Schließlich war mein Vater ja auch Pilot gewesen. Ob Dr. Ringleben das wusste, weiß ich nicht. Jedenfalls hat er mich nie darauf angesprochen. Viele meiner Klassenkameraden sagen noch heute, dass sie sehr viel in seinem Unterricht gelernt haben. Dr. Ringleben war ein ehrlicher und gerechter Mensch, der großen Wert auf Disziplin legte. Ich habe niemals bemerkt, dass er einen von uns im Unterricht oder bei der Benotung bevorzugte. Sicherlich hatte auch er seine Lieblingsschüler, aber das ließ er uns nicht merken. Jeden seiner Schüler förderte er entsprechend den vorhandenen geistigen Fähigkeiten. Er besaß eine ausgeprägt Motivationsfähigkeit, wie ich sie selten bei Lehrern erlebt habe. Unterrichtet hat er in unserer Klasse Mathematik, Geschichte, Erdkunde, Physik und Chemie. In den unteren Klassen auch noch Deutsch, was dann in den beiden letzten Klassen von unserem Direktor übernommen wurde. Mein Interesse für die Naturwissenschaften habe ich im Wesentlichen Dr. Ringleben zu verdanken. Noch heute staune ich darüber, auf welch hohes Niveau der mathematischen Kenntnisse er uns gehoben hat. In der letzten Klasse wagte er es sogar, uns die Grundlagen der Differential- und

Integralrechnungen beizubringen. Zum Lehrplan für Realschulen gehörte dieser Stoff nicht. Ich fand die Mathematikstunden so interessant, dass dieses Fach fortan neben Geschichte und Erdkunde zu meinen Lieblingsfächern gehörte. In der Realschulklasse war ich nie der Beste, das blieb Hartmut vorbehalten, der diese Stellung bis zum Schulabschluss innehatte. Nach den Zeugnisnoten lag ich meist unter den besten fünf bei um die 40 Schüler in der Klasse. Damit war ich ganz zufrieden, denn Hartmuts Leistungen, so schien es mir, konnte ich nicht erreichen. Er war in allen Fächern der Beste und zudem eine ausgesprochene Sportskanone. In der Leichtathletik sowie im Handball und Fußball konnte ihm keiner das Wasser reichen. Es schien ihm alles zuzufliegen, ohne dass er sich dabei anstrengen musste. So erschien es uns jedenfalls. Erst nach vielen Jahrzehnten hat Hartmut mir bei einem Klassentreffen in einem vertraulichen Gespräch gesagt: »Ihr habt immer geglaubt, dass ich mich in der Schule nicht anstrengen musste und intelligenter sei als ihr. Das ist aber nicht der Fall. Ich musste zu Hause büffeln und büffeln. Mein Vater stellte da an meine beiden Brüder und mich sehr hohe Anforderungen. Er war im Dritten Reich dazu erzogen worden und hatte die dort gelernten Grundsätze nach dem Krieg nicht abgelegt. Wir mussten sehr gut in der Schule und herausragende Sportler sein. Bei meinem älteren Bruder und mir hatte er damit Erfolg. Bei meinem jüngeren Bruder aber nur eingeschränkt.«

Mich überraschte diese Erklärung sehr. Hatte ich doch bisher immer gemeint, dass Hartmut ein Überflieger war, der kaum lernen musste. So kann man sich in Menschen täuschen.

Hartmut war also in jedem Jahr der Klassenbeste. Andere kamen mit den Leistungen an ihn nicht heran. Es ist anzunehmen, dass Hartmuts Eifer im Unterricht und seine Noten Dr. Ringleben beeindruckt haben. Aber er hat uns das im Unterricht nie spüren lassen. Einmal im Jahr wurde es dennoch deutlich. Am Ende jeden Schuljahres bekam einer oder eine aus jeder Klasse eine besondere Belobigung. Da die Schule keine Aula hatte, versammelten sich Schüler, Schülerinnen, Lehrer und Lehrerinnen in der Turnhalle, die dann vollkommen überfüllt war. Jeder Jahrgang bestand aus drei Klassen; einer Jungenklasse, einer Mädchenklasse und einer gemischte Klasse. Bei sechs Jahrgängen und drei Klassen mit ca. 40 Schülern und Schülerinnen ergab das mit dem Lehrkörper gut 700 Personen, die sich in der nicht allzu großen Turnhalle stapelten. Man kann es nicht anders nennen, da Tische, Bänke und auch Turngräte, auf denen man sitzen konnte, terrassenförmig aufgebaut werden mussten. Diese Jahresveranstaltung war immer ein großes Ereignis. Die Belobigten wurden bewundert oder auch gehasst. Mancher fühlte sich übergangen. Waren diese Leute doch der Meinung, die Belobigung stehe eher ihnen zu. Einige Jahre nacheinander hatte Hartmut Schulz in unserer Klasse die Auszeichnung bekommen. Niemand neidete sie ihm. Wir waren alle davon überzeugt, dass er sie verdiente. Am Ende der Schuljahres 1954 war es wieder so weit. Die große Belobigung fand statt. Wir waren damals in der Untertertia, also der vierten Klasse in weiterführenden Schulen. Heute würde man sagen, es war die Klasse 8. Die Turnhalle quoll über von Menschen. Zusammen mit einigen Klassenkameraden saß ich auf einem Pauschenpferd, das man zu diesem Zweck an eine Wand gestellt hatte. Vor uns blockierte eine Reihe von vollbesetzten leichten Holzbänken den Zugang zum freigehaltenen Platz direkt am Eingang zur Halle, auf dem die Belobigung stattfand und um den herum die Lehrerinnen und Lehrer auf Stühlen saßen. Wir machten uns nichts aus unserem eingeengten Sitzplatz, da wir sowieso nicht nach vorne gerufen werden würden. Es war ja klar, Hartmut erhielt die Auszeichnung auch dieses Mal. Der erhöhte Sitzplatz bot uns dagegen einen guten Überblick über die ganze Veranstaltung und zudem konnten wir uns entspannt zurücklehnen. Die Auszeichnung begann bei den unteren Klassen. Uns sagten die Namen der belobigten Schülerinnen und Schüler nichts, hatten wir doch mit diesen Klassen kaum Kontakt. Unsere Aufmerksamkeit richtete sich daher weniger auf die Preisvergabe als auf die neben uns sitzenden Mädchen unserer Parallelklasse. Schon damals gab es zwischen einigen aus den beiden Klassen zarte erotische Bande und wir waren nicht abgeneigt, diesen Personenkreis zu erweitern. Erst als die Klasse unter uns aufgerufen wurde, widmeten wir uns wieder dem Geschehen auf der freien Fläche. Bedingt durch Sitzengebliebene kannten wir einige aus diesen Klassen. Obwohl anzunehmen war, dass die wohl kaum die Chance hatten, eine Belobigung zu bekommen. Aber man weiß ja nie, ob nicht einer der Sitzengebliebenen im letzten Jahr über sich hinausgewachsen war. Dem war aber nicht so. Der Schuldirektor rief die jeweilige Klasse auf und bat dann den Klassenlehrer oder die

Klassenlehrerin, die Ehrung vorzunehmen. Dazu wurde laut der Name des oder der Auszuzeichnenden verkündet. Er oder sie ging nach vorne, um sich mit allen anderen die Begründung für die Auszeichnung anzuhören und nahm anschließend die Auszeichnung, meist handelte es sich um ein Buch mit Widmung, in Empfang und begab sich dann zurück zur jeweiligen Klasse.

Dann war es soweit, unsere Klasse, die 4a, wurde aufgerufen.

Dr. Ringleben trat in den Halbkreis, und verkündete: »Dieses Schuljahr bekommt nicht der Beste der Klasse eine Auszeichnung, sondern derjenige, der seine Zensuren im Vergleich zum letzten Jahr am meisten verbessert hat. Das Lehrerkollegium war einstimmig der Meinung, dass auch solche Leistungen lobenswert sind. Zeigen sie doch einen ausgeprägten Willen, über das normale Maß hinaus zu lernen.«

Dann machte Dr. Ringleben eine kurze Pause, wohl um seine Worte wirken zu lassen. Manche aus unserer Klasse sahen sich erstaunt an, gespannt, wer denn wohl der Auserkorene sei. Alle hatten zuvor auf Hartmut geschaut, aber der war in sich zusammengesunken und würdigte die anderen kaum eines Blickes. Ihn interessierte wohl überhaupt nicht mehr, wer die Auszeichnung bekam. Er war es jedenfalls nicht.

Dr. Ringleben hatte sicher mit solch einer Reaktion der Klasse gerechnet und wandte sich zu uns mit den Worten: »Das habt ihr wohl nicht erwartet. Strengt euch an, dann gehört die Auszeichnung im nächsten Jahr vielleicht dir oder dir.«

Dabei zeigte er mit dem Finger auf verschiedene Schüler unserer Klasse.

Dann rief er laut den Namen in die Runde: »Fritz Großmann«.

Ich war so überrascht, dass ich nur laut »Jawoll« gerufen habe. Alle lachten laut auf. Das »Jawoll« war dann doch zu unüblich.

»Fritz, komm bitte nach vorne«, lachte Dr. Ringleben, sichtlich amüsiert.

Da ich stark räumlich eingeengt war und erst von Pferd steigen musste, dauerte es eine Weile, bis ich zu ihm gelangen konnte.

»Fritz, du hast dir dieses Jahr die Auszeichnung verdient. Dein Notendurchschnitt hat sich um mehr als anderthalb Noten verbessert. Das musste belohnt werden«, begründete Dr. Ringleben die Entscheidung des Lehrerkollegiums und überreichte mir ein Buch mit einer handschriftlichen Widmung und seiner Unterschrift. Es war das zweite Buch, das ich als Auszeichnung für besondere schulische Leistungen erhielt. Das erste hatte mir Fräulein Liebefeld am Ende der letzten Volksschulklasse überreicht. Es war ein kleines Büchlein mit Sagen aus dem Rheinland, in das sie ebenfalls handschriftlich eine Widmung eingetragen hatte. Ich nahm das Buch aus den Händen von Dr. Ringleben in Empfang, bedankte mich und ging zurück auf meinen Platz. Begleitet vom Klatschen der Anwesenden. Aber das war nichts Besonderes, denn alle Ausgezeichneten wurden so verabschiedet. Hartmut hat danach eine Zeit lang nur noch selten mit mir gesprochen, bis er im nächsten Jahr die Auszeichnung wieder selbst bekam. Die Reaktionen meiner Klassenkameraden waren unterschiedlich. Einige haben sich mit und für mich gefreut, andere waren uninteressiert und einige wenige hätten lieber Hartmut als Preisträger gesehen. Ich jedenfalls bin noch heute stolz auf diese Auszeichnung. Wohl auch deswegen, weil sie so überraschend für mich kam.

Wie schon erwähnt, unterrichtete uns Dr. Ringleben auch in Erdkunde. Eines seiner Lieblingsthemen war Südamerika. Über die Llanos und seine Bewohner konnte er stundenlang erzählen. Wegen dieser Vorliebe nannten wir ihn nur noch Pablo, wenn wir untereinander von ihm sprachen.

Landschulheimaufenthalte

Ab der zweiten Realschulklasse fuhren wir jedes Jahr für eine Woche in ein Landschulheim. Mehrere Male in die Nähe von Gummersbach nach Drieberhausen. Es handelte sich um Landschulheime in der Art von Jugendherbergen mit Doppelstockbetten in den Zimmern.

Dr. Ringleben war ein großer Wanderer, der regelmäßig einen Teil der Ferien im Bayrischen Wald verbrachte, um dort seinem Hobby nachzugehen. Es nimmt daher nicht Wunder, dass wir während der Landschulaufenthalte jeden Tag wandern mussten. Die Wanderungen dienten wohl auch dazu, uns müde zu machen, damit wir abends nicht auf dumme Gedanken kamen. Diese Rechnung ging aber nur bedingt auf. Die meisten von uns waren nämlich sehr gute Sportler mit einer Kondition, die Dr. Ringleben und die anderen begleitenden Lehrer nicht mehr erreichten. Bei einer dieser Wanderungen im Sauerland fand ich an einer Wegeböschung im Schiefergestein den Abdruck einer Schnecke, wie es mir schien. Dr. Ringleben klärte mich auf, dass es sich um den Abdruck eines Goniatiten aus dem Devon handele. Goniatiten seien die Vorgänger von Ammoniten, von denen ich wohl schon gehört hätte. Hatte ich noch nicht. Trotzdem nickte ich verständnisvoll. Mir scheint, dass durch diesen Zufallsfund und die Erklärungen meines Lehrers in mir das Interesse für Fossilien weiter gesteigert wurde. Jahrzehnte später besaß ich denn auch eine recht umfangreiche Fossiliensammlung mit Exemplaren aus vielen Erdzeitaltern.

Bei jeder Wanderung ging Dr. Ringleben vorneweg, in der Mitte ein begleitender Lehrer. An den Schluss der manchmal recht weit auseinander gezogenen Wandergruppe ordnete er meist mich ab und schärfte mir eindringlich ein, niemanden zurückzulassen. Diese Aufgabe nahm ich gewissenhaft wahr. Kam sie mir doch sehr entgegen, da ich nicht der Schnellste beim Wandern war. Immerhin habe ich es geschafft, die Schlange nicht zu lang werden zu lassen. Unterbrochen wurden die Wanderungen durch Pausen und durch kurze Aufenthalte, wenn Dr. Ringleben uns Dinge erklären wollte, welche die Landschaft, Botanik oder die Bautechnik von Gebäuden betrafen. An einem Tag durchwanderten wir ein von einem kleinen Bach durchflossenes Tal. Auf dem gegenüberliegenden Hang mit mehreren kleinen Absätzen weideten Kühe.

Dr. Ringleben ließ anhalten und fragte uns: »Wie sind denn wohl diese Absätze in der Wiese entstanden?«

Viele von uns dachten wohl an geologische Gründe. Doch vorlaut, wie ich auch schon damals war, wollte ich einen Scherz machen: »Die Absätze haben die Kühe heruntergetreten.«

Lautes Lachen der Klassenkameraden war die Antwort. Doch Dr. Ringleben bestätigte, dass dies tatsächlich die Ursache sei. Ohne nachzudenken hatte ich aus Übermut die richtige Erklärung gefunden.

In Lieberhausen gibt es die »Bonte Kerke«, eine kleine evangelische Kirche, ausgeschmückt mit vielen Wandmalereien. Im Bergischen Land stehen einige dieser Kirchen, aber die schönsten und ältesten Wandmalereien findet man in der Kirche zu Lieberhausen. Hinter dem Altar reihen sich im Halbkreis die Darstellungen der Zehn Gebote auf, beschriftet mit dem Text des jeweiligen Gebotes. An den anderen Wänden Bilder aus dem Leben Jesu, wie wir sie aus dem Religionsunterricht kannten, oder Bebilderungen von Geschichten des Alten Testaments. Dr. Ringleben brachte uns die Einzigartigkeit und Schönheit dieser Wandmalereien durch seine Erklärungen sehr nahe, ebenso wie die baulichen Eigenarten der Kirche.

Im Tal unterhalb Kirche gibt es auch heute noch einen großen Gasthof, bei dem man etwas ganz Besonderes essen kann: Bergische Eierkuchen. Original gibt es sie nur in diesem Restaurant. In Lieberhausen an der Bonte Kerke kann man im benachbarten Gasthaus zwar auch Eierkuchen essen, aber das sind nicht die originalen, aus einer einzigen Eischneemasse gebackenen Eierkuchen, sondern weniger aufwendig herzustellende Nachahmungen, wie ich heute weiß. Wir machten Rast im Gasthaus im Tal, in dem man die Originaleierkuchen backte. Dr. Ringleben meinte, wir müssten unbedingt diese Eierkuchen bestellen, sie wären köstlich. Mir als Gourmet – schon damals – lief das Wasser im Mund zusammen. Welcher Genuss erwartete mich? Wir setzten uns in der Gaststube an die Tische und ließen einige Speisekarten herumgehen. An sich war das überflüssig, da ja wohl jeder einen Eierkuchen essen wollte. Jeder? Nein, ich bestellte keinen. Ein Blick auf die Karte hatte mir gezeigt, dass die Eierkuchen recht teuer waren und ich sie mir von meinem restlichen Taschengeld nicht leisten konnte. Meine Mutter als Kriegerwitwe konnte mir für die Landschulaufenthalte nur ein recht mageres Taschengeld mitgeben. Und das reichte in diesem Fall für Eierkuchen nicht aus.

Ich bestellte also nichts und auf die Frage, warum ich nicht bestellen würde, sagte ich: »Ich habe keinen Hunger«.

Den wirklichen Grund schämte ich mich zu nennen. Die bestellten Kuchen kamen und meine Klassenkameraden waren voll des Lobes über den Geschmack. Ich konnte den Anblick dieser Süßigkeiten, die ich mir nicht leisten konnte, nicht länger ertragen, verließ den Gastraum und setzte mich vor der Wirtschaft auf eine Bank in die Sonne. Sinnierend saß ich dort, bis die ersten Mitschüler gegessen hatten und nach draußen traten.

»Du hast was verpasst. Die Eierkuchen haben toll geschmeckt. Dr. Ringleben hat nicht zu viel versprochen«, wollte mich einer der Klassenkameraden aufklären.

»Na schön, wenn es euch geschmeckt hat, ist ja alles in Ordnung. Ich hatte aber keinen Hunger«, wiederholte ich meine Begründung.

Kopfschüttelnd wandte er sich ab. Ich hätte mir lieber die Zunge abgebissen, als die Wahrheit von mir zu geben.

Jahrzehnte habe ich das Trauma, mir damals keinen Eierkuchen leisten zu können, mit mir herumgetragen. Erzählt habe ich es aber niemandem. Dreißig Jahre später wohnte ich in Bergisch Gladbach, am Rande des Bergischen Landes. Eines Tages kam ich auf die Idee, das Trauma »Eierkuchen« los zu werden. Lieberhausen war über die Autobahn A4 schnell und leicht zu erreichen und so fuhren wir an einem Sonntag dorthin. Nach dem Besuch der Kirche, deren Wandmalereien gerade restauriert worden waren und mir noch schöner erschienen als bei meinem Besuch als Jugendlicher, betraten wir das gegenüberliegende Restaurant. Es war nicht das Gasthaus im Tal, das ich in Erinnerung hatte, aber es gab Eierkuchen in mehreren Variationen. Süß mit verschiedenen Früchten oder mit Speck. Wir entschieden uns für die süße Variante. Es kamen zwei Riesenportionen eines halbkugelförmigen Eierkuchens. Vergleichbar sind diese Eierkuchen am ehesten mit Salzburger Nockerln, die auch zum größten Teil aus Eischnee bestehen. Überragend haben sie uns nicht geschmeckt und ich habe mich gefragt, warum ich so lange das belastende Trauma mit mir herumtrug. Es war völlig unnötig gewesen. Nach der Mahlzeit setzten wir unsere Wanderung fort und plötzlich standen wir vor dem Gasthaus im Tal. Ich erkannte es sofort wieder. Ein Blick auf die Speisekarte genügte, um festzustellen, dass es die Eierkuchen meiner Schulzeit noch gab. Da es Nachmittag und Zeit zum Kaffeetrinken geworden war, betraten wir das Restaurant und bestellten Kaffee und Apfelkuchen. Bei der Wirtin erkundigten wir uns nach der Herstellung der Eierkuchen, die das Lokal als besondere Spezialität anbot. Bereitwillig gab man uns Auskunft und betonte, dass nur hier der originale Bergische Eierkuchen gebacken würde. Es wäre eine hohe Kunst, die Halbkugel aus Eischnee und Zutaten zu backen, ohne dass sie zerfiel. Und das könne man eben nur hier, da man seit Generationen alleiniger Rezeptinhaber sei. Wir fragten, was wir denn oben in Lieberhausen gegessen hätten. Es sei nachgemachter Eierkuchen, bei dem die Eischneemasse nachträglich in eine gebackene Hülle gefüllt und nochmals in den Backofen geschoben würde. Das wäre einfach. Ganz im Gegensatz zum ganzheitlichen Backen bei ihnen, das gelegentlich auch nicht gelänge. Man mache aber die Gäste darauf aufmerksam. Es könne dann länger dauern, da man erst einen neuen Versuch starten müsse. Der Fall des Misslingens sei aber Gottseidank recht selten. Also hatten wir nicht den richtigen Eierkuchen gegessen, der mein Trauma verursacht hatte. Sollte ich es endgültig begraben und mir hier den originalen bestellen? Nein, ich war so satt, dass nichts mehr in meinen Magen hineinpasste. Diesmal stimmte die Begründung für meinen Verzicht. Im Übrigen wird das Original wohl ähnlich schmecken wie der nachgemachte Eierkuchen. Ich war mein Trauma los, auch wenn es nicht der Originaleierkuchen war, den meine Klassenkameraden verspeist hatten.

In der letzten Realschulklasse fand unser einwöchiger Landschulheimaufenthalt in einem Heim auf der Luttern'schen Egge statt. Die Luttern'sche Egge ist ein Pass über das Wiehengebirge nördlich von Minden. Das Landschulheim liegt direkt an diesem Straßenübergang. Es handelt sich um ein mehrstöckiges Gebäude. Das Obergeschoss besteht aus einem Dachgeschoss mit Gauben. Die Zimmer waren klein und nur jeweils mit vier bis sechs Schülern belegt. Beide begleitenden Lehrer, Dr. Ringleben und ein junger Neulehrer, hatten eigene Zimmer. 1956 gab es in unserer Klasse 6a Schüler, die zwischen 1937 und 1941 geboren waren. Die ältesten waren also um die 19, die jüngsten nur 15 Jahre alt. Probleme gab es deswegen nie. Im Großen und Ganzen stellten wir eine verschworene Gemeinschaft dar. Die älteren Schüler hatten während des Krieges keinen oder nur unregelmäßig Schulunterricht gehabt, wodurch sich der große Altersunterschied erklärt. Auch die Erfahrungen mit Mädchen waren nicht so sehr unterschiedlich. Eine feste Freundin hatte meines Wissens keiner von uns, auch nicht die älteren. Viele waren auf der Suche, ohne es zuzugeben. Zu dieser Gruppe gehörte auch ich. Wie in allen Landschulheimen zuvor hatten wir auch im Heim an der Luttern'schen Egge Küchendienst zu leisten. Meistens waren die Lehrer dazu gezwungen, Schüler abzukommandieren, da Freiwillige sich selten meldeten. Obwohl sich für den Einzelnen die Belastung in Grenzen hielt, da üblicherweise je Tag nur vier oder fünf Schüler den Küchendienst übernehmen mussten. Das bedeutet bei einem einwöchigen Aufenthalt, dass jeder nur an einem Tag dran war. Ganz anders sah es dieses Jahr aus. Die Jungens drängten sich geradezu zum Küchendienst. Warum? Die Antwort ist schnell gegeben. In der Küche waren drei hübsche junge Mädchen in unserem Alter beschäftigt. Das Kartoffelschälen war besonders beliebt. Wir saßen bei dieser Arbeit zusammen mit den Mädchen in einem Kreis. Es wurde geflachst und auch manche anzügliche Bemerkung gemacht, die die Mädchen aber nicht störten. Im Gegenteil, sie machten fleißig mit.

So blieb es nicht aus, dass einige von uns versuchten, näher mit den Mädchen in Kontakt zu kommen. Es gab aber ein großes Hindernis. Das war der Herbergsvater, der sehr darauf achtete, dass sein weibliches Küchenpersonal nur unverfänglichen Umgang mit uns pflegte. Gemeinsame Arbeit war erlaubt, mehr aber nicht. Mit diesem Zustand waren sowohl die Mädchen als auch wir Jungen äußerst unzufrieden. Wir überlegten, ob sich diese Situation zu unseren Gunsten ändern ließ. Dieter, damals schon ein begnadeter Elektrotechniker, hatte auf unserer Etage heimlich dünne Telefonleitungen von Zimmer zu Zimmer gelegt, über die wir uns bis spät in die Nacht hinein unterhielten. Es machte uns riesig Spaß, die Aufsicht führenden Lehrer, die uns im Tiefschlaf wähnten, so hinters Licht zu führen. Die Montage der Leitungen war einfach. Raus aus dem Fenster und rein in das Fenster des benachbarten Raumes. Dann nur noch Hörer und Sprechmuschel angeschlossen und fertig war die Telefonverbindung. Unsere Mitschüler im Dachgeschoss waren anfänglich nicht in das Telefonnetz eingebunden. Als sie erfuhren, was wir nachts so trieben, wollten sie ebenfalls an den Mitternachtsgesprächen teilnehmen. Dieter legte eine Verbindungsleitung nach oben und schloss unsere Zimmer im Dachgeschoss an das Telefonnetz an. Drei Tage nach unserer Ankunft stand die Telefonanlage und wir hatten abends und nachts viel Freude mit ihr.

Es kam, wie es kommen musste. Einer von uns hatte die Idee, auch das Zimmer der drei Mädchen, das im Obergeschoss direkt neben dem letzten unserer Zimmer lag, mit in die Telefonanlage einzubinden. Machbar war das. Man musste aus dem Fenster der Gaube steigen, sich wenige Schritte auf der nicht allzu schrägen Dachfläche bewegen und dann in das benachbarte Fenster des Mädchenzimmers einsteigen. Gefährlich schien dieser akrobatische Akt nicht, doch es galt, höllisch aufzupassen, bei der Aktion nicht beobachtet zu werden. Nach Beratschlagung im kleinen Kreis von fünf Leuten stand die Entscheidung fest. Es lohnte sich, das Wagnis einzugehen. Aber wann konnte die Leitung verlegt werden und durch wen? Es war klar, verlegen konnte sie fachgerecht wohl nur Dieter. Doch er brauchte dazu eine Hilfsperson.

»Willst du mir nicht helfen«, fragte er mich, da ich zu den fünf Verschwörern gehörte.

»Klar helfe ich dir, aber wann wollen wir die Aktion durchführen? Nachts wäre es wohl am besten, da wir dann kaum entdeckt werden können«, fragte ich Dieter.

»Ja, aber dann müsste ich im Dunkeln über das Dach schleichen. Das scheint mir zu gefährlich zu sein«, gab Dieter zu bedenken.

Nun war guter Rat teuer. Konnten wir es einrichten, dass Dieter und ich alleine im Heim waren? Wir überlegten hin und her und hatten dann eine Idee. Die ganze Aktion würde wohl nur etwa zehn Minuten dauern. Wenn es uns gelänge, bei der nächsten Wanderung schnell vorauszugehen, so konnten wir diese Zeitspanne vor der Klasse am Landschulheim sein. Im Weg stand uns, dass ich bei Wanderungen auf Geheiß von Dr. Ringleben immer die Nachhut bildete.

»Dann frag ihn doch, ob das bei der nächsten Wanderung nicht ein anderer übernehmen könne. Du möchtest nicht immer am Schluss der Schlange wandern«, schlug Dieter vor.

»Ja, so könnte es gehen. Die Begründung ist gut. Ich werde mit Dr. Ringleben sprechen«, griff ich Dieters Vorschlag auf.

Am nächsten Tag stand eine große Wanderung zum Mittellandkanal an. Mit Dr. Ringleben hatte ich gesprochen und der zeigte Verständnis für meinen Wunsch. Der Weg war sehr lang und als wir den Mittellandkanal erreichten fragten wir uns, wie wir den Rückweg bewältigen sollten. Wie sich bald herausstellte, waren wir so gefordert, dass auf dem Rückweg häufiger Pausen einzulegen waren. Als wieder einmal Dr. Ringleben das Kommando zum Rasten gab, sahen Dieter und ich die Chance, uns vorauseilend von der Klasse abzusetzen. Unser Rastplatz lag an einem leichten Hang gerade vor einer Wegebiegung, da der Weg hier in Serpentinen anstieg. Hinter dem Rastplatz erstreckte sich eine kleine waldbestandene Fläche. Die Klassenkameraden saßen weit verteilt auf dem Wiesenhang. Unauffällig standen Dieter und ich auf und verdrückten uns in das kleine Wäldchen, durchquerten es und standen bald oberhalb des Rastplatzes auf der nächsten Serpentine des Weges. Wir folgten jetzt nicht dem Serpentinenweg, sondern schnitten die Kehren ab, indem wir steil bergan stiegen. Nach einer halben Stunde hatten wir einen großen Vorsprung gewonnen und kamen bald am Landschulheim an. Niemand war zu sehen. Auch die Mädchen nicht, die wohl das Abendessen vorbereiteten. Unbemerkt kamen wir in das an das Mädchenzimmer angrenzende Zimmer unserer Klassenkameraden. Wie üblich wurden unsere Zimmer nicht verschlossen. Wir hatten gehofft, das träfe auch auf das Mädchenzimmer zu, da das die Arbeit erleichtert hätte. Leider war es verschlossen und wir mussten den Weg über die Dachfenster nehmen. Vorsorglich hatten wir am Vortag den Küchenmädchen gesagt, dass sie in den nächsten Tagen das Fenster einen Spalt breit offen lassen sollten. Dieter schwang sich aus dem Fenster und ich wartete im Zimmer mit dem Material, das ich ihm anreichte, als er einen sicheren Stand gefunden hatte. Alles verlief wie geplant. Schon nach weniger als zehn Minuten kam Dieter zurück, setzte sich rücklings auf das Fensterbrett, drehte sich um und sprang in das Zimmer hinab. Die Aktion war bis hierher geglückt. Jetzt mussten wir nur noch so lange warten, bis die Klassenkameraden am Heim ankamen und wir uns unauffällig unter sie mischen konnten, ohne dass das Lehrpersonal davon etwas bemerkte. Auch das gelang. Als Dieter einigen Klassenkameraden mitteilte, die Telefonleitung in das Zimmer der Mädchen stehe, wollten sie es erst nicht glauben.

»Wann wollt ihr das denn gemacht haben«, fragten einige verständnislos.

»Gerade eben sind wir fertig geworden. Habt ihr denn nicht gemerkt, dass wir vorgelaufen sind?«

Nein, niemand hatte das bemerkt.

Abends ging das große Gequatsche mit den Mädchen am Telefon los. Fast jeder wollte auch einmal den Hörer und die Sprechmuschel in die Hand nehmen, um mit ihnen zu sprechen. Belangloses Zeug, wie man sich denken kann. Zwei Nächte hatten wir unseren Spaß damit. Aber am vorletzten Tag vor unserer Abreise eskalierte die Situation. Die Mädchen hatten aus Spaß die Jungen im Nebenzimmer aufgefordert, doch zu ihnen zu kommen, da sie sich nicht vorstellen konnten, dass diese über das Dach zu ihnen gelangen könnten. Durch die Tür war das unbemerkt nicht möglich. Die Zimmer des Herbergsvaters grenzten direkt an das Mädchenzimmer und der hätte sofort reagiert, wenn man die Tür zum Zimmer aufmachte. Alle drei Mädchen wollten die Jungen nur necken und provozieren. Da hatten sie unsere Klassenkameraden aber falsch eingeschätzt. Plötzlich ganz leise klopfte es an das Fenster. Der erste war über die Dachschräge zum Zimmer der Mädchen geschlichen. Mittlerweile waren diese über das Telefon informiert worden, dass sie Besuch bekämen. Überrascht, aber nicht unwillig öffneten sie das Fenster und nacheinander sprangen unsere drei Mutigen in das Zimmer. Was sich da im Einzelnen abgespielt hat, haben sie uns später nicht erzählt, nur, dass sie sich zu den Mädchen in die Betten gelegt hatten. Plötzlich öffnete sich die Zimmertür und der Herbergsvater stand im Zimmer. Raus aus den Betten und zur Tür hinaus in das eigene Zimmer war der einzige Gedanke, den die Jungens fassen und verwirklichen konnten. Unsere Lehrer wurden aus den Betten geholt und es begann eine hochnotpeinliche Befragung. Da es schon nach Mitternacht war, beschloss man, die Untersuchung, nachdem die Namen unserer Klassenkameraden festgestellt worden waren, auf den nächsten Tag zu verschieben.

Wir alle hatten eine unruhige Nacht und machten uns Sorgen, was uns am nächsten Tag erwartete. Die Telefonanlage, die ja Auslöser des nächtlichen Besuchs gewesen war, war noch nicht entdeckt worden. Als erste Maßnahme, nachdem Ruhe eingetreten war, reichten uns die Mädchen Hörer, Sprechmuschel und Kabel aus dem Fenster und wir nahmen sie in Empfang. Die restliche Verkabelung entfernten wir noch vor dem Aufstehen und gaben sie Dieter zurück.

Nach dem Frühstück wurden die drei »Übeltäter« und die Mädchen von unseren Lehrern und dem Herbergsvater vernommen. Weder über die Untersuchung noch über das Ergebnis haben wir jemals etwas erfahren. Selbst mein Freund Günter, der nur einige Häuser von uns entfernt wohnte und der einer der drei nächtlichen Besucher gewesen war, hat nie mit mir darüber gesprochen. Dass wir eine Telefonanlage installiert hatten und wer dafür verantwortlich war, hat niemand von den Dreien und von den Mädchen verraten. Dieter und ich blieben dadurch unbehelligt. Dennoch hatten wir längere Zeit Angst, auch entdeckt zu werden. Wir nahmen uns einen Teil der Angst, indem wir uns gegenseitig versicherten, wir hätten ja nur völlig unschuldig die Telefonanlage verlegt. Das konnte doch nicht groß geahndet werden. Die Stimmung in der Klasse blieb den restlichen Vormittag und während der Rückfahrt nach Münster getrübt. Kein Lied wurde gesungen und jeder hing seinen eigenen Gedanken nach. Nach Wiederaufnahme des regulären Schulbetriebs gab es eine Aufarbeitung der Geschehnisse im Lehrerkollegium unter Leitung unseres Direktors. Die Schüler wurden nicht noch einmal vernommen, denn die Sachlage war eindeutig. Man hatte die »Täter« ja auf frischer Tat ertappt. Mehrheitlich stimmte die Lehrerkonferenz für einen Schulausschluss. Es kam aber nicht dazu. Die Eltern hatten in Gesuchen gebeten, die Schüler nicht von der Schule zu werfen und die Schule ließ es bei einem strengen Verweis.

Ferien in Möhra

Zwei Söhne meiner Großtante Maria wohnten in Möhra, einem kleinen Dorf in der Nähe von Bad Salzungen in Thüringen in der DDR. Meine Großmutter schickte mehrmals im Jahr Pakete zu den Verwandten mit Lebensmitteln und Sachen, die sie dort nicht bekamen. Den Kontakt hielt sie zudem durch regelmäßige Besuche einmal im Jahr aufrecht. Möhra ist bekannt als Geburtsort des Vaters von Martin Luther, der später aus dem Dorf nach Eisleben wegzog. Familien mit dem Namen Luther wohnen auch heute noch dort. Das Gedenken an die Familie Luther wird in Möhra hochgehalten. So steht vor der Kirche eine große bronzene Lutherstatue und es gibt eine Gendenktafel für den Vater Luther. Sonst hat das Dorf an Sehenswürdigkeiten nicht viel zu bieten. In den Sommerferien 1954 nahm Großmutter meine Mutter und mich zum Besuch bei den Verwandten mit. Nach unserer Ankunft steckte mir Großmutter hundert DDR-Mark zu, obwohl wir nur den Mindestbetrag 1:1 umgetauscht hatten. Sie legte den Finger auf den Mund und verpflichtet mich zur Geheimhaltung. Ich solle ja niemandem erzählen, dass sie in Essen Deutsche Mark zum damals günstigen Kurs von 1:7 gegen DDR-Geld eingetauscht hatte. Denn es war streng verboten, DDR-Geld nach Ostdeutschland einzuführen. Meine Großmutter war eine große Schmugglerin. Auf der Fahrt in den Osten versteckte sie die günstig eingetauschte Ostwährung an ihrem Körper und auf der Rückfahrt schmuggelte sie Kristallgläser aus thüringischer Produktion. Es blieb mir immer unklar, wie ihr das gelingen konnte. Mit den hundert DDR-Mark fühlte ich mich wie der König von Möhra. Im Dorf wohnten die Familien zweier Neffen meiner Großmutter. Sie wohnte bei der Familie des einen Neffen, wir bei der Familie des anderen Neffen. In beiden Familien gab es Kinder, die gleichaltrig mit mir oder einige Jahre älter waren. Der jüngste meiner entfernten Cousins hieß Bruno und war wie ich vierzehn Jahre alt. Alleine mit ihm unternahm ich jedoch nur gelegentlich etwas. Meist war ich mit den älteren Jungen, Erhard und Heinz unterwegs. Heinz war siebzehn Jahre und Erhard schon neunzehn Jahre alt. Damals rauchte ich Zigaretten der Marke Peer, die lange Sorte. Davon hatte ich eine ganze Stange in Essen gekauft und meinen Vettern als Geschenk mitgebracht. Die Freude über diese guten Zigaretten war groß, denn in der DDR gab es damals nur minderwertiges Kraut zu kaufen. Erhard und Heinz nahmen mich mit in die einzige Gastwirtschaft zum Kegeln und zum Biertrinken. Da ich groß und kräftig war und auch deutlich älter aussah, kam niemand im Dorf auf den Gedanken mir das Biertrinken in der Wirtschaft zu verbieten. Ganz im Gegensatz zu dem mit mir gleichaltrigen Bruno, der an den Gelagen nicht teilnehmen durfte. Das ausgeschenkte Bier war gewöhnungsbedürftig. Mir schmeckte es nicht, aber es gab nur diese eine Marke, sodass wir beim Konsum keine Wahl hatten. Entlang der Landstraßen zu den umliegenden Dörfern standen Obstbäume, die seit alters her von den Dorfbewohnern für ein Jahr gegen einen geringen Betrag gemietet und abgeerntet werden konnten. Im Jahr unseres Besuchs waren unter anderem einige Kirschbäume an die Familie von Bruno und Erhard vermietet. Bruno und ich machten uns auf den Weg, stiegen auf einen voll mit Süßkirschen behangenen Baum und schlugen uns mit den süßen Früchten die Mägen so voll, das wir abends nichts mehr essen konnten. Wir hatten ja keinen Auftrag die Kirschen zu ernten und mit nach Hause zu bringen. Nach dem Abendessen luden mich Heinz und Erhard zu einem Bier in die Dorfwirtschaft ein. Bruno durfte wegen seines jugendlichen Alters nicht mit. Wir tranken reichlich Bier mit der Folge, dass ich das erste Mal in meinem Leben betrunken wurde. Mir war so übel, dass ich alleine vorzeitig das Lokal verließ. Wie ich zum Haus der Verwandten gekommen bin, bei denen wir wohnten, weiß ich nicht mehr. Es war sehr spät am Abend und meine Gasteltern und meine Mutter schliefen schon. Ich vermied es, sie zu wecken, und benutzte den Hintereingang. Dazu musste ich um das Haus herum in den

Hof hinein, der von einem Holzzaun mit Tor eingefriedet war. Mein Magen spielte verrückt und der Brechreiz wurde so stark, dass ich mich über den Zaun lehnte und alles ausbrach. Nach dieser Erleichterung ging ich ins Bett und wachte erst spät am nächsten Morgen auf. Die Erwachsenen hatten von meiner abendlichen Sauftour und deren Folgen nichts mitbekommen. Mich interessierte, was ich denn am Zaun angestellt hatte. Immerhin ist Erbrochenes im Garten nicht ansehnlich, fällt auf und provoziert unangenehme Nachfragen. Unauffällig ging ich zu der Stelle, an der ich mich übergeben hatte. Was war zu sehen? Nur unverdaute Kirschen, die im Gemüsebeet lagen. Wer nicht danach suchte, hätte sie kaum entdeckt. Das Bier war versickert und anderer Mageninhalt war nicht festzustellen. Erleichtert ging ich ins Haus zurück, wo das Frühstück bereits wartete. Gegessen habe ich davon an diesem Tag nur sehr wenig. Den ersten Kater meines Lebens und das minderwertige Bier, das ihn verursacht hat, verdarben mir den Appetit.

Meine Vettern unternahmen sehr viel mit mir. Einmal fand ein Volksfest, so nannte man dort die Kirmes, in Bad Salzungen statt. Sie schlugen vor, es an einem Sonntag zu besuchen.

»Wie kommen wir dahin? Fahren wir mit dem Fahrrad oder haben wir eine Mitfahrgelegenheit«, erkundigte ich mich bei Erhard.

Er sah mich verständnislos an und antwortete: »Fahren? Wir gehen immer zu Fuß nach Bad Salzungen«.

Jetzt wunderte ich mich. Um von Möhra nach Salzungen zu gelangen, muss man von der Ebene zunächst einen langgestreckten Anstieg bewältigen, anschließend den Berg wieder hinuntergehen und hat dann noch eine Talwanderung vor sich. Und zurück mussten wir auch noch. Meine Vettern beruhigten mich und erklärten, dass es nur zehn Kilometer zu gehen seien und dass sie grundsätzlich nach Bad Salzungen zu Fuß gingen. Nun gut, ich war sportlich, traute mir diese Anstrengung zu und wollte bei den Dörflern nicht als Schlappschwanz gelten. Wir machten uns zu fünft auf den Weg und tatsächlich war die Anstrengung nicht übermäßig groß. Das sogenannte Volksfest war nichts anderes als eine große Kirmes wie ich sie von Essen kannte oder wie der Send, der in Münster auf dem Hindenburgplatz begangen wird. Freilich hatte das Volksfest bei weitem nicht die Größe des Münsteraner Sends. Aber es war alles vorhanden, was man bei solchen kleineren Festen erwartet. An einer Bude konnte man Ringe um Gegenstände werfen, die auf einem quadratischen Sockel standen. Wurde der Sockel vom Ring vollkommen umschlossen, so hatte man den darauf stehenden Gegenstand gewonnen. Ich als guter Werfer versuchte es mit fünf Ringen. Einer fiel um den Sockel, auf dem eine Hirschfigur stand. Meine Begleiter staunten und ich nahm die Figur mit. Da sie etwa 20 Zentimeter hoch und über 30 Zentimeter lang war, störte sie mich bei den weiteren Aktivitäten, aber ich mochte die glücklich errungene Figur nicht hergeben. Bei einem Fahrgeschäft mit den bekannten Elektroautos auf einer großen Fahrfläche beschlossen wir mitzumachen. Ich wollte auf ein freies Auto zulaufen, hatte aber noch den Hirsch in der Hand. Im Laufen fiel er mir aus der Hand und ein Teil des Geweihs brach ab. Aus der umliegenden Menge ließ sich ein vielstimmiges bedauerndes »Ooh« vernehmen. Ich lief zurück zum Unfallort und sammelte den Hirsch und das abgebrochene Geweihstück ein. Zuhause habe ich es angeklebt und mich erinnerte danach die Figur immer mal wieder an mein Missgeschick auf dem Volksfest in Bad Salzungen. Auf eine Fahrt mit dem Autoscooter habe ich damals übrigens verzichtet. Zum ersten Mal in meinem Leben sah ich auf dem Volksfest russische Soldaten in Uniform, die sich unter die Besucher gemischt hatten. Junge Leute, die ihren Spaß haben wollten. Das gelang ihnen aber nicht, denn die deutschen Besucher grenzten sich sehr von ihnen ab. Mir fiel das auf und ich hinterfragte die Spannung, die förmlich zu spüren war. Meine Begleiter erklärten mir, dass die Bevölkerung sich sehr von den russischen Soldaten fernhielt. Man wollte möglichst keinen Kontakt mit ihnen haben und ging ihnen aus dem Weg. Angst mag mit im Spiel gewesen sein, aber vor allem der Raubbau, den die Russen in den thüringischen Wäldern anrichteten. Am nächsten Tag zeigte mir Erhard Berge des Thüringer Waldes, deren Hänge vollkommen abgeholzt waren. Die Baumstämme gingen als Reparationsleistungen, auf Güterwagen verladen, mit der Eisenbahn als Grubenholz in russische Kohlenreviere. Auch in Westdeutschland hatten die Besatzungsmächte versucht, ganze Fabrikanlagen als Kriegsentschädigungen zu demontieren, z.B. bei Krupp in Essen. Die Arbeiter sabotierten in fast allen Werken die Demontage und die Westmächte hatten letztlich ihr Vorhaben schon 1950 aufgegeben. Die Sowjetunion jedoch bestand in ihrem Besatzungsgebiet auf Reparationsleistungen. Verständlich, dass dies die

Bevölkerung gegen sie aufbrachte. Russen hin oder her, wir amüsierten uns auf dem Volksfest und auch ich konnte meine Vettern zu so manchem Vergnügen dank der großzügigen Spende meiner Großmutter einladen. Spät am Abend machten wir uns auf den Heimweg nach Möhra. Wir hatten uns viel zu erzählen und der Weg wurde uns nicht lang.

Alle vierzehn Tage kam ein mobiler Filmvorführer ins Dorf und präsentierte im großen Saal des Wirtshauses meist ältere Filme. Diese Abwechslung ließ sich kaum jemand von den jüngeren Dorfbewohnern entgehen und auch die älteren kamen recht zahlreich. Jedes Mal war der Saal zum Bersten gefüllt. Einmal stand die Vorführung eines Filmes an, der erst ab Sechzehn zugelassen war. An den Titel kann ich mich nicht mehr erinnern. Obwohl erst vierzehn kaufte ich zusammen mit meinen Vettern Eintrittskarten. Ich wurde ohne Beanstandungen eingelassen. Nicht so mein siebzehnjähriger Vetter Heinz, der jünger wirkte. Der Kartenabreißer ließ ihn erst ein, als er seinen Ausweis vorgelegte. Wir, die wir mein Alter kannten, amüsierten uns in dieser Situation köstlich. Meine Vettern gestalteten mir den Aufenthalt in ihrem Dorf so abwechslungsreich wie nur eben möglich. Eine landschaftliche Attraktion in der weiteren Umgebung ist ein verlandeter See mit einer schwimmenden Insel. Erhard, Heinz und Bruno meinten, den See und die geheimnisvolle schwimmende Insel, die man betreten könne, müsse ich unbedingt sehen. Wir fuhren an einem schönen warmen Sommertag zu diesem See, entledigten uns unserer Schuhe und Strümpfe und zogen die Hosenbeine bis über die Knie hoch. So gerüstet wateten wir durch den knietiefen See und versanken immer mal wieder im moorigen Untergrund. Auf der Insel selbst sank man nicht mehr ein. Sie besteht aus festem Land, schwimmt aber auf dem See und befindet sich manchmal mitten im See, manchmal auch in Nähe der Ufer. Als wir sie besuchten, hatten wir Glück. Die schwimmende Insel lag nur etwa 30 Meter vom Ufer entfernt.

Ich fand die als Naturwunder beschriebene schwimmende Insel nicht besonders interessant und den moorigen See ebenfalls nicht. Brachte das jedoch nicht zum Ausdruck. Meine Vettern hatten es gut gemeint und wollten mir eine Freude machen. Unsere Ferien in Möhra fielen in die Erntezeit. Die Verwandten hatten keine Äcker und Wiesen und auch kein Vieh, sondern nur Gemüsegärten. Sie mussten im Gegensatz zur

Mehrheit der Dorfbevölkerung kein Korn abmähen, halfen aber den Nachbarn beim Dreschen. Das Korn wurde zentral auf dem Hof eines Bauern im Kern des Dorfes in einer, wie es mir schien, riesigen Anlage gedroschen. Die arbeitsfähigen Männer, Frauen, Jungen und Mädchen waren auf den Beinen und arbeiteten bei der Dreschaktion mit. Von den Feldern kamen nach einem zuvor festgelegten Zeitplan voll mit gemähten Kornähren beladene Leiterwagen an. Die einzelnen Garben schob man in den Zulauf der Dreschmaschine und hinten verließ das Korn, schon abgepackt in Säcke, die Anlage. Überall auf und um die Dreschanlage herum arbeiteten Menschen bis spät in die Nacht. Endlich war die letzte Fuhre gedroschen und auch die letzten Arbeitenden gingen nach Hause.

Am Wochenende nach dem gemeinschaftlichen Korndreschen gab es abends eine große Tanzveranstaltung im Saal des Wirtshauses. Für die jungen Männer und Mädchen eine willkommene Gelegenheit sich näherzukommen. Die Gelegenheit wurde weidlich ausgenutzt. Sah man doch in vielen dunklen Ecken um das Wirtshaus herum Pärchen stehen, die mit sich selbst beschäftigt waren. So manche Liebe wird in dieser Nacht ihre Erfüllung gefunden haben. Ich sah mir das alles an, ohne selbst aktiv zu werden.

Bei beginnender Dämmerung sah man fast an jedem Abend Jungen und Mädchen jeweils für sich in Gruppen zusammenstehen. Der Ortskern ist übersichtlich klein und so sah man sich, machte aber kaum etwas gemeinsam.

Einer von uns Jungen kam auf eine verrückte Idee: »Wollen wir nicht die Finger mit Ruß schwärzen, unverfänglich auf die Mädchen zugehen und ihre Gesichter rußig machen?«

Der Vorschlag fand ungeteilte Zustimmung. Erhard und Bruno wohnten direkt am Lutherplatz vor der Kirche. Wir befanden uns ganz in der Nähe und schwärzten unsere Hände dort am Kohleofen mit Ruß. Nicht nur die Fingerkuppen, sondern die ganze Innenfläche der Hand. So präpariert traten wir aus dem Haus auf die Straße und näherten uns der Mädchengruppe. Bevor diese bemerkten, was wir vorhatten, erreichten wir sie und patschten ihnen mit den Händen den Ruß ins Gesicht. Schreiend liefen sie davon. Wir hinterher, um sie noch rußiger zu schwärzen. Das gelang uns aber nicht, da sie in die umliegenden Häuser flüchteten. Ich habe unseren Aufenthalt in Möhra sehr genossen, kann mich an viele Erlebnisse erinnern und die Bilder bleiben noch immer in meinem Gedächtnis gespeichert.

Masematte

In Münster wuchsen wir damals mit Relikten einer Sprache auf, die eigenartige Wörter enthielt, obwohl wir uns dessen nicht bewusst waren. Uns war bekannt, dass man diese Sprache als Masematte bezeichnete, aber über ihre Herkunft haben wir uns keine Gedanken gemacht. Den Wortschatz dieser Sprache gebrauchten wir ganz selbstverständlich. Ein großer Hund hieß Keilof ein kleiner Juchelo und kläffte er ständig, so war es eine Töle. Fahrräder kannten wir nicht, sondern nur Leetzen. Das Anim war die Freundin und Kinder hießen nur Koten. Ein Haus nannten wir Beis und kam einer aus dem Vorort Kinderhaus, so war der aus Kotenbeis. War jemand gestorben, so sagten wir ‚er ist mulo'. Das Wort verwendeten wir auch, wenn wir vom Spielen oder vom Sport körperlich vollkommen erschöpft waren. Gut und schlecht gebrauchten wir in unserer Sprache nicht, sondern nur jovel und schofel. Hatte ein Mädchen einen wohlgeformten Hintern so hieß es ‚Die Ische hat aber `nen toften Tokus'. Waren wir mit den Leetzen unterwegs und beschleunigte einer das Tempo, sodass wir kaum mitkommen konnten, riefen wir: »Pees nicht so.« Schickte mich meine Mutter zum Metzger um Fleisch zu kaufen, so ging ich zum Katzow und holte Bose oder Pose. Wir aßen nicht, sondern wir achielten und der Fußball zum Flemmen hieß nur Asse. Beim Flemmen stand der Kipper im Tor. War es im Sommer sehr heiß, so herrschte eine fast unerträgliche Kamine und wir gingen ins Freibad oder in der Ems plümpsen. Bei Meimelatur blieben wir Zuhause, denn es regnete. Ein »Ja« kam uns selten über die Lippen. Das Wort hieß bei uns emmes. Die Zahlen eins bis fünf auf Masematte sind: olf, bes, kimmel, dollar und hei. Folgerichtig war ein Fünfmarkstück ein Heiermann, für den sich ein Raucher jede Menge Fluppen kaufen konnte. Zehn heißt jut und 11 und 12 wird mit jut gebildet, also heißen diese Zahlen jut olf und jut bes. Gab es zu Hause Ärger, so hatten wir Brassel oder Bambonum am Hals. Mit der Mispel wollten wir nichts zu tun haben, handelte es sich doch um die Polizei im Allgemeinen oder um einen einzelnen Polizisten. Hatten wir Brand (Durst), so holten wir uns eine

Finne (Glas) mit pani (Wasser) und schickerten daraus. Manchmal gab es auf der Sentruper Höhe zwischen verfeindeten Gruppen körperliche Auseinandersetzungen. Bei dieser Mackelei gab es Makeime und manchmal floss auch Meilach. Meistens hatten wir dabei Massel und gingen als Sieger aus dem Gefecht hervor. Machte jemand verrückte Sachen, so war er nerbelo. Abends gingen wir in die Poofe, machten die Röllekes zu und firchten.

In Münster gibt es als zweitälteste Kirche die Überwasserkirche. Der Name drückt aus, dass man zu diesem katholischen Gotteshaus vom Dom aus gelangt, wenn man über die Aa – also über das Wasser – geht. Da man in der Kirche einsame Gebete manchmal leise vor sich hinspricht, also murmelt, wird das Wort für Kirche in Masematte sehr wortschöpferisch aus der Bezeichnung murmeln und Haus gebildet. Es lautet ‚Murmelbeis'. Daraus ergibt sich die Bezeichnung für die Überwasserkirche zu ‚Transpanimurmelbeis'.

Wir fragten nicht: »Wieviel Uhr ist es«, sondern »Wat schmust der Osning«. Die Hühner legten Jarikken und wenn jemand etwas versaute, so hatte er es vermasselt. Zum Test der Kenntnisse in Masematte hier der Wortlaut einer kleinen Lebensweisheit: »Olf schofeles Jarikken vermasselt die ganze Achile.« Was heißt das wohl auf Hochdeutsch? Alle zur Übersetzung benötigten Worte finden sich im vorhergehenden Text.

Unser Klassenbester konnte ganze Gedichte in Masematte aufsagen. Soweit habe ich es nicht gebracht. In hohem Alter lernte ich, dass es sich bei der Masematte um eine Sprache des fahrenden Volkes handelte, die Elemente aus dem Rotwelsch, des Jiddischen und der Sprache der Sinti enthält. Im 19. Jahrhundert kam die Sprache nach Münster und wurde dort in einigen Stadtbezirken heimisch. Heute wird sie kaum mehr gesprochen, aber die Wissenschaft hat sich ihrer angenommen. So gibt es an der Universität in Münster einen eigenen Lehrstuhl für Masematte, an dem an der Vervollständigung des Wortschatzes, wie er in früherer Zeit gesprochen wurde, gearbeitet wird und für Worte des Hochdeutschen, die es damals nicht gab, Masematteausdrücke gesucht werden.

Bei einer Rundreise durch Indien vor einigen Jahren hörte ich im Zusammenhang mit Mineralwasserflaschen, die man vom Beifahrer kaufen konnte, häufiger das Wort ‚pani'. Mich erinnerte es sofort an meine Jugendzeit in Münster. Ich sprach den Reiseleiter darauf an und der bestätigte, dass pani in der Hindusprache Wasser bedeutet. Ich sagte zu ihm: »Dort, wo ich groß geworden bin, sagen wir auch pani, wenn wir Wasser meinen«.

Er war sehr erstaunt und gemeinsam versuchten wir herauszufinden, wie dieses Wort nach Westfalen gekommen sein könne. Da Hindi die Sprache der Sinti aus Indien ist, wird pani wohl den langen Weg zu uns mit den Wanderungen der Sinti nach Europa gemacht haben.

Sportliche Aktivitäten

Die meisten Schüler meiner Klasse waren ausgesprochen sportlich. Sie waren Mitglieder in Sportvereinen und spielten dort Handball, Fußball, betätigten sich in der Leichtathletik oder waren gute Schwimmer. Kurt gewann fast jedes Jahr die Stadtmeisterschaft im Kraulen in seiner Jahrgangsklasse. Meine sportliche Laufbahn begann mit Basketball im CVJM. So richtig Spaß hat mir diese Sportart aber nie gemacht. Zumindest zu meiner Zeit ahndete der Schiedsrichter jede noch so geringe Berührung des Gegners. Dieser angeblich so körperlose Sport befriedigte mich nicht und so sah ich mich nach anderen Sportarten um. Einige meiner Klassenkameraden waren in Sportvereinen und gaben sich dort dem Handballspiel hin, damals der bevorzugten Mannschaftssportart in Münster. Eines Tages sprach ich mit meinem Klassenkameraden Werner über die Suche nach einer anderen Sportart. Er spielte Handball beim Postsportverein, und da er manchmal alleine mit seinem Trainer auf einem Sportplatz am Schifffahrter Damm trainierte, lud er mich ein, doch mal mitzukommen. Der Schifffahrter Damm liegt ganz im Osten Münsters, entgegengesetzt von der Sentruper Höhe im Westen. Der lange Weg dahin machte mir aber nichts aus, da wir eh viel von unserer Freizeit auf dem Rad verbrachten. Ich fuhr also hin und wir warfen mit dem Handball auf ein Tor. Schließlich gilt es bei dem Spiel ja, möglichst viele Tore zu erzielen. Damals spielten wir Feldhandball auf einem normalen Fußballfeld, das für das Handballspiel besonders abgekreidet wurde. Beim Feldhandball gibt es in 13 Meter Entfernung einen halbkreisförmigen Wurfkreis um das Tor herum, der nicht betreten werden darf. Davor liegt in 19 Metern Entfernung parallel zum Wurfkreis ein Kreis, der bei Freiwürfen die Grenze bildet, die man nicht übertreten darf. Der Strafwurf wird von einer kurzen, mittig zum Tor im Abstand von 14 Metern angeordneten Linie ausgeführt. Der heute nur noch gespielte Hallenhandball kam erst einige Jahre später auf. Wir warfen aus verschiedenen Entfernungen und Positionen auf das Tor. Der Trainer stand im Tor und versuchte unsere Würfe abzuwehren. Ich konnte schon damals präzise und weit werfen. Bei den Bundesjugendspielen gewann ich häufig den Schlagballweitwurf. Beim 100 Meterlauf und beim Weitsprung rangierte ich jedoch unter ferner liefen. Immerhin reichte die Gesamtpunktzahl jedes Jahr zur Verleihung einer Siegerurkunde aus. In späteren Jahren auch, als das Kugelstoßen den Schlagballweitwurf ersetzte. Die Würfe von Werner konnte der Jugendtrainer meist parieren. Bei meinen gelang ihm das seltener. Um mich weiter zu testen, bat er mich, von der Eckfahne aus auf das Tor zu werfen. Ein sehr schwerer Wurf parallel zur Torauslinie, bei dem man den Handball kaum direkt im Tor versenken kann. Meist streicht er am Tor vorbei oder darüber. Solch einen Wurf hatte ich im Sportunterricht bisher nicht versucht, geschweige denn geübt. Heute warf ich so präzise, dass sich der Ball in die hintere obere Ecke des Tores senkte. Dieter, der Trainer war bass erstaunt. Damit hatte er nicht gerechnet, denn solch ein Tor fällt nur äußerst selten. Dass es einem zwölfjährigen Jungen gelingt, tat er als Zufall ab, forderte mich aber auf, es nochmals zu versuchen. Es gelang mir bei etwa einem Viertel der Würfe den Ball auf die gleiche Weise ins Tor zu werfen. Dieter kam aus dem Staunen nicht heraus und fragte mich, ob ich nicht in der C-Jugend des Postsportvereins Handball spielen wolle. Meine Erfolge bei den Würfen hatten mich in eine euphorische Stimmung versetzt, sodass ich hocherfreut zustimmte. Auf solch ein Angebot hatte ich insgeheim gewartet.

Zweimal in der Woche gingen wir zum Handballtraining auf den Sportplatz von Adler Münster, da der Postsportverein noch nicht über einen eigenen Sportplatz verfügte. Der Platz liegt am Rande der Münsteraner Innenstadt am Bohlweg, direkt an der Eisenbahnlinie die zum Hauptbahnhof führt. Es war kein Rasenplatz, sondern ein Aschenplatz mit einem Belag aus roten, recht groben Körnern. Fiel man hin, so verursachte das meist grobe Schrammen an den Beinen und Händen. Inzwischen war ich in den Postsportverein eingetreten und nahm regelmäßig am Training der C-Jugend teil. In der Mannschaft spielen durfte ich noch nicht. Dazu reichten meine handballerischen Fähigkeiten anfänglich nicht aus. Aber ich brannte darauf, bei Punktespielen mit der Mannschaft aufzulaufen und löcherte den Trainer mit diesem Wunsch. Nach einigen Wochen meinte er nach unserem Donnerstagtraining, es mit mir am nächsten Samstag versuchen zu können. Ich bekam ein eigens Trikot. Die C- und B-Jugend des Vereins trug gelbe Trikots mit einem runden Emblem des Postsportvereins auf der linken Brust. Dazu bekam ich gelbe Stutzen. Vervollständigt wurde die Sportkleidung durch eine schwarze Turnhose, die sich jeder selber besorgen musste. Wir liefen also bei den Spielen in Gelb-Schwarz auf.

Ich fieberte dem Samstag entgegen. Glücklicherweise war nur noch der Freitag zu überstehen. Unser Spiel begann am Samstag um 11 Uhr. Weit vor der Zeit traf ich mit dem Fahrrad am Sportplatz ein. Noch sah ich niemanden und die Umkleideräume waren verschlossen. Einige Zeit später trudelten die ersten Spieler meiner Mannschaft, die ich alle vom Training kannte, und der Trainer ein, der die Schlüssel zu den Umkleideräumen bei sich trug. Ich zog mich um und reihte mich voller Stolz in den Kreis meiner Mannschaft ein. In der C-Jugend spielt man mit zwölf und dreizehn Jahren. Mit Vierzehn kommt man in die B-Jugend und mit Sechzehn in die A-Jugend. Jenseits der Achtzehn spielt man dann schließlich bei den Senioren. Der Mannschaftsführer ließ uns in Reihe antreten und dann liefen wir gemeinsam mit unseren Gegnern von der Seite des Platzes zur Mittellinie, auf deren beiden Seiten wir uns, Angesicht zu Angesicht, aufstellten.

Es folgte die Begrüßung mit immer demselben Spruch, der bei uns hieß: »Wir begrüßen unseren Gegner mit einem dreifachen Zack-Bumm, Zack-Bumm, Zack-Bumm.« Dabei rief der Mannschaftsführer »Zack« und die Mannschaft ergänzte lautstark »Bumm«.

Nach der Begrüßung nahmen wir unsere Positionen auf dem Spielfeld ein. Feldhandball spielt man wie Fußball mit elf Spielern. Das Spielfeld ist in Längsrichtung in drei gleich große Zonen unterteilt. In den beiden Endzonen vor den Toren dürfen sich nur jeweils sechs Feldspieler jeder Mannschaft aufhalten. Man hat diese Regelung eingeführt, damit vor den Toren kein allzu großes Gedränge entsteht. Mich hatte man auf die linke Verteidigerposition beordert. Neulinge beginnen meist in der Verteidigung, da sie dort am wenigsten Unheil anrichten können. Mir war das bewusst. Doch ich fand mich mit der minderwertigen Position ab und war froh, überhaupt in der Mannschaft spielen zu dürfen.

Wie bei den Senioren war die Spielzeit in zwei Halbzeiten unterteilt, die jeweils 30 Minuten dauerten. Nach der zehnminütigen Halbzeitpause wechselt man die Seiten. Unsere Mannschaft verfügte über gute Stürmer und so fand das Spiel an diesem Samstagvormittag vorwiegend im Drittel der gegnerischen Mannschaft statt. Bei gelegentlichen Angriffen auf unser Tor musste ich mehrfach eingreifen. Da ich recht robust war, gelang es den gegnerischen Spielern meist nicht, an mir vorbei und frei zum Wurf zu kommen. Nach 60 Minuten Spielzeit hatten wir das Spiel mit einem deutlichen Torunterschied gewonnen.

Der Trainer kam zu mir und lobte mich: »Für das erste Mal hast du ganz ordentlich gespielt. Ich hatte auch nichts anderes erwartet. Wenn du weiter gut trainierst, wirst du bald einen Stammplatz in der Mannschaft haben und kannst jeden Samstag spielen«.

Das Lob ging mir runter wie Öl. Tatsächlich habe ich danach an jedem Spiel unserer Mannschaft teilgenommen. In der C-Jugend fast immer als linker Verteidiger. In der B-Jugend spielte ich im Mittelfeld, da ich weit werfen konnte. Bei dem großen Spielfeld waren weite Würfe, mit denen die Stürmer angespielt werden konnten, sehr vorteilhaft. Etwa 1955 kam das Hallenhandballspiel auf. Wir trainierten wegen der geringen Anzahl von Hallen meist auf einem entsprechend kleinen Feld auf dem großen Sportplatz. Die Punktspiele absolvierten wir jedoch in den wenigen Hallen, die es damals in Münster gab. Im Sommer spielten wir weiterhin Feldhandball; nur im Winterhalbjahr Hallenhandball. Unsere Liebe gehörte weiterhin dem Feldhandball. Wir waren an der frischen Luft, konnten weite Würfe machen und die Torwartparaden in den großen Toren waren für uns und die Zuschauer immer ein Erlebnis. Nur langsam gewöhnten wir uns an den deutlich schnelleren Hallenhandball. Das Training wurde angepasst, denn in der Halle kommt es vorwiegend auf Schnelligkeit und Sprungkraft an, die beim Feldhandball wegen der größeren Entfernung zum Tor weniger ausschlaggebend ist. Erste Erfolge stellten sich bei den Handballmannschaften des Postsportvereins auch im Hallenhandball ein. Besonders erfolgreich war unsere A-Jugend. Das Niveau unserer B-Jugend, in der ich noch spielte, war weitaus niedriger. Allerdings hatten wir einige gute Leute, die manchmal in der Mannschaft der A-Jugend als Auswechselspieler eingesetzt wurden. Zu dieser Gruppe gehörte auch ich. Einmal nahm unsere A-Jugend an einem Hallenturnier mit vier Mannschaften teil, das im Palladium ausgerichtet wurde. Das Palladium war die Sporthalle der Universität, in der wir regelmäßig einmal in der Woche abends für einige Stunden trainieren konnten. Für das Turnier war auch ich aufgestellt worden. Allerdings sollte ich mir keine große Hoffnung auf eine lange Einsatzzeit machen, teilte mir unser Trainer mit. Die Spieler der A-Jugend wären stark und brauchten meine Unterstützung kaum. Aber ich sollte mit meinen fünfzehn Jahren schon mal in eine höhere Klasse hineinschnuppern. So saß ich lange Zeit am Spielfeldrand und wartete auf meinen möglichen Einsatz. Endlich war es soweit. Der Trainer wechselte mich ein. Die ersten Spielzüge verliefen für mich recht erfolgreich, sodass ich länger als geplant auf dem Spielfeld bleiben durfte. Bei einem Vorstoß auf das gegnerische Tor war ich mit nach vorne gelaufen und bekam den Ball, mit dem Rücken zum Wurfkreis stehend, zugespielt. Ich fing den Ball, drehte mich zum Tor, und mit einem Fallwurf landete der Ball in der unteren rechten Torecke. Ich fühlte mich bei den Großen angekommen und hatte ein Tor zum Unentschieden gegen eine gute Mannschaft beigetragen. Sporadisch durfte ich auch später noch in der A-Jugend aushelfen, wenn diese in der Halle spielte. Beim Feldhandball setzte mich der Trainer in dieser Mannschaft aber nie ein, obwohl ich mir das so gewünscht hatte.

Alle Mannschaften des Postsportvereins hatten im Vergleich zu anderen Vereinen einen großen Vorteil: Zu den Auswärtsspielen in den umliegenden Städten und Dörfern des Münsterlandes fuhren wir mit Bussen der Post, die man dem Verein kostenlos zur Verfügung stellte. Zu den Spielen bei den Vereinen aus Münster kamen wir auf eigene Faust mit dem Fahrrad. Aber es gab auch Auswärtsspiele in Warendorf, Drensteinfurt, Greven und Ladbergen, die für uns mit dem Fahrrad nicht ohne Konditionsverlust zu erreichen waren. Sehr vorsichtig mussten wir bei den Spielen in Ladbergen sein. Die dortigen Jungen waren nicht nur für eine raue Gangart in den Spielen, sondern auch außerhalb des Spielfelds bekannt. Es hieß also aufzupassen, um nicht eine Schlägerei zu provozieren. Unrühmliche Beispiele aus den vergangenen Jahren gab es dazu reichlich. Das Dorf Ladbergen verfügte in allen Jugendklassen und auch bei den Senioren über sehr starke Mannschaften, die den Handball in Nordwestfalen dominierten. Mit einer ungewöhnlich hohen Zuschauerzahl war die Unterstützung der Mannschaften bei Heimspielen in Ladbergen für jede auswärtige Mannschaft eine große Herausforderung. Wegen der Stärke der Ladbergener Mannschaft ist es uns nie gelungen, dort zu gewinnen. Wir trösteten uns damit, dass wir dieses Schicksal mit vielen anderen Mannschaften teilten. Einen freundschaftlichen Kontakt zu Ladberger Mannschaften hat es mit Münsteraner Mannschaften meines Wissens nie gegeben. Vielleicht lag das daran, dass die Bevölkerung Ladbergens fast ausschließlich evangelischen Glaubens war, während in den Vereinen aus Münster die Katholiken überwogen. Der Hauptgrund wird wohl in der Kluft zwischen der Landbevölkerung und der Stadtbevölkerung zu sehen sein. Darüber hinaus gibt es in der Gegend von Ladbergen hauptsächlich sandiges, schlechtes Ackerland, das über Jahrhunderte den Bauern gerade so eben das Überleben sicherte. Das daraus resultierende sehr alte überlieferte Minderwertigkeitsgefühl gegenüber der aus ihrer Sicht wohlhabenden Stadtbevölkerung war damals noch nicht ganz verschwunden und löste Aggressionen aus, die sich bis auf das Handballfeld ausdehnten.

Bei unseren Fahrten mit den Postbussen zu den Auswärtsspielen ging es immer recht fröhlich zu. Wir stimmten unsere Schlachtgesänge an und sangen bekannte, manchmal auch anzügliche Lieder. Beliebt waren zum Beispiel die einige Strophen von »Heba Briba«. Ein Einzelner stimmt eine anzügliche oder lustige Strophe an und alle zusammen singen danach den Refrain »Say heba briba, heba briba, yes my baby now«. Einige Strophen lauten:

Auf der alten Gartenmauer steckt der Frack von Adenauer.
Say Heba briba, heba briba, yes my baby now.

Father in the Kahn, Mother in the Kahn, Kinder klauen Kohlen bei der Bundesbahn.
Say heba briba, heba briba, yes my baby now.

Mother in the bed, Father in the bed, Kinder liegen im Kohlenkasten knabbern am Brikett.
Say heba briba, heba briba, yes my baby now.

Die Ente sprach zum Enterich: »Nein überm Wasser tun' wir's nicht. Say heba briba, heba briba, yes my baby now.

So in Stimmung gebracht, machte das Handballspielen noch mehr Spaß. Auf der Rückfahrt ging es je nach Ausgang des Spiels – gewonnen oder verloren – weiter.

Als ich sechzehn geworden war kam ich in die A-Jugend und traf dort viele ältere Jungen wieder, die zuvor mit mir in der B-Jugend gespielt hatten. Bei einer Jahresversammlung der A-Jugend-Mannschaft wählte man mich auf Vorschlag des Trainers zum Mannschaftsführer. Obwohl es ältere Spieler gab, machte mir niemand diese Position streitig. Zur Vorbereitung unserer Spiele musste ich zusammen mit dem Trainer die Aufstellung festlegen und dann mit vorgedruckten Postkarten die Spieler einladen. Schließlich mussten die Mannschaftskameraden je wissen, wo und wann wir zu spielen hatten.

Einmal im Jahr gab es einen großen sportlichen, leichtathletisch angelegten Wettbewerb zwischen allen Handballvereinen Münsters. Sämtliche Spieler der Mannschaft hatten an einem Dreikampf aus 100m-Lauf, Weitsprung und Handballweitwurf teilzunehmen. Weit werfen war meine große Stärke, über die beiden anderen Disziplinen spreche ich nur ungern. Die Mannschaften wurden in drei Gruppen eingeteilt, die in unterschiedlicher Reihenfolge die Disziplinen zu absolvieren hatten. In dem Jahr, an das ich mich erinnere, fand die Veranstaltung auf dem Gelände des Eisenbahn-Sportvereins statt. Dort gab es ein Stadion mit Laufbahn, Weitsprunggruben und einen Rasenplatz für den Handballweitwurf. Die Gruppe, der wir zugeordnet waren, startete in der Reihenfolge Weitsprung, Laufen und Handballweitwurf. Zu unserer Mannschaft gehörte ein mittelprächtiger Handballer, der ein sehr guter Hundertmeterläufer und Weitspringer war. Nur weit werfen konnte er nicht. Da kamen einige von uns auf die Idee, dass ich unter seinem Namen beim Handballweitwurf antreten sollte und er unter meinem. Die Absprache blieb in einem engen Kreis von nur vier Spielern unserer Mannschaft. Wie wir erwartet hatten, waren seine Ergebnisse im 100-Meterlauf und im Weitsprung vielversprechend, während ich wieder einmal schlecht abschnitt. Wie beschlossen, startete ich beim Handballweitwurf unter seinem Namen. Nach drei Versuchen hatte ich mit 92 Metern unter seinem Namen eine der besten Tagesweiten geworfen, wie sich später herausstellte. In der Endabrechnung belegte unser Mannschaftskamerad den zweiten Platz unter mehreren hundert Teilnehmern. Meinen offiziellen Platz in der Reihenfolge wollte ich gar nicht wissen und habe daraufhin die Ergebnislisten nicht durchgesehen. Ich konnte mir ja denken, dass ich mit den miesen Ergebnissen ganz am Ende zu finden war. Was wir in unserem Übermut gemacht hatten, war hochgradig unsportlich und ich glaube, unser Mannschaftskamerad konnte sich über seinen zweiten Platz auch nicht freuen. Der zweite Platz war nicht fair errungen. Das wussten aber nur wir vier Eingeweihten. Bei der Siegerehrung verhielt sich unser zweiter Sieger merkwürdig still. Unerklärlich für die anderen Anwesenden. Den Schwindel haben wir nie aufgedeckt. So bleibt unser Mannschaftskamerad für immer in den Annalen des Handballsportbundes Münster für dieses Jahr an vorderer Stelle. Ich werde mich hüten, das Jahr des Betrugs und die Namen der Beteiligten zu nennen. Sie werden sich wohl in gleicher Weise verhalten haben. Ein schaler Beigeschmack bleibt. Gilt doch weiterhin die alte Spruchweisheit: Unrecht Gut gedeiht nicht gut.

Einmal erhielt ich die Einladung, an einer Leichtathletikveranstaltung der DJK Borussia Münster als Besucher teilzunehmen. Da einige Freunde daran beteiligt waren, nahm ich die Einladung an. Besonders interessierten mich die Wurf- und Kugelstoßwettbewerbe. Als ich den Kugelstoßern bei ihrem Wettbewerb zusah, kam ein Trainer auf mich zu und fragte: »Willst du nicht auch mal stoßen? Ganz außerhalb der Konkurrenz«.

Das ließ ich mir nicht zweimal sagen. Obwohl ich keine Sportschuhe trug und auch sonst nicht für sportliche Aktivitäten gekleidet war, nahm ich die Kugel und stieß sie so weit ich konnte.

»Du hast Talent«, sprach der Trainer zu mir und fuhr fort: »Wenn du willst, machen wir aus dir einen sehr guten Kugelstoßer.«

»Aber ich spiele schon Handball im Postsportverein«, gab ich zu bedenken.

»Das macht doch nichts. Soviel ich weiß, hat euer Verein keine Leichtathletikabteilung. Das Kugelstoßen kannst du dann doch bei uns trainieren«, beharrte der Trainer.

»Dazu müsste ich aber in die DJK Borussia eintreten«, blieb ich stur.

»Das schon, aber wir würden dich sofort aufnehmen«, machte mir der Trainer die Sache schmackhaft.

»Ach nein, ich will mich lieber auf den Handball konzentrieren«, beendete ich das Gespräch und wandte mich ab.

Liebend gerne hätte ich sein Angebot angenommen. Warum habe ich es nicht getan? Die DJK-Vereine gehören dem katholischen Sportverband an. Ich war gerade vor einem Jahr konfirmiert worden, ging jeden Sonntag zum Gottesdienst und wollte nicht Mitglied eines katholischen Vereins werden. Wäre das Angebot einige Monate später gekommen, hätte ich es allerdings aus Ärger über den Pastor, der mich konfirmiert hatte, angenommen. Was war geschehen? In der B-Jugend spielten wir immer am Samstagvormittag. Jetzt in der A-Jugend fanden die Spiele am Sonntag statt. Das brachte mich in Terminschwierigkeiten. Wollte ich den Gottesdienst weiterhin besuchen und rechtzeitig zum Handballspiel erscheinen, so musste ich mit Sportkleidung in die Kirche gehen. Zeit zum Umziehen hatte ich nicht mehr. Sofort nach Ende des Gottesdienstes galt es, schnell mit dem Fahrrad zum jeweiligen Spielort zu fahren. Am ersten Sonntag unter diesen Randbedingungen ging ich umgezogen im Trainingsanzug zur Kirche und setzte mich in eine der letzten Reihen. Mir war bewusst, dass meine Kleidung nicht der Etikette des sonntäglichen Gottesdienstes entsprach. Der Gottesdienst der Gemeinde fand damals, in Ermanglung einer eigenen Kirche, in einem Saal des Martin-Luther-Hauses statt, der zu diesem Zweck kirchenähnlich hergerichtet war. Mit Altarbereich, Taufbecken und erhöhter Kanzel. Es war üblich, dass der Pastor von dort predigte. Den ersten Teil des Gottesdienstes zelebrierte er allerdings vom Altar aus. Noch war ich ihm nicht aufgefallen, da er mich hinter den vielen Menschen von seinem Standort vorne am Altar nicht ausmachen konnte. Unwohl fühlte ich mich schon, aber negatives Verhalten der um mich herum sitzenden und stehenden Gemeindemitglieder bemerkte ich nicht. Sie nahmen anscheinend keinen Anstoß an meiner Kleidung. Ganz anders als der Pastor, der zur Predigt auf die Kanzel gestiegen war. Er sah über die versammelte Gemeinde und erblickte mich. Von weitem konnte ich seinen Gesichtsausdruck nicht erkennen. Nur die kurze Pause, die er vor Beginn seiner Predigt einlegte, fiel auf. Ich weiß nicht, über welches Thema er ursprünglich seine Predigt halten wollte. Jedenfalls predigte er mit scharfen Worten über die Kleiderordnung bei Gottesdienstbesuchen. Dabei sah er mich scharf an. Er hatte mich als einen der Konfirmanden des letzten Jahrgangs erkannt. Meinen Aufzug wollte er sich wohl nicht bieten lassen und rügte mich mit den Worten seiner Predigt, obwohl sie allgemein gehalten waren, vor der ganzen Gemeinde. Freilich bemerkten das nur die Menschen in meiner unmittelbaren Umgebung, da nur die gesehen hatten, wie ich gekleidet war. Die anderen werden sich über den Inhalt der Predigt gewundert haben, ohne sie in Verbindung mit einem Anwesenden zu bringen. Ich fühlte, wie mir die Röte ins Gesicht schoss. Am liebsten hätte ich mich unsichtbar gemacht. Das ging nicht, da mir die Tarnkappe fehlte, die weiland Siegfried besaß. Kurz überlegte ich, den Gottesdienst zu verlassen. Das wäre aber mit Unruhe verbunden gewesen und möglicherweise hätten sich manche nach der Ursache des Geräusches umgedreht. Dann wären sicherlich noch viel mehr Menschen auf meinen ungebührlichen Aufzug aufmerksam geworden. Diese Auswirkungen bedenkend entschloss ich mich zu bleiben, sank noch mehr in mich zusammen und stand auch nicht auf, wenn sich die anderen zu den Gebeten und dem Glaubensbekenntnis erhoben. Geschützt durch die Stehenden fiel ich weniger auf. Das Ende des Gottesdienstes kam und ich verließ zügig den Raum, ohne mich umzusehen. Nach diesem Geschehen hat mich mein Pastor niemals mehr bei einem Gottesdienst gesehen. Gebrochen habe ich mit der evangelischen Kirche nicht, nur dem Pastor, der mich so bloßgestellt hatte, mochte ich nicht mehr begegnen.

Unser Sportlehrer war sehr engagiert, gestaltete die Sportstunden abwechslungsreich und ging auch meist auf individuelle Wünsche zu den sportlichen Aktivitäten ein. Stand Geräteturnen in der Halle auf dem Stundenplan, das einige aus meiner Klasse, darunter ich, weniger mochten, fragten wir ihn manchmal, ob wir nicht einen Handball bekommen und auf dem Schulhof Handballspielen dürften. Selbst ein begeisterter Handballer, erlaubte er uns das in den meisten Fällen. Bei einem dieser Handballspiele im Winter mit Resten von Eis auf dem Asphalt des Schulhofs kam ich nach einem Sprungwurf zu Fall und lädierte mir das linke Knie. Ein starker stechender Schmerz durchfuhr mich, der nach einer Weile nachließ. Dennoch schmerzte das Knie und ich brach das Spiel ab.

Zu Hause angekommen, nahmen die Schmerzen weiter zu. Großmutter vermutete eine Schleimbeutelentzündung, machte eine Wärmflasche und legte sie mir aufs Knie. Wie von der Tarantel gestochen sprang ich vom Sofa, solch stechenden Schmerz hatte die Wärme verursacht. Das Knie schmerzte auch noch am nächsten Tag und wir entschlossen uns, zum Arzt zu gehen. Die Röntgenuntersuchung zeigte den Abriss eines Knochenstücks an der Gelenkpfanne. Eine Operation war nicht nötig, aber das Bein kam vom Knöchel bis an die Hüfte in Gips. Das Bein war damit starr. Ich fuhr mit dem Bus zur Schule und konnte keinen Sport treiben. Sechs Wochen musste ich das Gipsbein ertragen. Als der Arzt den Gips aufschnitt meinte er, ich könne das Knie noch nicht belasten und ich solle mich beim Aufstehen von der Liege auf meine mitgekommene Mutter stützen. Übermütig wie ich nach dem Entfernen des Gipses war, ignorierte ich diesen ärztlichen Rat und stieg mit dem rechten Bein zuerst von der Liege. Als ich das linke Bein belastete, sackte es durch wie Butter. Reflexartig hielt ich mich an der Liege fest, sonst wäre ich umgefallen. Die abgebaute Muskulatur reichte nicht aus, um das Knie stabil zu halten. Ich stützte mich auf meine Mutter und humpelnd verließ ich die Praxis. Doch schon nach wenigen Schritten auf der Straße konnte ich alleine gehen. Der endgültige Wiederaufbau der Muskulatur hat nicht lange gedauert. Nach einigen Tagen war ich wieder voll einsatzfähig.

In der A-Jugend spielte ich wegen meiner harten und präzisen Würfe als Mittelstürmer. Endlich die Position, nach der ich mich so lange gesehnt hatte. Wir haben in der damaligen Saison recht gut gespielt und belegten in der Tabelle einen Mittelplatz. Bei den gegnerischen Mannschaften war ich besonders wegen meiner Freiwürfe gefürchtet. Wurde einer von uns gefoult und gab es den Freiwurf, so baute ich mich vor der Freiwurflinie auf und versuchte in hohem Bogen über die Mauer in eine der oberen Torecken zu werfen. War der Wurf präzise, so hatte der Torwart keine Chance, den Ball zu fangen oder abzuwehren. Etwa die Hälfte der Freiwürfe habe ich so in Tore verwandelt. Meine Würfe vom Kreis waren auch nicht schlecht. Die gegnerischen Spieler merkten das bald und deckten mich meist mit zwei Mann. Es blieb nicht aus, dass sie dabei häufiger foulten. Die Folge war der nächste Freiwurf für uns, mit den bekannten Auswirkungen für die gegnerische Mannschaft. Ich erinnere mich noch an ein gewonnenes Spiel, bei dem ich vier Freiwürfe zu Toren verwandelte. Nach dem Schulabschluss trat ich eine Ausbildung bei der DEMAG in Duisburg-Hochfeld zum Stahlbauschlosser an. Die Großstadt Duisburg im westlichen Ruhrgebiet war geprägt durch Hütten- und Stahlwerke sowie große Firmen des Maschinen- und Stahlbaus. Da meine Großeltern noch in Essen-Katernberg wohnten, verließ ich Münster und bezog bei ihnen ein freies Zimmer. Nur die Wochenenden verbrachte ich in Münster. Vor allem, um an den Punktespielen meiner Mannschaft teilzunehmen. Leider konnte ich nicht mit meinen Mannschaftskameraden in der Woche trainieren. Ich hielt mich ja in Katernberg oder Duisburg auf. Wettgemacht wurde, zumindest in konditioneller Hinsicht, der Trainingsverlust durch die harte körperliche Arbeit. In der ersten Zeit bei der DEMAG habe ich zehn Kilo abgenommen, verbunden mit einer deutlich verbesserten Fitness. Ganz musste ich auf das Training nicht verzichten, da man mich in die Handballwerksmannschaft des Hauptsitzes der Firma aufgenommen hatte, die einmal in der Woche trainierte. Unsere Spiele gegen andere Werke der DEMAG fanden glücklicherweise in der Woche nach Arbeitsschluss oder sogar noch während der Arbeitszeit statt. Mein Handballspiel verbesserte sich zusehends.

An einem der Sonntage trat der Obmann der zweiten Seniorenmannschaft des Postsportvereins nach dem Handballspiel meiner A-Jugend auf mich zu und fragte: »Willst du nicht in unserer Mannschaft mitspielen? Wir könnten dich gut gebrauchen«.

»Ich möchte schon, aber ich bin noch keine achtzehn und habe keine Spielberechtigung für Seniorenmannschaften«, gab ich zu bedenken.

»Da mach dir mal keine Sorgen. Ich beantrage eine Spielberechtigung und bin sicher, dass du sie auch bekommen wirst«, nahm er mir meine Sorgen.

Zwei Wochen später war die Spielberechtigung erteilt und der Obmann händigte mir den Spielerpass für die Seniorenmannschaft aus. Ein kleiner Triumph, denn es gab nur wenige Spieler, die vorzeitig zu den Senioren aufrückten. Am nächsten Sonntag spielte ich erstmals in der Zweiten Seniorenmannschaft und verwandelte gleich zwei Freiwürfe, die uns ein 11:11 Unentschieden sicherten.

Wie schon beschrieben, hatten wir mit unserem Sportlehrer großes Glück, er begeisterte uns nicht nur für den Handball, sondern auch für die Leichtathletik. Bei den freiwilligen Sportnachmittagen brachte er uns bei den technischen Disziplinen auch Diskus- und Speerwerfen bei. Beides stand nicht auf dem Lehrplan. Mir hatte es besonders das Diskuswerfen angetan. Schon mit 14 Jahren kaufte ich bei einem Besuch bei Verwandten in Thüringen in Bad Salzungen einen Frauendiskus. Der Männerdiskus wiegt 2 Kilogramm und der Frauendiskus, mit dem auch bei der Jugend geworfen wird, 1 Kilogramm. Die weiten Wiesen rund um das Dorf Möhra, wo wir wohnten, eigneten sich gut für Wurfübungen mit dem Diskus. Landete der Diskus, so konnte ich von der Landestelle aus problemlos den nächsten Wurf ansetzen. Manche Vor- oder Nachmittage verbrachte ich so auf den Wiesen rund um das Dorf. Die Grundzüge der Wurftechnik entnahm ich einem Lehrbuch über den Diskuswurf. Die darin beschriebene Drehung mit dem wuchtigen Abwurf gelang mir aber noch nicht, sondern nur Würfe aus dem Stand. Doch auch die hatten schon eine, wie ich meinte, akzeptable Weite.

An den Sportnachmittagen waren wir etwa 10 bis 12 Klassenkameraden, die das Werfen bevorzugten. Einige den Speer, andere den Diskus. Hammerwurf haben wir nicht geübt, das wäre ohne Käfig zu gefährlich gewesen. Unser Sportlehrer brachte uns die Drehung bei, die beim Diskuswurf von entscheidender Bedeutung ist, und bald sah die Bewegung bei den Werfern schon recht flüssig aus. Allein die Weite fehlte. Dazu bedarf es sehr viel Trainings, eines entsprechend muskulösen Körpers und für den Diskuswurf eines optimalen Hebels von Armen und Beinen. Mein Klassenkamerad Peter und ich verfügten annähernd über solche körperlichen Voraussetzungen und trainierten regelmäßig. So blieb es nicht aus, dass wir beide bald die besten Diskuswerfer der Schule wurden. Im sportlichen Wettstreit wechselten wir uns im Schulrekord ab. Mal lag Peter vorne, mal ich. An der großen Informationstafel neben dem Treppenhaus im Eingangsbereich der Schule waren wir regelmäßig als Rekordhalter im Diskuswerfen neben den anderen Disziplinen angeschlagen. Zwischen Peter und mir entwickelte sich eine sehr leistungsfördernde sportliche Rivalität, die uns beim Diskuswurf auf das Niveau von mittelguten Zehnkämpfern brachte. Außerhalb des Sportnachmittags trainierte ich auf den Plätzen des 1. FC Gievenbeck an der Sentruper Straße. Der Rasenplatz, auf dem ich übte, lag direkt vor den Gärten der Häuser an dieser Straße. Ich wusste, dass in einem der Häuser Marianne Werner wohnte, eine vielfache deutsche Meisterin im Diskuswurf. Bei Olympischen Spielen war sie allerdings im Kugelstoßen erfolgreicher. Wenn ich trainierte, hoffte ich insgeheim, sie würde mich mal beobachten, Interesse an meinen Bemühungen finden und mir Tipps zur Verbesserung meiner Wurftechnik geben. Obwohl ich mehrfach in der Woche trainierte, ließ sie sich niemals blicken. Wahrscheinlich hat sie mich gar nicht bemerkt oder sie hielt mich nicht für ausreichend talentiert. So musste ich mich ohne ihre Ratschläge verbessern. Akribisch führte ich über die Weite meiner Würfe Buch. Den jeweils weitesten Wurf einer Trainingseinheit trug ich in ein Diagramm ein und hatte so meine Leistungsentwicklung anschaulich vor Augen. Nicht bei jeder Trainingseinheit gab es eine Verbesserung, aber über die Monate konnte ich trotz einiger Einbrüche eine Steigerung der Wurfweite verzeichnen. Nach dem Beginn der Ausbildung als Stahlbauschlosser bei der DEMAG gab ich das Training mit dem Diskus auf und widmete mich nur noch dem Handballspiel.

Straßenkämpfe

Die Sentruper Höhe im Westen Münsters erhebt sich sanft ansteigend nur zehn bis zwanzig Meter über der Innenstadt. Die Höhe fällt weiter nach Westen zu einem Wiesental, durchflossen von einem Bach, genannte Guörpott, ab. Er bildet gleichzeitig die Grenze der Sentruper Höhe nach Westen. Im Süden befindet sich ein Gebiet mit alter Bebauung aus der Zeit vor dem Zweiten Weltkrieg. Am Rande dieser Bebauung in Richtung des Aasees liegen die Gaststätte Feldschlösschen und ein Sportgelände, auf dem in den 1950er Jahren der 1. FC Gievenbeck spielte. Heute ist es ein Sportpark mit mehreren Plätzen und für jedermann zugänglich. Nördlich der alten Bebauung folgte in meiner Jugendzeit eine größere Wiesenfläche, an die sich der Neubaubereich der Bediensteten der Landesversicherungsanstalt anschloss. Die brachliegenden Wiesen zwischen der Alt- und der Neubebauung waren von einer Wallhecke durchzogen. Wallhecken sind eins der Kennzeichen des Münsterlandes. Etwa vier bis fünf Meter breit, bewachsen mit Sträuchern und dünnen Bäumchen und meist mit einem Graben in der Mitte, in dem sich Regen sammelt, grenzen sie auf ideale Weise einzelne Wiesen und Felder und Grundbesitzparzellen voneinander ab. Unsere Wallhecke diente diesem Zweck nicht mehr, lag sie doch etwa auf der Mitte der Brachfläche, also im Niemandsland. Dennoch gab es das ungeschriebene Gesetz, dass die Wallhecke die Grenze zwischen unserem Hoheitsgebiet und dem Gebiet der Ureinwohner bildete. Wir Kinder akzeptierten sie, obwohl wir nicht in Freundschaft mit den Kindern aus dem Süden lebten. Auf unserer Seite entstanden bald selbst angelegte kleinere Flächen, auf denen wir Fußball spielten. Auch begannen wir eine Radrennbahn anzulegen. Leider ließen sich die aufgeschütteten Kurven wegen eines viel zu engen Kurvenradius nicht befahren. Wir gaben das Projekt auf. Für Radrennen erwies sich ein aus vier Straßen, welche die Seiten eines Rechtecks bildeten, bestehender Rundkurs als wesentlich geeigneter. Mit Seitenlängen von hundert bis einhundertfünfzig Metern boten die asphaltierten Straßen ideale Möglichkeiten für Straßenrennen. Besonders beliebt war es, Rundenrekorde und Rekorde bei der Anzahl der gefahrenen Runden aufzustellen. Es waren aber nur Nebenaktivitäten im Vergleich mit unserer Hauptbeschäftigung, die im Bauen von »Buden«, wie wir sie nannten, bestand.

Der Boden auf der Sentruper Höhe besteht aus standfestem Lehm. Wir schachteten für eine Bude eine rechteckige Grube von etwa zehn Quadratmetern bis in Augenhöhe aus. Die Grubentiefe mag wohl 1,5 Meter bis 1,6 Meter betragen haben. Abgedeckt wurde die Grube mit zwei Lagen kreuzweise verlegter dünner Baumstämmchen. Auf die so geschaffene Fläche kam dann eine Lage zuvor ausgestochener Grassoden. Der Zugang zur Bude bestand aus mehreren außerhalb der Grube ausgeschachteten Stufen, die eine kleine Treppe bildeten. Unsere Hauptbude war größer als die anderen und verfügte neben der Treppe als Hauptzugang über einen Tunnel mit senkrechtem Schacht als Notausgang, etwa 2 Meter von der Bude entfernt. In mühsamer Arbeit brachen wir dieser Tunnel von der Budensohle aus horizontal unterirdisch aus dem Lehmboden. Er endete in besagtem Schacht, den wir von der Oberfläche der Wiese aus angelegt hatten. Der Durchmesser des kreisförmigen Tunnels war gerade so groß, dass wir uns auf dem Bauch kriechend darin fortbewegen konnten. Der Schacht erhielt eine einfache Abdeckung, die man nicht begehen konnte. So blieb der Notausgang versteckt und diente gleichzeitig bei gegnerischen Angriffen als Fallgrube. Das Ausschachten und das Schlagen der Bäume und Äste aus der Wallhecke waren Arbeiten für uns Jungen. Die wenigen Mädchen unserer Gruppe schmückten die Bude innen aus. Da nur sehr wenig Tageslicht in den Unterstand fiel, erhellten brennende Kerzen den unterirdischen Raum. Für diese Beleuchtung waren an einigen Stellen kurze Nischen aus den Lehmwänden gebrochen worden. Der Raum erschien uns durch das Kerzenlicht trotz seiner Primitivität anheimelnd und gab uns Geborgenheit. Feuer konnten wir in unseren Buden nicht machen, das wäre wegen des möglichen Brandes der Decke zu gefährlich gewesen. Oft saßen wir in der Bude und unterhielten uns. Ein Thema war häufig, wie wir uns bei gegnerischen Angriffen verhalten sollten. Jederzeit war damit zu rechnen, dass die Kinder der Ureinwohner von der anderen Seite der Wallhecke unsere Buden zerstörten. Saßen wir in der Bude, so konnten wir nicht rechtzeitig heraus und kämpfen. Zwingend erforderlich war daher das Aufstellen einer Wache, wenn sich einige von uns in der Bude befanden.

Mehrere Male zerstörten die Kinder der Ureinwohner bei Dunkelheit, wenn wir zuhause waren, unsere Buden. Zwar war es relativ einfach die Budendecke wieder herzustellen, aber die Wut über die Zerstörung blieb. Wir wollten uns rächen und zerstörten die Buden der Gegner auf der anderen Seite der Wallhecke. Das geschah tagsüber, wenn wir sicher waren, dass niemand in den Buden war und dass niemand sie bewachte. Mehrere Wochen ging es hin und her mit dem Zerstören der Buden, bis die Feindschaft eskalierte. Wieder einmal hatten die Kinder der Ureinwohner unsere Buden während der Nacht zerstört. Jetzt galt es, Gleiches mit Gleichem zu vergelten. Wir sammelten uns, Jungen und Mädchen, an der zerstörten Bude, die Mädchen blieben zurück und wir Jungen bewegten uns vorsichtig im Schutz einiger Neubauten bis an die Wallhecke. Keiner unserer Gegner war zu sehen. Es schien ein guter Augenblick gekommen, uns durch Zerstörung der Buden des Gegners zu rächen. Im Gänsemarsch schlichen wir in Richtung der gegnerischen unterirdischen Bauten. Noch hatten wir diese nicht erreicht, als hinter einer Hecke die Kinder der Alteingesessenen hervorbrachen. Sie hatten dort wohl gelauert, da sie einen Angriff erwarteten. Bewaffnet waren wir nur mit selbst gefertigten Holzschwertern, Schilden und Knüppeln. Im Übrigen verließen wir uns lieber auf unsere Fäuste. Die gegnerische Gruppe und unsere Angreiftruppe waren anzahlmäßig etwa gleich stark, wie wir feststellen konnten. Sofort ließen wir es auf einen Kampf ankommen. Es entwickelte sich eine Rauferei, die wir zu gewinnen schienen, als Verstärkung aus einem Hinterhalt hervorbrach. Die Kinder beider Seiten waren maximal dreizehn Jahre alt. Der zur Verstärkung herbeieilende Jugendliche war größer als wir und mindestens fünfzehn Jahre alt. Da ich für mein Alter sehr kräftig war und mein Freund Peter mir nicht wesentlich nachstand, griffen wir gemeinsam den älteren Jungen an und wollten ihn niederringen. Als wir ihn erreichten, bleib er stehen, griff hinter seinen Rücken und zog, unsichtbar für uns, einen Gegenstand aus dem Gürtel, der sich als scharfes Beil entpuppte. Das hocherhobene Beil in der Hand stürmte er auf uns zu und die anderen Kinder der Ureinwohner folgten. Angesichts des Beils ergriffen Peter und ich die Flucht und unsere Freunde stoben nach allen Seiten auseinander. An Kampf war nicht mehr zu denken. Wir liefen so schnell wir konnten, der Junge mit dem Beil hinter uns her. Wohin sollten wir uns wenden? Glücklicherweise war unser Haus auf der Rediger Straße nicht weit entfernt.

Im Laufen rief ich daher Peter zu: »Zu unserem Haus. Hinten zur Kellertreppe.« Vollkommen in Panik erreichten wir nur wenige Schritte vor dem Beilschwingenden den Kellereingang, stürzten die Treppe hinab, stießen die Tür auf und standen im Waschkeller. Reflexartig drehte ich den Schlüssel im Schloss um. Wir schienen gerettet. Sekunden später war auch unser Gegner zur Stelle und versuchte, mit dem Beil die Tür einzuschlagen. Damit hatten wir nicht gerechnet. Trotzdem fühlten wir uns in Sicherheit. Selbst wenn er es geschafft hätte, in den Keller einzudringen, wären wir nach oben in die Wohnungen ausgewichen. Soweit kam es aber nicht, denn Onkel Heinz war zu Hause und hatte das laute Schlagen gegen die Kellertür gehört. Er war aus der Wohnzimmertür in den Garten getreten und sah den Jungen und einige seiner Gefolgsleute, wie sie versuchten, in das Haus einzudringen.

»Was soll das! Hört sofort auf damit und verschwindet. Ich werde mit euren Eltern sprechen. Die Schäden an der Tür werden sie mir bezahlen!«, schrie Onkel Heinz die Eindringlinge erbost an.

Seine Worte hatten gewirkt und so schnell, wie sie gekommen waren, verschwanden die Angreifer. Uns beiden schlotterten immer noch die Knie, als uns Onkel Heinz befragte. Wir erzählten, was sich ereignet hatte. Stießen bei ihm aber nur auf geringes Verständnis für unseren Straßenkampf. Alleine die Mitwirkung des Beilträgers konnte ihn etwas besänftigen.

»Wer war denn das mit dem Beil?«, wollte er wissen.

»Ein Junge, der mit seiner Familie in der Nähe des Feldschlösschens wohnt«, antwortete ich und Peter ergänzte: »Die ganze Familie ist als gewalttätig bekannt und wird auch aus anderen Gründen manchmal von der Polizei besucht. Der Junge selbst soll einen kleinen Dachschaden haben und gelegentlich ausrasten.«

Onkel Heinz genügten diese Erklärungen und wir kamen mit einer minder heftigen Rüge davon. Erst nach einigen Stunden trauten wir uns aus dem Haus und sahen nach unseren Kampfgenossen. Wie sie erzählten, hatten sie nur mitbekommen, dass wir und die Verfolger hinter unserem Haus verschwunden waren. Sie selbst waren, ebenso wie wir, nach Hause gelaufen. Die Gegner hatten die Verfolgung bald aufgegeben. Ob unsere Eltern mit den Eltern der Alteingesessenen gesprochen haben erfuhren wir nicht. Aber man ermahnte uns eindringlich, diese ständigen Auseinandersetzungen zu beenden. Jedenfalls kam es während des Sommers zu keinen weiteren Überfällen der Kinder von der anderen Seite und auch wir hatten keine Lust mehr zu Gefechten. Lieber genossen wir das Leben in unseren Buden, ohne Gefahr zu laufen, überfallen zu werden. Etwa ein Jahr später erbaute man auf unserer Wiese mehrere Häuser, sodass wir für den Bau von Buden keinen freien Platz fanden. Unsere überschüssige Kraft ließen wir stattdessen nachmittags beim Bolzen mit dem Fußball aus. Das war dann eine der Hauptbeschäftigungen. Buden bauen erschien uns mittlerweile als kindisch.

Lambertus

Um den 17. September, dem Namenstag des Heiligen Lambertus herum, feiert man in Münster und in umliegenden Städten und Dörfer das Lambertusfest. Das Fest gibt es seit über zweihundert Jahren. Damals war es ein Fest für die Erwachsenen, die zum Abschluss der Erntearbeiten am 17. September bis tief in die Nacht feierten. Wegen größerer Auswüchse verbot die Obrigkeit zeitweise das Lambertusfest. In meiner Kindheit war es ein Fest für Kinder und Heranwachsende, an dem aber auch Erwachsene teilnahmen, meist zur Beaufsichtigung der Kinder.

Schon viele Tage vor dem 17. September gehen kleine Gruppen von Kindern bei beginnender Dämmerung durch die Straßen und rufen: »Kinder, kommt runter, Lambertus ist munter.«

Andere wiederum wollen die Kinder in den Häusern verunsichern und rufen: »Kinder, bleibt oben, ist alles gelogen.«

So geht es hin und her. Trotz aller Unkenrufe findet das Lambertusspiel jeden Abend statt. Kaum eines von den Kindern will es sich entgehen lassen, zumal sie dann endlich einmal im Dunkeln auf der Straße sein dürfen. Für heranwachsende Jungen ergibt sich eine der wenigen Gelegenheiten, unbeobachtet mit Mädchen zu flirten und erste zarte Bande zu knüpfen. Für das Lambertusspiel baut man zuvor eine vierbeinige, spitze Pyramide aus Holzlatten von etwa drei Metern Höhe und schmückt sie mit belaubten Ästen und Blumen. Die Pyramide wird bei Beginn der Dämmerung auf einem freien Platz aufgestellt. Bei uns auf der Sentruper Höhe war das Anfang der 1950er Jahre eine Straßenkreuzung, die ausreichend Platz für Singspiele um die Pyramide bot. Bei fortgeschrittener Dämmerung verlassen die Teilnehmer die Häuser mit durch Kerzen hell erleuchtete Laternen an einem Stock in der Hand kommen zur Pyramide und stecken die Laternen in die grüne Verkleidung. Bald ist sie voller Laternen, die die Umgebung in ein vielfarbiges Licht tauchen und eine anheimelnde Stimmung verbreiten. Die Teilnehmer bilden einen Kreis und ziehen singend im Schein der Laternen um die Pyramide. Beliebte Lieder sind »Hole Wasser dumme Liese …«, »Laurentia, liebe Laurentia mein …«, »Der Herr der schickt den Jäger aus …«, »Guter Freund ich frage dir …« und viele andere Lieder. Wird der Durchmesser des Kreises wegen neuer hinzukommender Menschen zu groß, bildet man einen zweiten und gelegentlich auch einen dritten Kreis.

Höhepunkt des Spiels ist der Auftritt des Buers. Ein als Bauer verkleideter Jugendlicher oder Erwachsener betritt den Kreis und geht in Gegenrichtung zum schreitenden Kreis um die Pyramide. Die Teilnehmer fragen den Bauern singend: »Oh Buer wat kost dien He, oh Buer wat kost dien Kirmeshei, juchheissa vivat Kirmishei, oh Buer wat kost dien Hei.«

Der Buer antwortet, ebenfalls singend: »Min Hei dat kost ´ne Mark. Min Hei dat kost ´ne Kirmesmark, juchhei´ssa vivat Kirmismark, min Hei dat kost ´ne Mark.«

Daraufhin antworten die Teilnehmer: »Oh Buer dat is viel tu dür, oh Buer dat is viel to Kirmesdür, oh Buer dat is viel to dür«, und fahren mit dem Spiel fort, indem sie singen: »Nun söck sick de Buer 'ne Frau, nu söck sick de Buer ´ne Kirmisfrau, juchheißa vivat Kirmisfrau, nu söck sick der Buer ´ne Frau.«

Gespannt warten alle, wen er denn auswählen wird. Gerade bei der Wahl der Frau kann man auf erotische Bande oder Wünsche schließen, die sonst im Verborgenen blühen. Spielt ein älterer Jugendlicher den Bauern und ist er verliebt, aber die anwesende Angebetete weiß davon noch nichts oder hat ihn noch nicht erhört, so wählt er sie aus. Mancherlei Spekulationen verbreiten sich und andere Mädchen werden schon mal eifersüchtig.

Hat der Bauer seine Wahl getroffen, stellt er seine Frau, sie an die Hand nehmend, singend mit folgender Strophe des Kettenliedes vor: »Dütt is miene laiwe Frau, dütt is miene laiwe Kirmisfrau, juchheissa vivat Kirmisfrau, dütt is miene laiwe Frau.«

Die nach wie vor im Kreis entgegen der Gehrichtung des Bauern und seiner Frau schreitenden Teilnehmer begrüßen die Frau mit der Strophe: »Oh Buer wat ´ne schöne Frau, oh Buer wat ne schöne Kirmisfrau, juchheissa vivat Kirmisfrau, oh Buer wat ne schöne Frau.«

Das Spiel setzt sich fort, indem der Bauer nacheinander in gleicher Weise einen Knecht, eine Magd, ein Kind, einen Rüen (westfälisch für Hund), einen Knuoken (Knochen) und einen Pottlecker auswählt. Alle reihen sich in das Gefolge des Bauern ein und gehen im Gänsemarsch mit ihm um die Pyramide. Nachdem der Pottlecker vorgestellt und von den Teilnehmern gebührend besungen wurde, beginnt die letzte Strophe: »Nu giff wi den Buer ´nen Schupp, juchheissa vivat Kirmisschupp, nu giff wi den Buer ´nen Schupp«, und einige Kinder stürzen auf den Bauern zu, um ihn zu schubsen. Der Bauer weiß, was auf ihn zukommen soll, verlässt fluchtartig den Kreis und verschwindet im Dunkel der Nacht. Manchmal bekommt er bei der Flucht doch einige, allerdings harmlose, Schubser ab. Das Spiel ist beendet, die Kinder nehmen ihre Laternen und Lampions aus der Pyramide und gehen nach Hause.

Wohlwissen, dass am nächsten Abend das Spektakel von vorne beginnen wird, und freuen sich darauf. Bei älteren Jugendlichen gibt es andere Interessen. Haben sie schon eine Freundin, verschwinden sie dorthin, wo sie ungestört zusammen sein können. Andere machen sich in kleinen Gruppen auf, um allerlei Unfug anzustellen. Bei uns war es beliebt, über die Zäune von Gärten zu steigen und Obst von Bäumen zu pflücken. Besonders begehrt waren die schmackhaften Birnen eines Obstgartens in der Nähe des Feldschlösschens. Der Besitzer wusste das und passte auf. Oftmals konnte er uns vertreiben, aber einige Male nicht, sodass wir doch in den Genuss des schmackhaften Obstes gelangten. Jeder von uns Jungen wünschte sich, einmal den Bauern zu spielen. Was er zu singen hatte, kannten wir auswendig und waren begierig, es anzuwenden. Einmal bat man mich, den Bauern zu geben. Als Buer verkleidet mit Hut und Stock versehen betrat ich den Kreis und begann mein Lied. Alles lief programmgemäß. Mein Freund Peter hatte eine Schwester, die ich anhimmelte, die sich aber noch spröde gab. An diesem Abend wie an den Abenden zuvor nahm sie am Singspiel teil. Einige meiner Freunde wussten von meiner heimlichen Liebe und waren gespannt, ob ich es wagte, sie als Frau auszuwählen. Der Zeitpunkt kam. Ich ging zu ihr und zog sie an der Hand haltend aus dem Kreis, der sich sofort wieder schloss. Wie glücklich war ich, allen zeigen zu können, welche Gefühle ich für Bärbel empfand. Sie zeigte sich nicht überrascht und ging bereitwillig mit. Hoffnung keimte in mir auf, aber auf den ersten Kuss musste ich noch lange warten.

Radtouren

In Münster wachsen die Kinder mit dem Fahrrad auf. Als wir nach Münster umzogen, nahm ich mein kleines Wehrmachtsfahrrad, das mir Onkel Karl geschenkt hatte, mit. Zwei Jahre benutzte ich es. Dann wurde ich zu groß für dieses Fahrrad. Es blieb nichts anderes übrig, meine Mutter kaufte mir ein neues. Mit dem wenigen Geld, über das sie verfügte, fiel ihr das sehr schwer. Ihre Witwenrente und meine kleine Halbwaisenrente reichten zum Leben nicht aus. Mutter musste sich immer Geld hinzu verdienen. Sie schneiderte Kleider für Frauen in der Nachbarschaft. Aber auch dieses Zusatzeinkommen reichte gerade zum Nötigsten. Die Kosten für mein großes Fahrrad schienen ihr wohl unausweichlich. Wir kauften es in einem Geschäft in der Nähe des Ludgeriplatzes. Ich entschied mich für ein Rad der Marke Tripad aus Paderborn mit einer Dreigangschaltung. Es war grün-metallisch angestrichen und auf dem vorderen Schutzblech und dem Typenschild prangte das Paderborner Drei-Hasen-Emblem. Es war dem berühmten Drei-Hasen-Fenster im Paderborner Dom nachempfunden. Drei Hasen, so im Kreis angeordnet, dass man auf dem Emblem nur drei Ohren zählt, jeder Hase aber zwei hat.

Auf dem Weg zur Schule lag direkt an der Hüfferstraße in einem Schuppen eines Hofes eine kleine Fahrradwerkstatt, die von einem einzelnen älteren Mann betrieben wurde. Mit ihm freundete ich mich nach einem ersten Besuch wegen einer kleinen Reparatur an. Er muss mich wohl gemocht haben, denn er lehrte mich vieles rund um die Reparatur von Fahrrädern. Auf dem Rückweg von der Schule hielt ich gerne bei ihm an, auch wenn es am Fahrrad nichts zu reparieren gab, und unterhielt mich mit ihm, während er an den Fahrrädern schraubte. Bald konnte ich das Fahrrad nicht nur pflegen, sondern viele Reparaturen selbst ausführen. Das war auch dringend notwendig, denn wir verbrachten viele Stunden auf dem Fahrrad, insbesondere bei Radtouren.

Meine enge Bindung zu den Großeltern bewirkte, dass meine Mutter mir schon mit zwölf Jahren erlaubte, sie in den Ferien mit dem Fahrrad zu besuchen. So radelte ich alleine von Münster nach Essen-Katernberg. Zunächst ging es auf der B 51 bis nach Haltern. Diese Bundesstraße hatte damals den Charakter einer Allee. Bäume rechts und links des Fahrweges und zu beiden Seiten hinter den Alleebäumen ein befestigter schattiger Radweg, auf dem es sich besonders im Sommer angenehm fahren ließ. Die Straße verläuft bis Dülmen recht eben und danach gibt es in Richtung Haltern nur eine etwas größere Steigung, die zum Wirtshaus »Dröge Pütt« führt. Hier machte ich gerne Rast, trank etwas und fuhr dann weiter. Bis nach Haltern verlief die Straße sanft abfallend, sodass das Rad fast von alleine lief. Hinter Haltern überquert man die Lippe und dann geht es rechts ab, an den Chemischen Werken Hüls vorbei über Marl, Polsum, Gelsenkirchen-Buer und Gelsenkirchen-Horst nach Essen-Katernberg. Hinter Horst gelangt man über die Emscher und den Emscher Seitenkanal. Danach sind es nur noch wenige Kilometer auf der Schalker Straße bis Katernberg-Süd. Angekommen stärkte ich mich mit dem vorzüglichen Essen, das meine Großmutter zubereitete.

Von der Sentruper Höhe in Münster bis zur Haldenstraße in Katernberg hat man etwa 80 Kilometer zu fahren. Da die Strecke meist eben ist, brauchte ich mit Pausen nur gute vier Stunden. Dann schloss ich meine Großmutter in die Arme. Einen Teil der Schulferien verbrachte ich mit meinen alten Freunden aus Katernberg, insbesondere mit Alfred, der auf ein Essener Gymnasium ging. Den Rest der Sommerferien blieb ich in Münster mit meinen Schulfreunden und den Freunden von der Sentruper Höhe. Meist standen Radtouren in die nahegelegenen Baumberge oder an den Möhnesee auf dem Programm. Meine erste Tour an den Möhnesee unternahm ich mit Ludger. Unterwegs übernachteten wir selten in Jugendherbergen; wir besaßen ja ein Zelt. Bevor ich in späteren Jahren ein Zweimannzelt mein eigen nannte, bauten wir unser Zelt aus Dreiecksplanen auf. Fast alle von uns verfügten über eine oder mehrere Dreieckszeltplanen vom Vater oder von Verwandten, die bei der Wehrmacht gedient hatten. Zur Ausrüstung fast jedes Soldaten gehörte eine Zeltplane mit Tarnmuster in Form eines gleichschenkligen Dreiecks. In der Mitte befand sich ein überlappter Schlitz, durch den man den Kopf stecken konnte. Fertig war ein funktionsfähiger Regenschutz. Um ein Zelt zu bauen, knüpfte man mehrere Bahnen zusammen. Dazu waren an den Rändern Knopflöcher und Knöpfe angebracht. Ludger und ich besaßen jeweils nur eine Bahn. Wir besorgten uns von einem Freund eine dritte Bahn, um überhaupt ein Zelt bauen zu können. Üblicherweise knüpft man vier Bahnen zusammen, die ein Zelt für vier Personen bilden. Mit unseren drei Planen konnten wir nur einen im Grundriss dreieckigen Unterschlupf herstellen. Streckten wir unsere Füße in Richtung einer spitzen Ecke aus und legten unsere Körper jeweils entlang einer Seite, so war in dem Zelt durchaus Platz für zwei Personen. Am Südufer des Möhnesees angekommen, bauten wir unser Zelt neben anderen auf. Es war ein wilder Zeltplatz direkt am See. Ausgewiesene und bewirtschaftete Zeltplätze gab es damals nur sehr wenige. Am Abend brannten rund um den See Lagerfeuer. Auch auf unserem Platz. Wir setzten uns an eines der Feuer, unterhielten uns mit den anderen Campern und hofften auf einen romantischen Abend, da auch einige Mädchen anwesend waren. Leider kam es anders. Plötzlich standen Polizisten vor uns und verlangten, dass wir das Feuer wegen des möglichen Übergriffs auf nahestehende Bäume löschen müssten. Widerwillig folgten wir den Anweisungen und verzogen uns in die Zelte. Das war nicht weiter schlimm, da es eh zu nieseln begann. Bald schliefen wir in unseren Schlafsäcken ein, begleitet vom monotonen Geräusch der auf die Zeltplanen fallenden Tropfen des immer stärker werdenden Regens. Wir fühlten uns sicher. Das Zelt blieb dicht und außerdem hatten wir es unter einem Baum mit vielen weit ausladenden Ästen aufgebaut. Gegen Morgen wachte ich durch unangenehm kalte Füße auf. Warum fühlten sie sich kalt und nass an? Des Rätsels Lösung war bald gefunden. Das Fußende des Schlafsacks lag in einer Wasserpfütze, die sich in einer Vertiefung zwischen zwei Baumwurzel gebildet hatte. Unerfahren beim Zeltaufbau hatten wir die Spitze des Zelts, in der unsere Füße lagen, direkt zwischen diese Wurzeln platziert. Der Regen war vom Zelt abgelaufen und sammelte sich in der Vertiefung am Zelteingang. Ludger hatte keine nassen Füße bekommen. Da er kleiner war als ich, lagen seine Füße außerhalb der Pfütze. Bei späteren Zeltaufbauten haben wir immer darauf geachtet, dass kein Wasser ins Zelt laufen konnte.

Das Zelt aus Dreiecksbahnen erwies sich auf Dauer als schwer aufzubauen und wenig komfortabel. Für eine Radtour im Sommer 1955 kaufte ich mir für geringes Geld ein gebrauchtes Zweimannzelt mit einem Gummiboden, der an den Seiten einige Zentimeter an den Zeltplanen hochgezogenen war. Regenwasser konnte so auch ohne Anlage eines umlaufenden Grabens nicht in das Zelt eindringen. Diesmal durfte mein bester Freund Peter auf die Radtour mit. In den Jahren zuvor lehnten das seine Eltern ab. Wir fuhren zunächst nach Katernberg, wo wir einige Tage bei meinen Großeltern verbrachten. Es war mir eine Herzensangelegenheit, Peter Essen und Umgebung zu zeigen. Unterstützt wurde ich dabei von meiner Tante Beate. Die Familie verfügte nach dem Krieg schon über ein eigenes Auto. Einen Ford Taunus, mit dem man das in der Wirtschaftsküche zubereitete Mittagessen in großen Kübeln an Firmen in der Essener Innenstadt lieferte. Beate fuhr uns mit dem Auto z.B. in die Gruga, zur Villa Hügel oder zu anderen sehenswerten Orten in Essen. Zum Dank halfen Peter und ich bei der Auslieferung des Essens. Die vollen Metallkübel waren schwer und Beate brauchte zum Transport immer Hilfe. Eines Tages fuhr Beate mit uns und dem mit Essen voll beladenen Auto in die Innenstadt. Auf der Fahrt kamen wir am Viehofer Platz vorbei, einem zentralen Platz am Rande der nördlichen Innenstadt.

Verkehrsampeln gab es zu dieser Zeit an dem viel befahrenen Verkehrsknotenpunkt nicht. Der Verkehr wurde normalerweise durch einen Polizisten auf einem mitten auf dem Platz stehenden mobilen Gerüst geregelt. Als wir an diesem Tag vorbeikamen, fehlte das Gerüst und der Polizist stand zur Verkehrsregelung am Kreuzungspunkt der Straßen. Er drehte uns den Rücken zu. Entsprechend der Verkehrsregeln hätte Beate halten müssen, um den Querverkehr durchzulassen. Da sie sich häufig gewisse Freiheiten herausnahm, fuhr sie ganz langsam auf den Polizisten zu, bis sie ihn an den Beinen berührte. Aus dem Gleichgewicht geraten, landete er mit dem Hintern auf der Motorhaube. Entsetzt schrien Peter und ich auf. Beate blieb ruhig und lächelte den Beamten an, als dieser sich umdrehte und mit bösem Blick auf die Fahrertür zuging. Wir dachten,‚jetzt ist Beate dran' und sanken ganz tief in unsere Sitze.

Der Beamte erkannte Beate, ein Lächeln umspielte seine Lippen und er sagte ohne Vorwurf: »Ach, du bist es, Beate. Du hast mich ganz schön erschreckt. Lass das bitte in Zukunft.«

Er nahm die Verkehrslenkung wieder auf, gab uns den Weg frei und Beate fuhr weiter in Richtung Innenstadt.

Ich fragte: »Das war aber übermütig. Du hättest große Schwierigkeiten bekommen können.«

»Nicht bei diesem Polizisten. Wir kennen uns gut. Er verkehrt mit Kollegen häufig in unserer Wirtschaft. Wenn ihr versteht, was ich damit meine«, beruhigte mich Beate.

Nun, verstanden habe ich sie wohl, hatte ich doch mehrfach Polizisten in Zivil und auch in Uniform an der Theke ihrer Wirtschaft stehen sehen.

Nach unserem Aufenthalt in Katernberg fuhren Peter und ich am Möhnesee vorbei durch das Sauerland bis Winterberg und anschließend durch das Bergische Land nach Köln. Köln lag damals noch zum großen Teil in Trümmern. Nur der Dom ragte nahezu unbeschädigt aus der Trümmerwüste himmelwärts heraus.

Die Reise ging weiter über Bonn – mit Besichtigung des Bundestags – die linke Rheinseite entlang nach Koblenz. Beeindruckt hat uns dort insbesondere die Festung Ehrenbreitstein und das Deutsche Eck an der Einmündung der Mosel in den Rhein. Bei der Weiterfahrt in Richtung Bingen zelteten wir einige Tage direkt am Rheinufer etwas außerhalb von Bacherach. Der Rhein war 1955 noch so sauber, dass wir in ihm baden konnten. Erstaunlich fand ich den damals schon regen Schiffsverkehr. Unser Lagerplatz befand sich an einer Biegung des Rheins, mit ausgezeichneten Blick auf Bacharach und die oberhalb gelegene Burg Stahleck, in der sich eine Jugendherberge befand. Trotz des größeren Komforts und der Möglichkeit, mit anderen Jugendlichen zusammen zu sein, nutzten wir auch diese Jugendherberge nicht. Unser Zelt war uns allemal lieber. Am Abend vor unserer Abreise aus Bacharach gingen wir in den Ort und besuchten eine Weinstube. Mit unserem zusammengelegten Geld reichte es für eine Flasche nicht zu teuren Weißweins aus der Umgebung von Bacherach. Alkohol vertrugen wir damals schon gut und so hatten wir am nächsten Tag keinen schweren Kopf, der uns am Weiterfahren gehindert hätte. Problematisch gestaltete sich jedoch der Blick auf unsere Finanzen. Die Zecherei hatte ein gehöriges Loch in die Geldbörsen gerissen. Nach unserem Plan wollten wir mindestens noch bis Rüdesheim kommen und dann auf der rechten Rheinseite zurück nach Hause fahren. Wegen unserer Geldknappheit war dieser Plan infrage gestellt und wir beratschlagten, ob wir ihn bis in die letzte Konsequenz verwirklichen sollten. Doch da war der Reiz der Drosselgasse in Rüdesheim, von der man uns so viel erzählt hatte. ‚Da müsst ihr unbedingt hin', hatten uns Schulfreunde geraten. Sollten wir den Besuch der Drosselgasse und des Niederwalddenkmals nur wegen der Geldsorgen aufgeben? Nein, wir entschlossen uns zur Weiterfahrt, nachdem wir festgestellt hatten, dass nach der Bezahlung der Überfahrt von Bingen nach Rüdesheim noch etwas Geld übrig blieb. Allerdings würde es nicht für die Verpflegung mehrerer Tage reichen. Zwei Tage konnten wir uns mit diesem Restgeld über Wasser halten, aber nicht länger. Zwei Tage für eine Fahrtstrecke von etwa 220 Kilometern. Nun, das sollte ohne Probleme machbar sein. Der Entschluss stand fest: Wir wollten unser ursprüngliches Programm verwirklichen.

Nach Besuch des Mäuseturms in Bingen setzten wir mit der Fähre nach Rüdesheim über und spazierten inmitten anderer Touristen drängelnd durch deren Altstadt. Die Drosselgasse beeindruckte uns nur wenig. Weinlokal neben Weinlokal und das direkt neben der Eisenbahnstrecke. Da war es doch besser, direkt zum Niederwalddenkmal weiterzufahren. Gesagt, getan. Die Auffahrt war anstrengend und als wir oben ankamen, galt es erst einmal zu rasten. Damals schon hat mich der Blick vom Denkmal auf den Rheingau und die gegenüberliegende Rheinseite sehr beeindruckt, ebenso wie das Niederwalddenkmal selbst. Wir kannten ja den historischen Hintergrund der Erbauung. Nach dem Deutsch-Französischen Krieg 1870/71 und der Gründung des Deutschen Kaiserreichs wollte man in Deutschland ein Nationales Denkmal zur Erinnerung an diese historischen Ereignisse errichten. Ein Standort am Rhein drängte sich wegen dessen symbolischer Bedeutung im Verhältnis zwischen Frankreich und Deutschland geradezu auf. Immerhin war historisch betrachtet der Rhein lange Zeit die Grenze zwischen diesen beiden Ländern. Durch den Krieg 1870/71 wurde der Rhein nunmehr bis auf den Ursprung in der Schweiz und die Mündung in den Niederlanden ein rein deutscher Fluss. Kaiser Wilhelm I. bevorzugte zunächst einen Standort auf der Loreley, ging aber schnell davon ab, weil nach seiner Meinung der Standort für ein nationales Denkmal durch das Gedicht von Heinrich Heine über die Loreley entweiht worden sei. Der von dem Schriftsteller Ferdinand Heyl vorgeschlagene Standort auf dem Niederwald oberhalb Rüdesheim wurde von den Deutschen mit großer Begeisterung aufgenommen. Der Bau erfolgte zwischen 1877 und 1883 mit Einweihung am 28. September 1883, wie auf einer Inschrift zu lesen ist. Nach den Eindrücken vom Niederwalddenkmal fuhren wir auf der anderen Bergseite hinab nach Assmannshausen. Eine sehr steile Straße führt den Berg hinab, so dass wir fast ständig den Rücktritt betätigten. Auf einmal roch es bei mir merkwürdig nach verbranntem Öl. Ich hielt an und stellte fest, dass das Lager des Hinterrades rot glühte. Es war durch die schnelle Abfahrt mit Rücktritt heiß gelaufen. Aus dem Straßengraben schöpfte ich Wasser und kühlte die Nabe langsam ab. Eine plötzliche Abkühlung hätte nicht reparierbare Schäden am Lager verursachen können. Nach gut einer Viertelstunde setzten wir die Fahrt, jetzt viel langsamer, fort. Die Besichtigung von Assmannshausen schenkten wir uns. Es war spät geworden und wir wollten noch zu einem Zeltplatz bei Bonn-Beuel auf der rechten Rheinseite gelangen. Den Zeltplatz erreichten wir todmüde im Dunkeln um 11 Uhr abends. Mit schwindenden Kräften bauten wir das Zelt auf. Es gelang wegen der inzwischen gewonnenen Routine. Wir hatten nur noch einen Wunsch: uns in die Schlafsäcke zu legen und sofort einzuschlafen. Nach wenigen Minuten lagen wir im Tiefschlaf. Ich wachte wegen ungewohnter Helligkeit im Zelt auf und schaute auf die Uhr. Es war schon später Vormittag.

Peter schlief noch und ich weckte ihn unsanft auf: »Es ist schon zehn Uhr. Wir müssen aufstehen und fahren«, hat er wohl noch im Halbschlaf mitbekommen.

Uns knurrte der Magen, da wir abends nichts gegessen hatten. Doch unser Proviant war restlos aufgebraucht. Hastig legten wir das Zelt zusammen und bepackten unsere Fahrräder wie üblich. Auch das ging routinemäßig schnell vor sich. Als wir unsere Barschaften durchsahen, stellten wir fest, dass wir zusammen nur noch über 20 Pfennige verfügten. Wie sollten wir mit diesem geringen Betrag unseren Hunger stillen? Es blieb nur eins, wir mussten so schnell als möglich nach Katernberg zu meinen Großeltern. Kurze Zeit nach unserer Abfahrt näherten wir uns einer Bäckerei. Dort kauften wir für jeden von uns zwei Brötchen, die pro Stück fünf Pfennige kosteten. Geld hatten wir jetzt nicht mehr, aber unser Hunger war zumindest vorübergehend gestillt. Die etwa 120 Kilometer bis Katernberg bewältigten wir mehr schlecht als recht. Um den kürzesten Weg zu nehmen, mussten wir hinter Werden nach der Überfahrt über die Ruhr eine lang hinziehende Serpentinenstraße – den sogenannten Esel – hinauf nach Essen-Bredeney fahren. Fast wollten wir aufgeben, so anstrengend war die Fahrt. Wir stiegen ab und schoben die Räder die letzten hundert Meter den Berg hinauf. Oben angekommen sahen wir vor uns Essen liegen. Am Horizont musste Katernberg liegen. Wegen der jetzt herrschenden Wetterlage ohne nennenswerte Windbewegungen lag eine dichte Dunstglocke über dem Ruhrgebiet, so dass wir unser Ziel nicht ausmachen konnten.

Erleichtert sagte ich zu Peter: »Ab jetzt geht es nur noch bergab. Das schaffen wir.« Am späten Nachmittag erreichten wir die Haldenstraße 49 in Katernberg, wo meine Großeltern wohnten.

Wir müssen wohl sehr erschöpft ausgesehen haben, und als wir erzählten, dass jeder heute erst zwei trockene Brötchen gegessen hatte, schlug Großmutter die Hände über dem Kopf zusammen: »Mein Gott, dann schmiere ich euch schnell belegte Brötchen. Aber zuerst hole ich zwei Flaschen Malzbier von unten. Wenn ihr die ausgetrunken habt, wird es euch schon besser gehen.«

Voller Mitleid stieg sie die Treppe hinab in die Wirtschaft. Tatsächlich, nachdem wir das dunkle, süße Malzbier getrunken hatten ging es uns besser und der Verzehr der belegten Brötchen tat ein Übriges, unseren Hunger zu stillen. Dann mussten wir erzählen und Großmutter ermahnte mich, dass wir sparsamer mit unserem Geld hätten umgehen müssen. Hoffentlich sei die Hungerfahrt eine Lehre für uns. Rückblickend kann ich sagen, diesen Ratschlag bei späteren Fahrten immer befolgt zu haben. Nachdem wir uns einige Tage von unseren Anstrengungen erholt hatten, fuhren wir ganz entspannt und in langsamer Fahrt zurück nach Münster. Eine unvergessliche Radtour ging zu Ende. Wir hatten viel gesehen, manches erlebt und einiges gelernt.

In unserem letzten Schuljahr 1956/57 überlegten sich fast alle aus unserer Klasse, wohin sie in den Sommerferien 1956 fahren sollten. Einige wollten mit dem Fahrrad durch Frankreich bis in den Norden Spaniens radeln. Ich überlegte, ob ich Frau Schauer in Österreich besuchen oder eine Rundfahrt durch Nordfrankreich machen sollte, da ich im Unterricht in meinem Wahlfach ganz passabel Französisch sprechen gelernt hatte. Ich liebe auch heute noch diese Sprache, bin ihrer aber mündlich kaum noch mächtig. Ganz anders damals. Ich sprach Französisch wesentlich besser als Englisch. Schließlich entschloss ich mich für die Alternative Frankreich und arbeitete anhand von Kartenmaterial eine vier- bis fünfwöchige Tour aus. Leider erlaubte meine Mutter mir aber nicht, ins Ausland zu fahren, obwohl viele meiner Schulfreunde dazu die Erlaubnis bekamen. Meine Aufsässigkeit verschlimmerte die Situation nur noch. Sollte ich ohne ihre Zustimmung einfach losfahren? Nein, das brachte ich nicht übers Herz. Mein Schulfreund Fritz schlug vor, eine etwa gleichlange Radtour durch Deutschland zu unternehmen, als ich ihm von meinem Problem berichtete. Dazu gaben sowohl seine Eltern als auch meine Mutter ihre Zustimmung. Mehrere Tage arbeiteten wir die Fahrtroute aus. Sie sah vor, in vier Wochen bis zum Bodensee und zurück zu fahren.

Wie üblich war unsere erste Station Katernberg. Von da aus sollte die Weiterfahrt nicht durch das Sauerland mit den vielen Anstiegen gehen, sondern flach am Rhein entlang bis Bonn und dann weiter zum Nürburgring. Nach einem Tag bei meinen Großeltern ging es weiter in Richtung Rhein.

In der Gegend von Kettwig an der Ruhr, dem Geburtsort meines Vaters, sprach uns auf einem Rastplatz der Fahrer eines kleinen Lastwagens mit offener Ladefläche an: »Wohin soll es denn gehen?«

»Heute bis Bonn und dann weiter zum Nürburgring«, beantwortete ich seine Frage.

»Bis Bonn ist ein langer Weg mit den Fahrrädern. Ich fahre an Bonn vorbei und könnte euch mitnehmen«, schlug er vor.

Wir waren unschlüssig. Die Mitfahrt ersparte uns einige Anstrengungen. Aber was steckte hinter dem großzügigen Angebot?

Um das herauszufinden, fragte ich: »Wollen Sie uns kostenlos mitnehmen oder müssen wir dafür bezahlen? Wir haben nur ein knappes Reisebudget und können uns Zusatzausgaben nicht leisten.«

»Ich würde euch einen Vorzugspreis machen und nur fünf Mark nehmen«, köderte uns der Fahrer.

Wir beratschlagten und stimmten zu, obwohl uns die fünf Mark wehtaten. Aber die Aussicht, schnell ohne Anstrengung nach Bonn zu gelangen, gab letztlich den Ausschlag. Wir würden die fünf Mark während der Tour schon noch einsparen können. Die eine oder andere vorgesehene Übernachtung in einer Jugendherberge musste dann eben entfallen. Wir packten unsere Fahrräder auf die Ladefläche und setzten uns neben dem Fahrer in das Führerhaus. Nach einer angenehmen Fahrt und Unterhaltung mit dem Fahrer setzte er uns in Bonn am Rheinufer in der Nähe des Bundestages ab. Mittlerweile hatte es zu regnen begonnen und wir schlugen unser Zelt auf einer mit schwarzer Schlacke befestigten Fläche auf. An dieser Stelle zeltete sonst niemand. Bald wussten wir, warum. Der Boden des Platzes war durch den verdichteten Belag nahezu wasserundurchlässig geworden, sodass bei dem strömenden Regen unser Zelt nach kurzer Zeit in einer großen Pfütze stand, die sich schnell vergrößerte. Es blieb nichts anderes übrig, als uns nach einem anderen Zeltplatz umzusehen. Im strömenden Regen erkundeten wir die nähere Umgebung und fanden bald hinter einem benachbarten, unbewohnten Haus einen zum Rhein hin abfallenden Hang, auf dem schon Zelte standen. In unserer Eile hatten wir diesen wilden Zeltplatz, der versteckt hinter dem Haus lag, nicht bemerkt. Es regnete unaufhörlich weiter und da wir uns einen kompletten Zeltabbau bei diesem Wetter ersparen wollten, lösten wir die Heringe aus dem Boden, hoben das Zelt an den beiden Stirnseiten an, transportierten es zu seinem neuen Standort und bauten es vollständig wieder auf. Vollkommen durchnässt zogen wir uns im Zelt die nassen Klamotten aus und legten trockene Kleidung an. Die nassen Sachen breiteten wir auf dem Boden des benachbarten, überdachten Hauseingangs zum Trocknen aus. Nachdem wir hier auch den kalten Proviant meiner Großmutter vertilgt hatten, suchten wir Schutz vor dem Regen in unserem Zelt. Es regnete die ganze Nacht, ohne dass Wasser in das Zelt drang. Der zum Rhein geneigte Hang sorgte für einen wirkungsvollen Wasserabfluss.

Der nächste Tag brachte recht schönes Wetter und wir fuhren die Ahr hinauf bis Altenahr, wo wir unser Zelt am Ufer der Ahr aufschlugen. In diesem Jahr hatte ich mir einen Benzinkocher als Ersatz für den alten Esbit-Kocher zugelegt. Er bestand aus einem Gestell mit Brenner zum Aufstellen eines Kochtopfes oder einer Pfanne und einem zylindrischen Benzinbehälter. Betrieben wurde der Kocher durch Benzin, das man in den Behälter füllt. Damit die Flamme brennt, wird durch Pumpen mit einem in den Behälter integrierten Kolben Druck erzeugt. Das Benzingemisch strömt aus und kann angezündet werden. Dieser Kocher hat uns während der gesamten Reise gute Dienste geleistet. Als Brennstoff verwendeten wir fast ausschließlich Waschbenzin, das wir in Apotheken kauften und in eine mitgebrachte Wasserflasche einfüllen ließen. Meist bestand unser Abendessen aus einer Tütensuppe und einigen Scheiben Brot. Mittags gab es häufig eine Schnellmahlzeit mit Fleischwurst und Brötchen. Satt machte diese Verpflegung immer. Am Abend in Altenahr genehmigten wir uns eine dort gekaufte Flasche Walporzheimer Berg, einen süffigen Spätburgunder Rotwein, wie er nur an der Ahr wächst. Ohne Kater ging es am nächsten Tag weiter die Ahr aufwärts. Vorbei an dem berühmten steilen Schieferfelsen, den man wegen seiner verschiedenfarbigen Schieferschichten »Bunte Kuh« nennt und der direkt an der Straße emporragt. Nach kurzem Halt mit Besichtigung dieser geologischen Formation fuhren wir weiter nach Adenau an den Nürburgring.

Am Nachmittag des 2. Augusts trafen wir dort ein und schlugen unser Zelt unter Obstbäumen in einem Garten außerhalb von Adenau in Sichtweite der Autorennstrecke auf. Wegen des Großen Preises von Deutschland am Sonntag, dem 5. August 1956 standen schon etliche bewohnte Zelte auf dieser Obstwiese. Die Gemeinde Adenau hatte diesen und andere Plätze kostenlos zur Verfügung gestellt. Man wollte den großen Ansturm von Zuschauern bewältigen und so das wilde Zelten unterbinden. Die Zimmer in Hotels, Gasthäusern und Pensionen waren schon lange vorher ausgebucht. Am nächsten Tag informierten wir uns, wo man Zutritt zur Strecke mit gutem Blick auf das Autorennen bekam. Man empfahl uns, Karten für den Bereich Wehrseifen zu kaufen, da man von dort mehrere Streckenabschnitte einsehen könne. Für uns lag der Wehrseifen günstig, denn unser Zelt stand nur einen kurzen Fußmarsch davon entfernt. Wir orientierten uns, suchten den Eingang Wehrseifen und fanden ihn. Tatsächlich konnte man von dort linkerhand einen Streckenteil einsehen, auf dem die Rennautos heranbrausten. Nach rechts verschwanden sie bald in einer Senke, tauchten dann auf einer Steigungsstrecke wieder auf und verschwanden endgültig in einer Rechtskurve hinter einem Hügel. Ich hatte genug gesehen und wollte mir nach Rückkehr von der Streckenbesichtigung den Ort Adenau ansehen. Fritz hingegen musste wohl Benzin im Blut haben und wollte unbedingt noch weiter zur Haupttribüne und zum Fahrerlager, obwohl das Training der Rennfahrer erst am nächsten Tag begann. Wir trennten uns und wollten später am Zelt wieder zusammentreffen. Lange musste ich auf Fritz warten.

Als er endlich angefahren kam, rief er aufgeregt: »Ich habe eine Runde mit einem Auto auf dem Ring gefahren.«

Nun wollte ich Näheres wissen und fragte: »Bist du mit einem Rennfahrer unterwegs gewesen?«

»Nein, als ich an der Haupttribüne stand und dem öffentlichen Fahrbetrieb zusah, sprach mich ein Mann an und fragte, ob ich nicht Lust hätte mit ihm eine Runde zu drehen. Ohne eine böse Absicht hinter seinem Angebot zu vermuten, stimmte ich sofort zu. Das war ein Erlebnis. Der Mann fuhr einen schweren Mercedes mit jeder Menge PS. Obwohl er sehr schnell fuhr und wenig Betrieb auf der Strecke war, dauerte die Fahrt nach meinem Empfinden lange. Ich habe jetzt einen ganz anderen Eindruck von der Strecke als gestern. Da haben wir ja nur einen kleinen Streckenausschnitt gesehen.«

Insgeheim beneidete ich Fritz. So etwas hätte ich auch gern erlebt. Aber das gestand ich nicht ein. Es reichte nur dazu, ihn zu seiner Nürburgringfahrt zu beglückwünschen. Damals war der Nürburgring identisch mit der alten 20,8 Kilometer langen Nordschleife. Die Südschleife gab es zu der Zeit noch nicht und die Nordschleife war noch nicht so ausgebaut wie heute. Entsprechend schwierig ließ sich die Strecke befahren und schwere Unfälle blieben nicht aus.

Der Sonntag kam und wir fanden uns frühzeitig am Wehrseifen ein, um einen Platz mit guter Aussicht zu ergattern. Das Rennen wurde über Lautsprecher kommentiert, sodass die Zuschauer zu jeder Zeit wussten, wo sich das Fahrerfeld befand und wer gerade an der Spitze lag. Anfang und Mitte der 1950-iger Jahre war Juan Manuel Fangio aus Argentinien der große Star im Autorennzirkus. Dicht gefolgt von Stirling Moss aus England. Auch 1956 lieferten sich die beiden auf dem Nürburgring ein packendes Rennen. Fangio gewann es auf Ferrari vor Moss auf einem Maserati. Kündigte der Sprecher die Fahrer an, so richteten sich die Blicke der Zuschauer gebannt nach links. Dann kamen die Boliden herangebraust. Manche dicht hintereinander, andere wieder mit großem Abstand. Nur kurz konnten wir die einzelnen Wagen betrachten, so schnell rauschten sie an uns vorbei. Von unserem Standpunkt ließ sich die schmale, mit Hecken umgrenzte Streckenführung gut erkennen. Blickte man nach rechts, sah man die Rennwagen noch einige hundert Meter, bis sie in der anschließenden Senke aus unserem Blickwinkel verschwanden. Weiter entfernt tauchten sie auf der Steilstrecke noch einmal kurz auf und verschwanden nach einer Links-Rechtskurve endgültig hinter einem Berg. Auf diesem letzten einsehbaren Streckenteil sah man die Autos wegen der großen Entfernung nur noch undeutlich. Das Rennen ließ sich nur einigermaßen genießen, wenn man auf die von links kommenden Wagen wartete und einen Blick von nahem auf sie erhaschen konnte. Wegen der großen Streckenlänge der Nordschleife dauerte es manchmal recht lang, ehe sich ein Rennauto näherte. Ehrlich gesagt fand ich das Rennen eher langweilig. Hätte man nicht laufend den Stand des Rennens angesagt, wäre ich am liebsten schon vor Rennende von unseren Standplatz verschwunden. Ganz anders Fritz, der war begeistert und jubelte jedes Mal, wenn sich Rennwagen näherten und vorbeifuhren.

Die nächste Station auf unserer Deutschlandfahrt sollte Koblenz sein. Um dahin zu gelangen, galt es, quer durch die Eifel zu fahren. Das schien uns leicht zu sein, betrug die Fahrtstrecke lediglich schlappe 70 Kilometer. Eine Tagesfahrt, die in der Theorie leicht zu bewältigen war. In der Praxis sah das anders auf. Die ganze Fahrt nach Osten durch die Eifel bestand aus einem einzigen Auf und Ab. Hatten wir einen Berg geschafft und konnten erholsam ins Tal abfahren, folgte der nächste Anstieg. So ging es die ganze Strecke. Wir waren froh, als wir unser Zelt am Rheinufer in Koblenz aufschlagen konnten. Selbst im Sauerland mit seinen giftigen Anstiegen ist mir eine Radtour nie so schwer gefallen wie der Pedalritt durch die Eifel. Da weder Fritz noch ich Koblenz kannten, beschlossen wir, zwei Tage am Rheinufer zu zelten und die Sehenswürdigkeiten der Stadt zu besichtigen. Ein Muss waren die Festung Ehrenbreitstein und das Deutsche Eck am Zufluss der Mosel in den Rhein. Die Besichtigung der Festung Ehrenbreitstein war damals noch ein richtiges Abenteuer. Man konnte viele der unterirdischen Gänge und Räume in ihrem noch nicht restaurierten Zustand begehen. Wir krochen durch die Gänge und kamen uns wie Forscher vor, jeden Augenblick gewärtig, alte Militärgegenstände zu finden. Leider ohne Erfolg. Überwältigend der Anblick von der Festung auf das Deutsche Eck.

Nach zwei Ruhetagen ging es rheinaufwärts vorbei an der Loreley, der Pfalz bei Kaub und den vielen anderen Burgen rechts und links des Rheins bis nach Bingen, wo wir für eine Nacht unser Zelt außerhalb der Stadt auf einem großen, bewirtschafteten Zeltplatz aufschlugen. Erstmals standen uns hier Toiletten in Holzhäuschen, lang gestreckt nebeneinander aufgereiht, zur Verfügung. Der Platz war gut gewählt, bot er doch einen großartigen Blick über den Rhein hinüber nach Rüdesheim. Lange saßen wir in der Abenddämmerung bei einem lauen Lüftchen vor dem Zelt und betrachteten diese Szenerie. Mit zunehmender Dunkelheit leuchteten immer mehr Lichter in Rüdesheim auf. Ein sehr romantischer Anblick, viel eindrucksvoller, als jetzt durch die mit Menschen vollgestopften Gassen der Rüdesheimer Altstadt zu drängen.

Noch stark beeindruckt von den Bildern des erleuchteten Städtchens Rüdesheim am Vorabend verließen wir am nächsten Tag das Rheintal und fuhren quer durch Rheinhessen, den Bogen des Rheins abschneidend, nach Worms. Es ging durch urige Weindörfer, ohne dass wir in eines der zahlreichen Weinlokale einkehrten. Trotz einiger lang gezogener Anstiege verlangte die Fahrtstrecke keine besondere Anstrengung.

Worms war 1956 noch sehr zerstört durch die Bombenangriffe im Februar und März 1945 und bot in großen Bereichen einen hässlichen und schmutzigen Anblick. Dennoch konnten wir den Wormser Dom innen und außen in seiner ganzen Pracht bewundern. Ein eindrucksvolles Bauwerk, das inmitten der zerstörten Innenstadt einen mächtigen Anblick bot. In späteren Jahren hat der Wiederaufbau der Stadt den freien Blick auf den Dom leider an vielen Stellen stark zugestellt. 1956 fanden wir an der Stadt Worms bis auf den Dom wenig Sehenswertes, sodass wir uns entschlossen, an diesem Tag noch die kurze Strecke von etwa 30 Kilometern bis Speyer weiterzufahren. Im Gegensatz zu Worms wurde Speyer im Zweiten Weltkrieg nur im Bahnhofsbereich bombardiert. Die Stadt selbst blieb nahezu unzerstört. Allerdings hatten die abziehenden deutschen Truppen die Salierbrücke in Speyer gesprengt. Bei unserem Besuch stand der Neubau in moderner Form kurz vor seiner Vollendung. Die festliche Einweihung erfolgte im November 1956.

Nach Übernachtung in Speyer besichtigten wir den Speyrer Dom. Neben der Abtei Cluny ist der Speyrer Dom die größte erhaltene romanische Kirche der Welt. Die romanische Säulenhalle im Dom ist bis heute die größte weltweit. Die Stirnseite des Doms mit ihrem großen Rosettenfenster lässt nicht auf die Größe des Bauwerks schließen. Erst bei Ansicht von der Seite auf das Langschiff erkennt man die gewaltigen Ausmaße des Doms. Bei unseren Streifzügen durch die Stadt kamen wir mit einigen Einwohnern ins Gespräch, die uns in Kurzform mit der Geschichte von Speyer vertraut machten.

Einer fragte uns mit verschmitztem Lächeln: »Wisst ihr eigentlich, woher Speyer seinen Namen hat?«

Wir wussten es natürlich nicht.

Auf diese Antwort hatte er nur gewartet und begann die Geschichte der Namensgebung zu erzählen: »Gott lustwandelte eines Tages am Ufer des Rheins. Da sah er den Walfisch, der den armen Jonas verschluckt hatte, rheinaufwärts schwimmen. Er rief mit lauter Stimme hinüber zum Walfisch und gebot ihm: »Spei er.« Der Walfisch gehorchte umgehend und spie den Jonas am Ufer aus. Die Stelle, an der das geschah, nannte man von da an Speyer. Es entstand eine blühende, geschichtsträchtige Stadt.«

Wir bedankten uns für diese nette Geschichte, wussten jedoch weiterhin nicht, wie der Name Speyer tatsächlich entstanden ist.

Bei Speyer überquerten wir am nächsten Tag den Rhein und fuhren rechtsrheinisch weiter auf der Schwarzwaldtalstraße bis nach Freiburg mit Übernachtung in der Gegend von Baden-Baden. Der Autoverkehr hielt sich 1956 noch in Grenzen. Allenthalben sah man jetzt zur Erntezeit beladene Fuhrwerke, die die Erträge der Felder und Wiesen zu den Bauernhöfen brachten. Manchmal hängten wir uns mit den Händen hinten an die Fuhrwerke und konnten so einige Kilometer Strampelarbeit einsparen. Freilich ging es dann langsamer. Doch der Erholungseffekt war ja auch nicht zu verachten. In Freiburg blieben wir zwei Tage, um uns für den langen Anstieg durch das Höllental hinauf nach Hinterzarten und zum Titisee zu stärken. Obwohl, der Aufstieg auf den 116 Meter hohen Turm des Freiburger Münsters war auch kein Spaziergang. In und um den Titisee gab es unverfälschte Schwarzwaldlandschaft mit den typischen Schwarzwaldhäusern. Da wir mehrere Tage am Titisee zelteten, hatten wir ausreichend Zeit die Umgebung zu erkunden und im See zu schwimmen. Wie üblich bei Gewässern stand unser Zelt nahe am Ufer. Einem erfrischenden Bad am Morgen und am Abend stand nichts entgegen. Da wir beide gerne schwammen, nutzten wir die Gelegenheit, direkt vom Zelt ins Wasser zu springen, weidlich aus.

Die Weiterfahrt führte uns zunächst am Schluchsee vorbei und dann die Schwarzwaldstraße hinunter bis nach Eggingen an die Schweizer Grenze. Hinter dem Schluchsee verläuft die Landstraße etwa 30 Kilometer auf kurviger Strecke immer bergab. Autos mieden diese enge und kurvige Steilstrecke, sodass wir bei der Bergabfahrt niemanden zu Gesicht bekamen. Solche kurvigen Abfahrten liebte ich. Konnte ich doch bei dem rasenden Tempo hinunter ins Tal meine Fahrkünste beweisen. Mein deutlich höheres Gewicht gegenüber Fritz verschaffte mir zudem einen großen Vorteil. Schon nach wenigen Minuten war ich aus seinem Sichtfeld verschwunden. Jetzt wollte ich es ihm zeigen. Bei Bergauffahrten tat ich mich deutlich schwerer als er. Da kam mir die lange Abfahrt gerade recht. Immer am Rande eines Sturzes musste ich manchmal kurz abbremsen, ließ dann das Rad aber sofort wieder frei laufen. Der Übermut überkam mich bei dieser waghalsigen Abfahrt. Mich interessierte nicht, was Fritz machte. Kein Gedanke daran, dass er gestürzt sein könnte. Vollkommen auf meine optimale Fahrlinie konzentriert, ging ich ein hohes Risiko ein. Glücklicherweise kam ich ohne Sturz an der Einmündung in einer nahezu eben verlaufenden Bundesstraße an. Kurz oberhalb der Einmündung hielt ich, um auf Fritz zu warten. Er kam nicht. Sollte er gestürzt sein? Jetzt machte ich mir heftige Vorwürfe. Zehn Minuten vergingen und noch war nichts von ihm zu sehen. So lange konnte er doch für die Abfahrt nicht gebraucht haben. Er musste gestürzt sein. Fünf Minuten wartete ich noch, dann drehte ich das Fahrrad um und fuhr ihm entgegen. Noch hatte ich die erste Kurve nicht durchfahren, kam er mir in langsamer Fahrt entgegen.

»Wo bleibst du denn so lange, ich habe mir schon Sorgen gemacht«, begrüßte ich ihn.

»So schnell wie du will ich nicht fahren. Die Abfahrt ist doch saugefährlich. Ich wollte heil unten ankommen. Wie lange wartest du denn schon?«, erklärte er sein Ausbleiben.

»Zwanzig Minuten werden es wohl gewesen sein«, übertrieb ich etwas.

Er staunte. Dass ich so schnell den Berg hinunter gefahren sei, mochte er kaum glauben. Erleichtert, dass ihm nichts geschehen war, entschuldigte ich mich für mein rücksichtsloses Verhalten und versprach, nicht wieder so weit vorauszufahren. Er sah die Angelegenheit wesentlich lockerer und grinste, als er sagte: »Lass stecken. Mach dir keine Vorwürfe. Das ist die Sache nicht wert.«

Bei Eggingen überquerten wir die Grenze zur Schweiz und fuhren in Richtung Schaffhausen. In der Schule hatte uns Dr. Ringleben viel von dem dortigen imposanten Rheinfall erzählt und uns geraten, ihn ja zu besuchen, wenn wir in die Gegend kämen. Wir folgten seinem Rat und er hatte nicht zu viel versprochen. Wild schäumend stürzten die Fluten des Rheins donnernd in die Tiefe. Gischt schäumte auf und hüllte Aussichtssteig, Aussichtskanzel und uns in feinen Nebel. Mitten im Wasserfall stand ein einzelner, mit niedrigen Büschen bewachsener Felsen, an den die Wassermassen zu beiden Seiten vorbei schossen. Nachdem wir diesem Naturschauspiel längere Zeit staunend zugesehen hatten, machten wir uns zum Bodensee auf. Nicht ohne uns in der Schweiz mit wohlschmeckender Schokolade eingedeckt zu haben. Am Hohen Twiel und Radolfzell vorbei ging es Richtung Konstanz. Hinter Allensbach bogen wir links ab und sahen bald die Insel Mainau vor uns. Direkt gegenüber, etwa 100 Meter südöstlich des Steges auf die Mainau, zelteten wir unmittelbar am Ufer des Bodensees. Zwischen dem offenen See und unserem Zeltplatz verlief ein schmaler Schilfstreifen, der mehrfach durch offene Wasserflächen unterbrochen wurde. Einige Arten von Wasservögeln belebten diesen Schilfgürtel, während die allgegenwärtigen Schwäne eher die offenen Wasserflächen bevorzugten. Der Lagerplatz war gut gewählt. Eine hervorragende Sicht auf die Insel Mainau, nicht weit entfernt vom Zugangssteg und mit ausgezeichneter Bademöglichkeit. Die Entfernung bis zum Ufer der Insel schätzten wir auf etwa einen halben Kilometer. Eine Strecke, die wir ohne Probleme schwimmen konnten. Hin und zurück. Und wenn wir nicht zurück schwimmen wollten, konnten wir immer noch auf der Mainau an Land gehen und den Rückweg über den Steg antreten. Am Ankunftstag unternahmen wir weiter nichts und lagen nur in der Sonne. Am nächsten Vormittag reizte es mich, auf die Insel zu schwimmen, während Fritz davon abriet. Ich versuchte es dennoch und als etwa die Hälfte der Strecke geschafft war, traute ich mir auch den Rest zu. Auf der Mainau aus dem Wasser gestiegen pustete ich heftig. Sollte ich wirklich die ganze Strecke zurückschwimmen? Das wollte ich mir dann doch nicht antun und kehrte lieber langsam gehend über den Steg zu unserem Zeltplatz zurück.

Nachmittags besuchten wir die Garten- und Parkanlagen auf der Insel Mainau. Wegen des milden Bodenseeklimas gedeihen hier mediterrane und subtropische, teilweise auch tropische Pflanzen. Besonders beeindruckend waren die Palmen im Park, hatte ich solche Bäume doch bisher nur in Hallen von Botanischen Gärten gesehen. Sehenswert sind auf der Mainau außerdem das Barockschloss und die daneben stehende Schlosskirche. Die Besichtigungen, obwohl sie sehr interessant gewesen wären, schenkten wir uns und betrachteten die Gebäude nur von außen.

Der Abschied von unserem wunderschönen Zeltplatz und vom morgendlichen Baden im See fiel uns schwer. Wir hatten bisher einige Tage mehr gebraucht als geplant. Wollten wir nicht andere sehenswerten Orte und Gebäude auslassen, so mussten wir weiter. Auf Konstanz verzichteten wir und fuhren am westlichen Ufer bis zum Ende des Überlinger Sees und bogen dann auf die Straße entlang des östlichen Ufers ein. Für uns, die wir aus Münster kamen, war eine Besichtigung des zeitweiligen Wohnsitzes der Annette von Droste Hülshoff eine Herzensangelegenheit. In den Weinbergen oberhalb von Meersburg bietet das »Fürstenhäusle« einen wunderschönen Ausblick über den Bodensee. Nach diesem geschichtsträchtigen Besuch bei der großen Dichterin ging es weiter zu unserem Tagesziel Lindau. Wir zelteten in der Nähe eines Schwimmbades am Bodensee und verbrachten den Rest des Nachmittags auf den dortigen Liegewiesen. Einige Meter neben uns hatte eine Mutter mit ihrer Tochter die Decken ausgebreitet. Die Tochter war wohl in unserem Alter und machte im Badeanzug eine tolle Figur. Wir sahen zu ihr herüber, aber sie würdigte uns keines Blickes. Das stachelte uns noch mehr an und wir überlegten, wie wir wohl mit ihr Kontakt aufnehmen könnten. Auch die Mutter sah sehr attraktiv aus, ignorierte uns aber ebenso wie ihre Tochter.

»Komm, lassen wir es«, sagte ich zu Fritz und fuhr fort: »Die spielen in einer anderen Liga. Da haben wir sowieso keine Chance.«

Bald darauf packten die beiden ihre Sachen und verließen die Liegewiese. Damit hatte sich die Sache für uns erledigt.

Am nächsten Tag stand ein Spaziergang durch Lindau auf dem Programm und die anschließende Weiterfahrt bis nach Kempten im Allgäu. Diese Stadt wirkte nicht sehr attraktiv, sodass wir nach der Übernachtung direkt nach Ulm weiterfuhren. Immer flussabwärts an der Iller entlang war diese Tagestour richtig erholsam. Keine Berge, keine Steigungen. Die Räder rollen lassen, war das Motto. Wir zelteten am Abend auf der Südseite, der bayerischen Seite der Donau, in Neu Ulm, und malten uns aus, wie der Schneider von Ulm von der gegenüberliegenden Seite versucht hatte, mit seinen angeschnallten Flügeln den Fluss in der Luft zu überqueren.

Überraschend beeindruckend war die große Höhe des Ulmer Münsters, das wir am nächsten Tag besichtigten. Der über 160 Meter hohe Turm ist immer noch der höchste Kirchturm der Welt. In Ulm besichtigten wir sonst nichts Weiteres, sondern setzten unsere Fahrt in Richtung Stuttgart fort. Wir lagen nun schon einige Tage hinter unserem Zeitplan und beschlossen, zügig nach Münster zurückzufahren. Immer noch musste ich an unsere Hungerfahrt im vergangenen Jahr denken. Noch einmal sollte so etwas nicht vorkommen und dazu mussten wir den Ratschlag meiner Großmutter befolgen: immer über ausreichende Barmittel für die Ernährung zu verfügen. Über Geislingen an der Steige gelangten wir über die Orte mit den merkwürdigen Namen Kuchen und Süssen nach Göppingen. Reist man in entgegengesetzter Richtung durch diese Ortschaften, so lautet die Abfolge Süssen – Kuchen, eine merkwürdige Namensfolge. Göppingen war uns als Heimatort der Handballer von Frischauf Göppingen, einer damals national und international sehr erfolgreichen Mannschaft, bekannt. Von dort ging es noch am selben Tag weiter in das Neckartal. Stuttgart streifend – und ebenso Heilbronn – gelangten wir nach Berlichingen, unserem Tagesziel. Fest eingeplant war der Besuch der Burg des berühmten Recken Götz von Berlichingen bei Jagsthausen an der Jagst. Unser Zelt schlugen wir deshalb unterhalb der Götzenburg am Ufer der Jagst auf und verwirklichten am selben Tag unser geplantes Vorhaben.

Unter Zeitdruck geraten, verabschiedeten wir uns vom Jagsttal, und fuhren am nächsten Tag weiter in Richtung Frankfurt. Mitten durch den Odenwald gelangten wir schließlich zum Flughafen Frankfurt. Nur dessen Besichtigung stand an und nicht etwa auch die der Stadt Frankfurt. Was wir im Rahmen einer Führung über den Flughafen erfuhren und die für uns riesigen Flugzeuge hinterließen einen nachhaltigen Eindruck. Später habe ich die Informationen, die man uns über den Flughafen gab, in einem Beitrag zu unserer Schülerzeitschrift verarbeitet. Der Eintritt auf das Flughafengelände mit Führung kostete damals übrigens 1 DM.

Da wir nicht in der Nähe des Flughafens übernachten wollten, ging es weiter an den Rhein, wo wir in der Nähe von Rüdesheim unser Zelt am Rande von Weinbergen aufschlugen. Weil Fritz das Niederwalddenkmal noch nicht kannte, gönnten wir uns am nächsten Tag dessen Besuch und anschließend die Abfahrt nach Assmannshausen. Diesmal fuhr ich aber nicht so schnell wie im Vorjahr. Die heiß gelaufene Hinterradnabe war noch in unangenehmer Erinnerung. Immer den Rhein entlang gelangten wir in mehreren Tagesetappen über Koblenz, Bonn und Köln schließlich zurück nach Essen-Katernberg. Als wir bei Dunkelheit die südlichen Erhebungen von Essen, aus dem Tal der Ruhr kommend, bewältigten, lag das erleuchtete Ruhrgebiet vor uns. Ein ordentlicher Westwind hatte die Dunstglocke über der Industrielandschaft fast vollkommen verdrängt. Nur noch durch den Essener Süden und die Innenstadt, dann erreichten wir endlich die Ausfahrtsstraße in den Essener Norden nach Katernberg. In Erwartung eines ausgezeichneten Abendessens bei meinen Großeltern wollten wir am Abzweig Katernberg, wo sich die Straßenbahnlinien nach Gelsenkirchen und in das Katernberger Zentrum trennen, nach links in die Haldenstraße abbiegen. Da geschah es. Durch Unachtsamkeit geriet ich mit meinem Fahrrad in eine Straßenbahnschiene und stürzte auf die Straße. Nun, Stürze mit dem Fahrrad waren wir gewohnt. Sie kamen zwar nicht jeden Tag vor, aber gelegentlich stürzten wir trotz aller Vorsicht. Vielleicht auch, weil wir manchmal ein zu hohes Risiko eingingen. Bei mir waren Stürze bisher immer glimpflich verlaufen. Nicht so heute Abend. Mir war nichts geschehen. Keine Prellungen, keine Verstauchungen und noch nicht einmal Abschürfungen. Aber mein Fahrrad hatte es schwer erwischt. Der Lenker lag, nur noch mit den Kabeln von Gangschaltung und Bremsen verbunden, losgelöst vom Rahmen neben dem umgestürzten Fahrrad. Das horizontale Verbindungsrohr zwischen Vorbaulenker und Rahmen war glatt durchgebrochen. Nicht auszudenken welche Schwierigkeiten das bereitet hätte, wenn es auf unserer Tour früher geschehen wäre. So hatten wir Glück im Unglück. Bis zu meinen Großeltern waren es nur noch wenige hundert Meter und bis dahin schob ich das lädierte Rad. Dort angekommen zeigte ich sofort meinem Großvater den demolierten Lenker.

»Ach, das kann man gut reparieren, mach dir keine Sorgen«, sagte der gelernte Schlosser.

Mir war das nicht so klar und daher antwortete ich: »An Reparatur hatte ich nicht gedacht. Ich meine, es muss eine neuer Lenker her. Aber ob ich so schnell einen passenden finde?«

Großvater beruhigte mich: »Du kennst doch meinen früheren Kruppkollegen Alfred, der jetzt in der Werkstatt der Zeche arbeitet. Dem bringe ich morgen den Lenker. Er soll ihn hartlöten. Wenn er selbst dazu keine Zeit hat, löte ich selber.«

Großvater hielt sein Versprechen und lötete in der Werkstatt der Zeche Zollverein am Schacht 1 den Lenker. Bombenfest war die Verbindung und sie hat danach noch manche Stürze mit dem Fahrrad überstanden. Die messinggelbe, recht breite und wulstige Lötstelle erinnerte mich fortan häufig an den Lenkerbruch und seinen glücklichen Ausgang. Zwei Tage Erholung mit gutem Essen bei meinen Großeltern und dann beendeten wir unsere erlebnisreiche Deutschlandfahrt nach 28 Tagen und rund 2400 gefahrenen Kilometern zu Hause in Münster. Unsere längste Etappe, das hatten wir anhand der Kilometerzähler nachgehalten, betrug ca. 200 Kilometer, allerdings auf ebener Strecke flussabwärts entlang der Iller.

Erste zarte Bande

In Bärbel, ein Jahr jünger als ich, war ich mächtig verliebt. Manchmal verhielt sie sich abweisend, manchmal wiederum schöpfte ich Hoffnung, dass sie mich erhören könnte. Als Schwester meines Busenfreundes Peter hatten wir häufig Kontakt. Ich legte es dann darauf an, mit ihr allein zu sein. Sie wich meist aus. Ich wusste nicht, woran ich mit ihr war. Manchmal durfte ich sie auf dem Fahrrad auf der Stange mitnehmen. Vor den Augen der Nachbarn und meiner Freunde. Kein Wunder, dass Gerede aufkam.

Meine Mutter sprach mich darauf an: »Eine Nachbarin hat gesehen, wie du mit Bärbel auf der Stange Fahrrad gefahren bist.«

Sie sei ganz aufgeregt zu ihr gekommen und hatte gesagt: »Frau Großmann, Ihr Sohn ist mit Bärbel auf der Stange Fahrrad gefahren. Ist das jetzt seine Freundin? Ich meine, dazu sind die beiden noch zu jung.«

»Mama es ist alles ganz harmlos und mit dreizehn Jahren bin ich kein Kind mehr. Lass doch die Nachbarn reden, was sie wollen. Mich stört das nicht und du solltest dir davon auch nichts annehmen«, versuchte ich sie zu beruhigen.

Mutter hat mich später auch nie mehr auf meine Freundschaft zu Bärbel angesprochen. Vorerst gelang es mir nicht, Bärbel mehr als Freundschaft abzugewinnen. Doch ich hoffte weiter. Im Mai finden in der katholischen Kirche abends Maiandachten statt, die Bärbel regelmäßig besuchte. Gegen Ende der Andacht wurde es draußen schon dunkel. Eine gute Gelegenheit, sie an der Kirche abzupassen, um sie nach Hause zu begleiten. Mit in die Andacht ging ich nicht, das ließ damals mein übertriebenes evangelisches Selbstwertgefühl nicht zu. Auf dem kurzen Nachhauseweg sprachen wir wenig. Händchenhalten erlaubte sie mir auch nicht. Trotzdem holte ich Bärbel regelmäßig von den Maiandachten ab. Ebenso wie Im Oktober nach den Rosenkranzgebeten.

Immer noch hatte ich, jetzt sechszehn Jahre alt, keine feste Freundin, während Klassenkameraden mit den ihren prahlten. Bei Bärbel kam ich nicht weiter, sodass ich mich entschloss, andere Mädchen kennenzulernen. Einige Mädchen aus unserer Parallelklasse kannte ich. Mit anderen hatte ich den gleichen Schulweg und es ergab sich häufig, dass wir gemeinsam mit dem Fahrrad zur Schule oder von der Schule nach Hause fuhren. Da ich immer noch Bärbel im Kopf hatte, fiel es mir schwer, mich anderen Mädchen mehr als freundschaftlich zu nähern. Die Angst, enttäuscht zu werden, mischte bei diesem Verhalten sicherlich auch mit. Hans-Dieter, ein Klassenkamerad, den ich manchmal zuhause besuchte, hatte eine Freundin namens Hannelore aus der Parallelklasse. Er gab damit mächtig an. Nach einiger Zeit entstand das Gerücht, dass Hannelore mit Hans-Dieter Schluss gemacht hätte.

Ich sprach ihn darauf an und er antwortete erbost: »Nicht sie hat Schluss gemacht, sondern ich. Ich war es einfach leid, bei unseren abendlichen Spaziergängen nur die Sterne anzusehen und ihr die Sternbilder zu erklären. Darauf bestand sie nämlich. Wenn du Interesse an ihr hast, so rate ich dir, erst Sternenkunde zu studieren. Ich habe dazu keine Lust mehr.«

Diese Auskunft stachelte mich an. Hannelore war frei, auch sechzehn Jahre alt und ich wollte versuchen, mich ihr zu nähern. Es musste ja wohl auch ohne Kenntnisse über Sternbilder gehen. Einen Versuch war es allemal wert. Wie sollte ich es anfangen, ihr zu zeigen, dass ich nicht abgeneigt sei, mit ihr anzubändeln? Sie während der Schulpausen auf dem Schulhof anzusprechen, schien mir zu aufdringlich, und es bestand die Gefahr, mich lächerlich zu machen, wenn sie mich abwies. Es musste einen anderen Weg geben. Hannelore wohnte in der Innenstadt und es war ein leichtes, nach Schulschluss auf der Straße vor ihrer Wohnung zu warten. Vielleicht sah sie ja mal aus dem Fenster und fragte sich, warum ich ständig zum zweiten Stock hinaufstarrte. Ich entschloss mich, auf diese Weise die Initiative zu ergreifen. Vor dem Haus angekommen, wartete ich und sah nach oben. Kein Fenster öffnete sich, keine Gardine bewegte sich. Hannelore blieb unsichtbar. Sollte ich allen meinen Mut zusammennehmen und an der Haustür schellen? Noch überlegte ich, als mein Klassenkamerad Peter mit seinem Fahrrad neben mir hielt. Was wollte der hier? Hatte er auch ein Auge auf Hannelore geworfen?

Klarheit musste her und ich sprach ihn direkt an: »Was willst du denn hier?«

»Wohl das gleiche wie du, auf Hannelore warten«, antwortete Peter spöttisch.

Unverhofft bekam ich einen Konkurrenten. Wie damit umgehen?

»Bist du mit ihr verabredet? Oder klingelst du jetzt an der Wohnung, damit sie heraus kommt«, insistierte ich.

»Nö, ich warte einfach, irgendwann wird sie wohl das Haus verlassen.«

»Das kann aber lange dauern«, gab ich zu bedenken.

»Ich hab Zeit und kann warten.«

Wir warteten gemeinsam, ohne miteinander zu sprechen. Ein halbe Stunde verging. Hannelore hatte sich nicht blicken lassen und langsam wurde mir langweilig.

Darum brach ich das Schweigen: »Wollen wir nicht nach Hause fahren? Es ist doch stumpfsinnig, hier zu warten.«

Peter stimmte zu und wir fuhren nach Hause. Er rechts herum, während ich den Weg nach links einschlug. Der Weg nach Hause ging über den Prinzipalmarkt, dann vorbei an der LVA und hinauf zur Südseite des Hindenburgplatzes, weiter über die Hüfferstraße und Waldeyerstraße hinauf zur Sentruper Höhe. Als ich das Rathaus passierte, schoss es mir durch den Kopf: Hält Peter sich an unsere Abmachungen oder fährt er nur um den Block und kommt zu Hannelores Wohnung zurück? Kurz entschlossen bog ich zum Domplatz ab, fuhr zur Überwasserkirche hinunter und dann den Spiekerhof hinauf zu Hannelores Wohnung. Wer wartete dort schon? Peter, der mir auch nicht getraut hatte. Trotz der misslichen Situation konnten wir uns ein Lächeln nicht verkneifen. Mir wurde es zu dumm und ich rief ihm zu: »Ich fahre jetzt nach Hause. Was du machst, ist mir egal.« Drehte mein Fahrrad um und radelte den Spiekerhof hinunter in Richtung Sentruper Höhe.

Am nächsten Tag stand ich wieder vor Hannelores Wohnung. Schellte diesmal aber direkt an der Wohnungstür im zweiten Stock, da ich die Haustür offen vorgefunden hatte. Der Vater öffnete und ich fragte, ob Hannelore zu Hause wäre. Ich sei ein Schulfreund und möchte sie sprechen. Einen Grund für das Gespräch gab ich nicht an. Der Vater ging zurück in die Wohnung und ich wartete an der Tür. Es dauerte nicht lange, da kam Hannelore, sah mich und wurde rot.

Mein Herz klopfte schneller und ich sagte: »Guten Tag, Hannelore. Wollen wir nicht etwas spazieren gehen? Ich habe heute Zeit.«

Hannelore sah mich verblüfft an, wohl erstaunt über so viel Dreistigkeit und antwortete: »Ich kann jetzt nicht. Muss noch Schularbeiten machen«.

»Dann vielleicht morgen?«

»Das weiß ich noch nicht. Ich habe so viel zu tun. Wenn ich Zeit habe, sage ich es dir.«

Ich schwieg. War das nun eine Abfuhr oder durfte ich hoffen?

»Na dann auf Wiedersehen und mach schön weiter mit deinen Schularbeiten«, verabschiedete ich mich.

In den nächsten Wochen sprachen Hannelore und ich manchmal in den Schulpausen über belanglose Dinge. Zumindest das hatte ich durch meine forsche Aktion an ihrer Wohnungstür bewirkt. Zu einem Rendezvous kam es jedoch nicht.

Mehrere Male im Schuljahr besuchten die beiden letzten Klassen der Realschule Veranstaltungen in Münsters Stadttheater. Wir gingen gerne dort hin. Nicht zuletzt, weil wir freie Platzwahl hatten und Jungen und Mädchen meist bunt gemischt nebeneinander saßen. An einem Abend besuchten wir eine Opernaufführung. Gegeben wurde La Traviata von Verdi. Der Zuschauerraum war etwa zu einem Drittel gefüllt, als ich ihn, wie die anderen festlich gekleidet, betrat. In einer mittleren Reihe des Parketts saß Hannelore mit einigen Mädchen aus ihrer Klasse. Die Plätze rechts neben ihr waren bis zum Gang frei. Kurz entschlossen trat ich in die Reihe und setzte mich neben sie, den Mädchen einen Guten Abend wünschend. Es kam mir gar nicht in den Sinn, zu fragen, ob der Platz nicht schon reserviert sei, so sehr war ich darauf fixiert, dass sich ja kein anderer auf den Platz neben sie setzte. Keines der Mädchen protestierte. Hatte ich einen Sieg errungen? Es schien so, denn nach mir eintreffende Klassenkameraden erblickten mich, neben Hannelore sitzend, und nickten mir vielsagend lächelnd zu. Anerkennung und Verwunderung war auf einigen Gesichtern zu lesen. Das hatten sie nicht von mir erwartet. La Traviata habe ich später noch einige Male gesehen. Das war auch nötig, denn an diesem Abend bekam ich wenig von der Handlung mit. Als ich zaghaft Hannelores Hand berührte, erwiderte sie die Berührung. Bald saßen wir Händchen haltend nebeneinander. Ein wohliges Gefühl durchzog meinen Körper. Meine Gedanken schweiften ab und malten sich aus, wie es mit uns weitergehen könnte. In der Pause ereignete sich zwischen uns nichts Besonderes. Sie unterhielt sich mit ihren Freundinnen und ich mich mit meinen Klassenkameraden.

»Wie hast du es nur geschafft, neben Hannelore zu sitzen? Einige haben dich richtig neidisch angesehen«, sprach mich ein Schulfreund an.

»Ja, man muss sich was trauen«, antwortete ich vieldeutig.

Ein anderer haute mir auf die Schulter und sagte im Vorbeigehen nur: »Weiter so.«

Nach der Vorstellung fragte ich Hannelore, ob sie noch mit mir einen Spaziergang machen möchte. Sie willigte ein, obwohl das Wetter regnerisch war. Sie hatte einen Regenschirm bei sich, den ich aufspannte. Eng aneinandergeschmiegt gingen wir durch den Nieselregen nahegelegene Straßen der Innenstadt entlang. Es war dunkel und nur selten sah man einen Menschen, nicht verwunderlich bei diesem Sauwetter. An Einzelheiten unserer Unterhaltung kann ich mich nicht erinnern. Sie in den Arm zu nehmen und zu küssen traute ich mich nicht. Dazu war ich viel zu schüchtern. Wir hätten uns dazu auch unterstellen müssen, denn mit den Schirm in der einen Hand war es bei meiner Unerfahrenheit zu schwierig. So blieb es beim Händchenhalten und belanglosen Gesprächen.

Nachdem wir eine geraume Weile so nebeneinander gegangen waren, fragte sie mich plötzlich: »Weißt du, was Idealismus ist?« Und fuhr ohne auf eine Antwort zu warten fort: »Dass ich hier mit dir im Regen spazieren gehe.«

Wie vor den Kopf gestoßen, nahm ich sprachlos diese Beleidigung hin. Mir war die Lust an einem weiteren Beisammensein mit Hannelore gründlich vergangen.

Ich ließ ihre Hand los und sagte nur: »Dann bringe ich dich jetzt nach Hause.«

Der Weg zu ihrer Wohnung war nur kurz. Wortlos langten wir dort an. Ich klappte den Schirm zu, überreichte ihn ihr und wünschte eine gute Nacht. Ich habe nie hinterfragt, was sie mir mit ihrer Bemerkung sagen wollte und habe auch mit niemanden darüber gesprochen.

Erst auf unserer Schulabschlussfeier hatten wir wieder engeren Kontakt. Zuvor ging ich ihr aus dem Weg und sie merkte das wohl. Schnell tröstete sie sich mit einem Jungen aus der gemischten Parallelklasse. Auf der Abschlussfeier machte ich einen letzten Versuch, mich ihr zu nähern, und setzte mich dazu an den Tisch, an dem sie mit Schulfreundinnen saß. Keinerlei Entgegenkommen von ihr. Sie flirtete nur mit mehreren Jungen hemmungslos. Wollte sie mich eifersüchtig machen? Nein, eifersüchtig auf die anderen Verehrer war ich nicht. Hannelores Verhalten belustigte mich nur. Meine Verliebtheit verschwand und wich einer gelassenen Ernüchterung. Wir waren mit dem Bus zu dem weit außerhalb Münsters gelegenen Lokal gefahren und fuhren am Ende der Zusammenkunft auch gemeinsam mit dem Bus zurück. Zufällig saß ich bei der Rückfahrt auf einem Fensterplatz hinter Hannelore. Neben ihr saß ihr neuer Verehrer. Die beiden hielten Händchen, wie ich unschwer durch die Lücke zwischen den Sitzen erkennen konnte. Angeheitert durch die konsumierten alkoholischen Getränke wurde ich übermütig, griff mit meiner linken Hand am Vordersitz vorbei und berührte Hannelore am Arm. Nicht ganz unerwartet für mich, griff sie mit ihrer freien linken Hand meine Hand und drückte sie. Was sollte ich davon halten? War es jetzt Zeit, ihr eine Lektion zu erteilen und mich für die Bemerkung beim Regenspaziergang zu revanchieren?

Ich entschloss mich dazu, beugte mich dicht an ihr rechtes Ohr vor und sagte halblaut: »Na, Hannelore. Führst du jetzt schon einen Zweifrontenkrieg?«

Sofort ließ sie meine Hand los und blieb die Antwort schuldig. Ich habe sie seit dieser Busfahrt nicht wiedergesehen. Später habe ich bei einem Klassentreffen erfahren, dass sie einen Mitschüler aus einer Klasse über uns geheiratet hat.

Wie sollte ich eine Freundin gewinnen? Dieser Gedanke ließ mich nicht mehr los. Immer noch war ich in Bärbel verliebt und hegte die leise Hoffnung, dass sie meine Liebe erwiderte. Zu Silvester war ich bei Peters Familie eingeladen, mit ihnen das Neue Jahr zu begrüßen. Der Abend verlief sehr harmonisch und reichlich Körperkontakte mit Beinen und Füßen unter dem Tisch hatte es zwischen Bärbel und mir auch gegeben. Ich schöpfte Hoffnung. Kurz vor Mitternacht machte ich den Vorschlag, auf die Straße zu gehen. Der besseren Sicht auf das Feuerwerk wegen. Peter und seine Eltern hatten dazu aber keine rechte Lust. Vielleicht wollten sie uns, denn unser Verhalten war ihnen wohl nicht verborgen geblieben, auch nur die Gelegenheit geben, alleine zu sein. Bärbel stimmte gleich zu. Also wünschte sie sich wohl in dieser Nacht auch, mit mir einige Zeit alleine zu verbringen. Eine ungeheure Aufregung überfiel mich. Anmerken ließ ich sie mir jedoch nicht.

Wir stiegen aus dem dritten Stock des Mietshauses die Treppe hinab und traten durch die Tür auf die Straße. Dort betrachteten wir einige Zeit die startenden und zerplatzenden Raketen, hörten die Böller und Schwärmer, die überall gezündet wurden, und wollten doch etwas anderes. Endlich fasste ich mir ein Herz, nahm Bärbel bei der Hand und zog sie um eine Hausecke ins Dunkle. Sie ließ es zu und erwiderte meine Zärtlichkeiten. Mutig geworden näherten sich meine Lippen ihren Lippen. Und dann küssten wir uns. Ja, wir beide wollten es. Es war ein unschuldiger Kuss mit sehr viel Gefühl, aber ohne auch nur die Andeutung weiterer Forderungen. Für mich war es der erste Kuss meines Lebens. Häufig hatte ich davon geträumt, aber nie war ich einem Mädchen so nahe gekommen. Nach allem was ich wusste, war es wohl auch für sie der erste Kuss. Lange lagen wir uns in den Armen, küssten uns wiederholt und waren doch unsicher, was jetzt folgen würde. Ich jubelte innerlich und konnte mein Glück kaum fassen. Mein Herz machte Sprünge und meine Seele erhob sich in den Liebeshimmel. Nach längerer Zeit gingen wir Händchen haltend zurück ins Haus und stiegen in die Wohnung hinauf. Dort warteten die anderen schon. Aber außer einigen belanglosen Worten, wie es denn draußen gewesen sei und ob wir das Feuerwerk schön gefunden hätten, wurde nicht weiter nachgefragt. Man wird uns wohl angesehen haben, was sich ereignet hatte. Peters und Bärbels Mutter hatte für die späte oder auch frühe Stunde, wie man will, noch eine Gulaschsuppe vorbereitet, die gegessen wurde. Am liebsten wäre ich die ganze Nacht geblieben, aber das ging nicht, da meine Mutter auf mich wartete. Nur zu verständlich, denn ich wohnte dort noch und meine Mutter hätte sich sonst Gedanken über mein Fernbleiben gemacht. Schließlich wurde ich erst in einigen Monaten siebzehn Jahre. Schweren Herzens verabschiedete ich mich, nicht ohne Bärbel im Hausflur nochmals in die Arme zu nehmen und zu küssen. Wir waren glücklich.

Unten im Hausflur schob ich mein Fahrrad aus der Tür und fuhr eine halbe Stunde nach Hause auf die Sentruper Höhe. Dort angekommen, konnte ich mich an die Fahrt nicht mehr erinnern. Die ganze Zeit hatte ich mir die gemeinsame Zukunft ausgemalt. Bärbel war gerade ein Jahr jünger als ich. Bis Ostern gingen wir beide noch zur Schule. Danach wollte Bärbel eine Ausbildung als Verkäuferin in einem angesehenen Schuhgeschäft der Innenstadt beginnen. Ich hatte vor, als Vorbereitung auf das Studium an einer Ingenieurschule eine Ausbildung als Stahlbauschlosser im Ruhrgebiet antreten. Es war klar, dass wir dann nur noch am Wochenende zusammen sein konnten. Weiter dachte ich nicht. Bis dahin gab es noch einige Monate täglichen glücklichen Zusammenseins. Auf der Fahrt wurden meine Zukunftsträume nur manchmal unterbrochen, wenn ich frohen Herzens das Lied vor mich hin summte, das anfängt mit: » Mein Mädel ist nur eine Schuhverkäuferin mit 50 Franc Saler in der Woche, aber sie sieht wie eine Königin aus ...«

Als ich zuhause ankam, war meine Mutter noch wach. Wir wünschten uns ein gutes Neues Jahr, tranken noch ein Glas Weißwein, einen lieblichen, wie sie ihn damals bevorzugt trank, und gingen anschließend zu Bett. Trotz der überwältigenden Ereignisse dieser Nacht schlief ich bald ein.

In den nächsten Wochen trafen Bärbel und ich uns regelmäßig, gingen spazieren oder sahen uns Filme in einem der vielen Kinos in Münster an. Natürlich wollte ich mehr als nur Küsse, aber auch die ließ sie nur noch manchmal zu. Wollte sie mich hinhalten, hatte sie Angst oder gab es gar jemand anderen? Ich konnte mir ihr Verhalten nicht erklären. Es verstrichen drei Monate mit Zuversicht, Hoffen und Bangen. Was sollte ich nur zur Klärung der Situation anstellen?

Anfang April begann ich die Ausbildung bei der DEMAG in Duisburg. Bärbel blieb in Münster und trat ihre Lehre an. Ich wohnte wieder bei meinen Großeltern in Katernberg. An den Wochenenden fuhr ich regelmäßig nach Münster. Bärbel und ich trafen uns häufig, aber nicht jedes Wochenende. Wenn wir nichts zusammen unternahmen, war ich am Samstag meist mit Peter unterwegs. Sonntags spielte ich regelmäßig Handball, da meine Mannschaft, obwohl ich in der Woche nicht mit ihr trainieren konnte, nicht auf mich verzichten wollte. Der Sonntag war daher in der Regel durch das Handballspiel und das anschließende Beisammensein mit den Mannschaftskameraden ausgefüllt. Am späten Nachmittag oder am Abend ging es dann zurück zu meinen Großeltern nach Essen.

An einem Sonntag hatte ich nur mittelmäßig beim Feldhandball gespielt. Das, was ich am Samstag erfahren hatte, ging mir nicht aus dem Kopf, sodass ich mich nur mühsam auf das Spiel konzentrieren konnte. Dennoch erreichten wir ein Unentschieden gegen eine gute Mannschaft aus der Liga, bei der auch ein früherer Klassenkamerad aktiv war. Am Samstag hatte mir Bärbel durch ihren Bruder ausrichten lassen, dass sie an diesem Wochenende keine Zeit für ein Treffen mit mir hätte. Das hatte mich tief berührt, machte mich traurig und verzweifelt. Was war der Grund für ihre Absage? Ich drang tiefer in Peter ein, mit dem ich mich in der Palette verabredet hatte. Nach zwei hochprozentigen Escorial Grün rückte Peter, nach den richtigen Worten ringend, mit der ganzen Wahrheit heraus.

»Weißt du, Fritz«, sagte er, »es tut mir selbst weh, dich leiden zu sehen. Aber du hast Anrecht auf die ganze Wahrheit, selbst wenn es dir danach noch schlechter gehen sollte.«

Versteinert saß ich da, kaum eines Gedanken fähig und hörte wie im Nebel zu, als Peter fortfuhr: »Bärbel hat in ihrem Schuhgeschäft einen jungen Mann kennengelernt, der dort als Elektrolehrling mit seinem Meister Arbeiten ausführte. Sie hat sich in ihn verliebt und um es kurz zu machen: Sie sind jetzt zusammen.«

Ich wachte langsam aus dem Nebel meiner Gefühle auf und fragte mit Tränen in den Augen schluchzend: »Ist das endgültig?«

»So wie ich meine Schwester kenne, wirst du sie nicht umstimmen können«, antwortete Peter.

»Aber ich möchte von ihr selber hören, dass sie nicht mehr mit mir zusammen sein will«, wand ich zornig ein.

»Es macht keinen Sinn, mit ihr zu reden, du würdest danach noch trauriger und verzweifelter sein, ohne dass du etwas geändert hättest«, versuchte Peter mich umzustimmen.

Tief im Innern wusste ich, dass mein Freund Recht hatte. Doch sie war immer noch da, die tiefe Liebe zu Bärbel. Bedeuteten ihr denn all die Küsse nichts mehr? Was hatte ich falsch gemacht? Hätte ich nicht von Münster weggehen und mir hier eine Ausbildungsstelle suchen sollen?

Voll tiefer Traurigkeit verabschiedete ich mich von Peter und fuhr mit dem Fahrrad nach Hause.

Am Sonntag war ich nach dem Handballspiel den ganzen Nachmittag ziellos durch die Straßen und Gassen der Stadt gestrichen und hatte doch nur einen Gedanken, um den alles kreiste: Warum will Bärbel nichts mehr von mir wissen? Gab es trotz der Einschätzung von Peter noch Hoffnung, sie umzustimmen?

»Sieh es realistisch«, sagte ich mir, »es hat keinen Sinn mit ihr zu reden. Akzeptiere es so, wie es ist.«

Dennoch überkam mich immer wieder diese tiefe Traurigkeit. Warum wollten die Mädchen trotz hoffnungsvollen Beginns einer Freundschaft später nichts mehr von mir wissen? Denn auch einige andere Mädchen hatten mir zuvor mehr oder minder offen einen Korb gegeben. Wollte ich am Anfang zu viel oder möglicherweise auch zu wenig? Oder was war es, das die Mädchen zögern ließ? An meiner äußeren Erscheinung konnte es wohl nicht liegen. Obwohl: Manchmal hatte ich auch da Zweifel. Ich maß fast 1,90 m, war blond und sportlich, hatte angenehme Gesichtszüge, wie mir immer wieder versichert wurde, grau blaue Augen und eine wohlklingende tiefe Stimme. Da mein Körperbau etwas untersetzt ist, wie schon bei meinem Vater, wirkte ich allerdings etwas stämmig, wenn ich einige Kilo zu viel wog. Aber das war jetzt nicht der Fall. Mit meinen dicken Knochen war das aktuelle Gewicht von knapp 90 Kilo durchaus akzeptabel. Ich sah nicht dick aus, sondern muskulös und durchtrainiert. Warum also hatte ich noch keine feste Freundin gefunden? Ich war verzweifelt. Was sollte ich nur tun? Dass Bärbel nichts mehr von mir wissen wollte, tat nach wie vor weh. Dazu kamen aber jetzt noch grundsätzliche Zweifel, ob ich jemals eine Freundin finden würde. Erfüllt von diesen trüben, hoffnungslosen Gedanken lehnte ich mich mit dem Gesicht an eine Hauswand. Tränen traten aus meinen Augen und voller Verzweiflung weinte und schluchzte ich bitterlich. Mir war es egal, ob das jemand bemerkte. Immer nur der eine Gedanke: Warum habe ich noch keine feste Freundin? Woran liegt das? Ich überquerte die Straße, schritt über den Bahnhofsvorplatz und trat in das Bahnhofsgebäude. Eine Fahrkarte besaß ich schon, da ich in Essen üblicherweise eine Hin- und Rückfahrkarte kaufte. Obwohl ich jetzt wieder voll realisierte, was zu tun war, schweiften meine Gedanken immer wieder ab. Viele meiner Freunde hatten schon mehr oder weniger intime Liebschaften gehabt oder waren in einer festen Beziehung, nur mir war es trotz einiger Versuche nicht gelungen.

An den letzten Versuch erinnerte ich mich noch genau. Es war nur wenige Wochen her, als ich mit meinem Essener Schulfreund Alfred aus Kindertagen den Sonntag am sogenannten Entenfang, einem beliebten Badesee in Mühlheim, verbracht hatte. Es war ein sehr heißer Tag. Die Sonne brannte und viele Menschen lagerten auf den Wiesen rund um den See und badeten gelegentlich zur Abkühlung. Alfred und ich hatten unsere Decken inmitten anderer Sonnenhungriger ausgebreitet, dösten vor uns hin und schwammen im See, wenn uns zu heiß wurde. Da wir langsam Durst bekamen, erbot ich mich, an einem nahegelegenen Kiosk Getränke zu kaufen. Dazu galt es, einen kleinen, knöcheltiefen Zufluss zum See zu durchwaten. Gerade ins Wasser getreten, kam mir von der anderen Seite des Zulaufs ein junges Mädchen, wie es schien, etwa in meinem Alter, entgegen. Sie hatte wohl Leergut am Kiosk abgegeben und war nun auf dem Rückweg zu ihrem Lagerplatz. Wir sahen uns an und lächelten einander zu. Sie war mittelgroß, ebenmäßig gewachsen und mit langen braunen Haare, die zu einem Pferdeschwanz gebunden waren.

Sehr angerührt von ihrem Aussehen folgte ich einem spontanen Drang und sprach sie an: »Entschuldigen Sie bitte, haben die drüben am Kiosk überhaupt noch kalte Getränke?«

Eine blödere Eröffnung hätte dir nicht einfallen können, schoss es mir durch den Kopf. Merkwürdigerweise lächelte das Mädchen mich jedoch weiter an und schien durchaus gewillt, das Gespräch fortzusetzen.

»Nein, Getränke gibt es dort nicht mehr, auch kein Eis«, antwortete sie.

»Na, dann gehe ich gar nicht erst rüber, vielen Dank für die Auskunft«, erwiderte ich.

Bemüht, die so hoffnungsvoll begonnene Kontaktanbahnung fortzusetzen, fragte ich, ob sie häufiger an diesen See käme, und fuhr fort: »Ich bin heute mit einem Freund zum ersten Mal hier und vielleicht können Sie mir etwas mehr zum See und zu guten Lagerplätzen sagen.«

»Ja, ich kenne mich hier recht gut aus«, teilte sie mir mit: »Setzen wir uns doch dort drüben unter den Baum im Schatten an die Böschung, dann können wir reden.«

Heute scheint es verwunderlich, dass sich junge Leute bei der ersten Kontaktaufnahme in dem Alter mit »Sie« anreden. In den Fünfzigern war das aber ganz normal. Das »Du« kam später, mehr oder weniger schnell oder manchmal überhaupt nicht, wenn der Kontakt frühzeitig von einer Seite abgebrochen wurde. Wir setzten uns nebeneinander und ich lauschte interessiert ihren Ausführungen zum See, zu den Lagerplätzen und zu Verkehrsverbindungen. Während des Gesprächs fragte sie: »Was machen Sie denn so beruflich?«

Wahrheitsgemäß gab ich Auskunft: »Ich mache eine Ausbildung zum Stahlbauschlosser bei einer großen Stahlbaufirma in Duisburg und will danach in Dortmund an der Staatlichen Ingenieurschule studieren.«

»Oh, sehr interessant, aber andere studieren in Ihrem Alter doch schon«, fragte sie und hakte nach: »Gab es dafür Gründe?«

Einfältig, wie ich damals war, vermutete ich hinter dieser Frage weiter nichts, sondern antwortete: »In meinem Alter? Na, für mein Alter von 17 Jahren bin ich ganz normal weit. Weiter kann ich da gar nicht sein.«

Ich dachte, dass diese Rechtfertigung ihre Frage wohl befriedige, und wartete auf ihre Antwort.

Es kam aber eine Gegenfrage: »Wie alt schätzen Sie mich denn?«

»Etwa so alt wie ich, 16 oder 17 Jahre. Habe ich recht?«, bemühte ich mich, das Gespräch fortzusetzen.

»Ja, etwa in dem Alter«, antwortete sie, ohne Genaueres zu sagen.

Bevor ich weiter in sie dringen konnte, erhob sie sich, nachdem sie auf die Uhr geschaut hatte und sagte: »Oh, es ist schon spät. Ich muss jetzt mal nach meinen Freunden sehen. Die warten sicher schon auf mich, denn wir wollten eigentlich schon aufbrechen.«

»Soll ich mit Ihnen gehen, dann können wir noch etwas reden«, versuchte ich das Gespräch zu verlängern.

»Nein, ich sehe nur mal eben nach und komme dann wieder«, entgegnete sie. Da ich nach ihren Erklärungen etwa den Lagerplatz ihrer Freunde lokalisieren konnte, ließ ich mich auf diesen Vorschlag ein. Notfalls wusste ich ja, wo sie zu finden war. Ich wartete etwa eine Viertelstunde. Aber sie kam nicht zurück. Unruhig geworden erhob ich mich, ging den kleinen Hügel hinauf und an der anderen Seite wieder hinunter zu einer kleinen Senke, wo ihren Angaben zufolge sie und ihre Freunde zu finden waren. Sie war aber nicht da und wen sollte ich nach ihr fragen. So ging ich zu meinem Freund Alfred zurück, der sich schon gewundert hatte, wo ich und die Getränke blieben. Ich teilte ihm mit, dass es keine Getränke mehr gäbe und erzählte ihm von meiner neuen Bekanntschaft.

»Ich gehe noch mal zu dem Platz zurück, wo wir gesessen haben. Vielleicht ist sie ja aufgehalten worden und ist jetzt da oder kommt noch zurück«, schlug ich Alfred vor, »bitte warte hier noch etwas. Du weißt ja, wo ich bin«.

Ich ging zurück. Sie war nicht da und ich wartete. Nach einer halben Stunde gab ich auf. Sie würde wohl nicht mehr kommen. Woran mag das nur gelegen haben?

Als ich zu seinem Freund zurückkehrte, stellte ich Alfred genau diese Frage: »Woran mag es gelegen haben, dass sie nicht zurückgekommen ist?«

Alfred grinste und meinte: »Du hast dich selten dämlich verhalten. Es lag daran, ihr zu sagen, wie alt du bist. Sie war sicherlich einige Jahre älter und hat daher den Kontakt abgebrochen.«

»Ja, du hast Recht. Wie dumm von mir, aber sie sah wirklich so aus, als wenn sie in unserem Alter wäre«, stimmte ich Alfreds Ansicht zu.

Tanzschule

In der letzten Realschulklasse wurde uns ermöglicht, an einem Tanzkurs mit gleichaltrigen Mädchen aus der sechsten Klasse des Freiherr-von Stein-Gymnasiums teilzunehmen. Es war damals das einzige evangelische Gymnasium für Mädchen in Münster. Mein Freund Peter bekam so ein Angebot durch seine Schule nicht und fragte, ob er nicht an unserem Tanzkursus teilnehmen könne. Wir zogen Erkundigungen ein und gingen schließlich gemeinsam zum Tanzkurs. Die erste Tanzstunde kam. Die Jungen saßen, durch die Tanzfläche getrennt, den Mädchen, auf Stühlen sitzend gegenüber. Wir Jungen lernten, auf die Mädchen zuzugehen und sie zum Tanz aufzufordern. Als der Tanzlehrer das Kommando gab, stürmte jeder von uns auf das Mädchen zu, das er sich als Tanzpartnerin ausgesucht hatte. Es gab ein heilloses Durcheinander. Einige schossen nach links, andere nach rechts oder geradeaus auf sich kreuzenden Wegen auf die Mädchen zu. Das führte bei einigen zu Verzögerungen, sodass es nicht jedem gelang, seine Auserwählte aufzufordern. Auch mir nicht. Immerhin war ich nicht unglücklich über das Mädchen, das ich auffordern konnte. Sie sah recht nett aus, lächelte mich verschmitzt an und trat mit mir, wie die anderen Paare, auf die Tanzfläche. Die Musik begann und wir lernten die ersten Tanzschritte. Meine Partnerin und ich harmonierten gut miteinander. Sie ließ sich führen und bald gelangen auch die ersten Drehungen. Der Tanzlehrer blickte über die Paare und trat dann auf mich zu mit den Worten: »Bitte wechseln Sie die Partnerin«, und führte mich zu einer großen, stämmigen Frau, die mit einem deutlich kleineren Jungen tanzte. Ich wollte nicht unhöflich sein und so tauschten mein Klassenkamerad und ich die Partnerinnen. Mit sechzehn Jahren war ich mit 1,86 Metern einer der größten in unserer Klasse. Meine neue Partnerin stand mir darin nicht nach. Nur war sie deutlich stämmiger als ich, obwohl ich nicht gerade schlank bin. Die erste Drehung kam und sie blieb einfach stehen. Keinerlei Bemühungen, sich meinen Schritten anzupassen. Nach einigen Zwischenschritten folgte die nächste Drehung. Wieder blieb sie stehen. Dieses Mal war ich darauf gefasst, hob sie hoch, machte meine Tanzschritte zur Drehung und stellte sie wieder auf den Boden. Protestiert hat sie nicht und auch sonst war sie sehr schweigsam. Jedes Mal musste ich sie bei den Drehungen anheben. Auf die Dauer strengte mich das so an, dass ich zu schwitzen begann. Der Tanz endete und es begann der Unterricht zu Schritten eines anderen Tanzes. Jetzt übten Jungen und Mädchen zunächst unabhängig voneinander. Erleichtert erholte ich mich von den Anstrengungen. Danach war wieder Paartanz angesagt, Gottseidank einer ohne gemeinsame Drehungen. Ich überstand auch diese Tänze, sehr unbeholfen, mit meiner gewichtigen Partnerin. Nach dem Ende der Tanzstunde sprach ich den Tanzlehrer wegen der Schwierigkeiten mit meiner Partnerin an. Er versprach, dass ich in der nächsten Stunde nicht mehr mit ihr tanzen müsse. Bei meiner neuen Partnerin blieb ich bis zum Ende des Tanzkurses. Die stämmige junge Frau erschien übrigens nicht mehr zur Tanzstunde. Die Gründe für ihr Fernbleiben sind mir unbekannt.

Meine neue Tanzpartnerin hatte ein sehr angenehmes Wesen und wir unterhielten uns angeregt. Von Verliebtheit spürten wir beide aber nichts. Wir mochten uns, mehr war nicht. Nach jeder Tanzstunde waren die Jungen verpflichtet, die Mädchen nach Hause zu bringen. Meine Tanzpartnerin wohnte am Ende der Kanalstraße, schon fast am Stadtrand. Es war ein weiter Weg, der uns aber nicht langweilig wurde, da wir uns angeregt unterhalten konnten. Ich hielt es nicht für geziemend, sie mit meinem Fahrrad in der Hand nach Hause zu begleiten und ließ das Fahrrad daher an der Tanzschule in der Innenstadt stehen. Nach unserer Verabschiedung vor ihrer Haustür musste ich den ganzen langen Weg zurückgehen, bevor ich mich auf das Fahrrad schwingen und nach Hause auf die Sentruper Höhe fahren konnte. Peter hatte ebenfalls Glück mit seiner Partnerin, die aber nicht an ihm, sondern an mir interessiert zu sein schien. Das beruhte nicht auf Gegenseitigkeit, vielmehr suchte ich ihr aus dem Weg zu gehen. Während unserer Tanzstundenzeit gelang mir das gut. Später, als ich schon meine Ausbildung in Duisburg machte und nur die Wochenenden in Münster verbrachte, trafen wir sie manchmal in unserem Stammlokal, der Milchbar Palette in der Neubrücken Straße und konnten ihr nicht ausweichen. Zurückgekehrt von meiner Reise nach London zu Tante und Onkel wollten Peter und ich unser Wiedersehen in der Palette gebührend feiern.

Ich war gut bei Kasse, da ich in London wenig Geld ausgegeben hatte, und gab den ersten Escorial grün aus. Meist trafen wir in der Palette auch Bekannte, die mit uns die neuesten Nachrichten austauschten. Heute war es aber noch leer. Niemand, den wir kannten, war anwesend. So setzten wir uns nach der Bestellung an einen Vierertisch im hinteren Teil des Lokals mit Fenster zum Hof. Ich erzählte von meiner Reise. Während wir noch ins Gespräch vertieft waren, betrat Peters Tanzstundenpartnerin, die so viel Interesse an mir gezeigt hatte, das Lokal. Freudig begrüßte sie uns, setzte sich an unseren Tisch und betonte, wie glücklich sie sei, mich hier wiederzusehen und wo ich so lange gesteckt hätte. Ihr war nicht bekannt, dass ich im Ruhrgebiet arbeitete und auch dort wohnte. Peter und ich legten keinen Wert auf ein Gespräch mit ihr, aber wir wollten sie auch nicht vor den Kopf stoßen. So schwiegen wir längere Zeit. Offensichtlich behagte das unserer Bekannten überhaupt nicht, sodass sie fragte: »Was habt ihr denn, warum seid ihr so schweigsam?«

Bevor ich antworten konnte, ergriff Peter das Wort: »Fritz war einige Zeit in Paris und hat dort eine Frau kennengelernt.«

Er hoffte, mit dieser Antwort, die mich völlig überraschte, ein für alle Mal klar zu stellen, dass sie sich keine Hoffnung machen solle. Das war aber ein Trugschluss, denn Doris, so hieß die Bekannte, war nun sehr neugierig geworden, Näheres zu erfahren. Wir waren verlegen und wussten nicht so recht, was wir noch sagen sollten.

Wiederum ergriff Peter die Initiative und sagte: »Fritz möchte über diese Geschichte nicht reden, denn sie belastet ihn sehr.«

Damit wurde bei Doris ein noch größeres Aufklärungsbedürfnis geweckt. Wir hatten in unserem jugendlichen Alter sehr wenig Erfahrung, wie man sich in solchen Situationen jungen Frauen und Mädchen gegenüber verhält. Wie konnten wir das Gespräch beenden, ohne Doris zu beleidigen? Wir waren in einer Zwickmühle. Ich hatte mich bisher nicht maßgeblich an dem Gespräch beteiligt und war auch nicht geneigt, das jetzt zu tun. Da Peter und ich uns sehr gut verstanden und wir beide die junge Dame loswerden wollten, griff Peter – mein Einverständnis voraussetzend – zu schärferen Waffen.

»Ich weiß nicht, ob Fritz damit einverstanden ist, aber ich glaube, du solltest die ganze Wahrheit erfahren«, meldete er sich und fuhr fort: »Wie gesagt, Fritz hat in Paris eine junge Frau kennengelernt und die erwartet nun ein Kind von ihm.«

Das hatte gesessen. Sowohl bei Doris als auch bei mir, der ich völlig überrascht war.

»Na ja, das ist dann ja wohl dein Problem«, wandte sich Doris höhnisch an mich und verließ das Lokal. Ich habe die junge Dame nie wiedergesehen.

Peter und ich waren über diesen Ausgang der Begegnung nicht glücklich. Ja, Peter war übermütig gewesen, aber daraus konnte ich ihm keine Vorwürfe machen, sondern lobte ihn sogar noch wegen seines Einfalls. Wir tranken unsere Escorials aus und verließen das Lokal in Richtung Prinzipalmarkt und Lambertikirche, um uns noch etwas die Beine zu vertreten. Wir blieben wortkarg und hingen noch dem gerade Erlebten nach. Wir hatten Doris verletzt und bedauerten unser übermütiges, unüberlegtes Verhalten. Einige unserer Freunde hätten solche Skrupel nicht gehabt. Im Gegenteil. Manche hätten sich mit diesem Verhalten sogar noch gebrüstet; aber das entsprach nicht unserem Charakter.

Schulabschluss

Unser Schulabschluss sollte gebührend im Rahmen einer großen Veranstaltung gefeiert werden. Alle drei Klassen des Abschlussjahrgangs 1957 waren schon Monate vorher fieberhaft bemüht, ein begeisterndes Programm aufzustellen. Nach längeren Beratungen entschlossen wir uns, als unseren Hauptbeitrag ein lustiges Ritterstück aufzuführen. In einem weiteren Programmpunkt sollte ein Klassenkamerad ausgezeichnet werden. Im Programmkomitee unserer Klasse waren wir uns frühzeitig einig, wen es treffen sollte. Der Betroffene sollte es aber erst erfahren, wenn er bei der Veranstaltung auf die Bühne gerufen wurde. Es gelang uns, das Geheimnis bis zu diesem Zeitpunkt im Zirkel der Eingeweihten zu bewahren. Unserem Klassenlehrer Dr. Ringleben wollten wir zudem noch ein Buch mit allen unseren Unterschriften überreichen. Für den Hauptbeitrag suchten wir nach Sichtung verschiedener Stücke aus einer käuflichen Textsammlung eine Verwicklungskomödie im Rittermilieu aus. Auf die Handlung kam es dabei nur am Rande an. Wir wollten das Publikum mit lustigen Texten zu Lachstürmen hinreißen. Zunächst mussten wir die Mitwirkenden festlegen. Die Auswahl blieb begrenzt, da nicht sehr viele bereit waren, Texte auswendig zu lernen und vor Publikum aufzutreten. Schließlich hatten wir das Ensemble, bestehend aus Udo, Peter, Walter, Günter und mir, zusammen. Die Handlung sei kurz umrissen. Ein Ritter verliebt sich in ein Burgfräulein und will es heiraten. Ihre Eltern sind jedoch dagegen. Es kommt zu verbalen und handgreiflichen Auseinandersetzungen zwischen Ritter und Vater, die mit den Schwertern ausgetragen werden, ohne dass Blut fließt. Niemand stirbt, niemand wird verletzt. Ende gut, alles gut: Der Ritter bekommt seine Angebetete und söhnt sich mit dem zukünftigen Schwiegervater aus. Die Proben hatten allen Mitwirkenden großen Spaß gemacht. Die Texte und Pointen saßen. Die Aufführung konnte kommen.

Da es in unserer Schule keine Aula gab, fand die Veranstaltung in einem großen Saal in der Nähe des Aasees statt, der bis auf den letzten Platz gefüllt war. Nach dem offiziellen Teil, bei dem auch Dr. Ringleben sein Buchgeschenk von unserem Klassensprecher überreicht bekam, waren die Aufführungen der drei Klassen an der Reihe. Das buntgemischte Programm begann mit einem chinesischen Stück unserer Mädchenklasse. Es schlossen sich Musikdarbietungen und kleine Sketche der gemischten Klasse an. Etwa zur Hälfte der Veranstaltung war unser Auftritt festgelegt. Hinter der Bühne legten wir unsere Kostümierung an. Udo als Burgfräulein war grell geschminkt und trug ein schreiend buntes Kleid mit einer angesetzten Haube. Das Publikum lachte über die ungewöhnlich schrille Kleidung. Peter trat in einer geschniegelten Uniform mit Säbel und Gitarre als Minnesänger und liebender Ritter auf. Ich selbst trug eine enge schwarze Hose, die an den Unterschenkeln kreuzweise mit weißem Band umwunden war, ein dunkles, ärmelloses Hemd, schräg umwunden mit einer Schärpe, einen goldfarbenen Umhang über der Schulter und eine Baskenmütze als Barrett mit einer Feder.

Es machte riesig Spaß, die humorvollen Texte vorzutragen und uns bei der Schauspielerei richtig auszuleben. Der Schlussapplaus brandete auf und wir waren sicher, dass wir eine gute Aufführung zustandegebracht hatten. Die spätere Nachfrage bei den Anwesenden zeigte jedoch, dass wir wohl nur den zweitbesten Auftritt hatten. Das Schauspiel unserer weiblichen Parallelklasse bewertete man höher. Nun gut, damit konnten wir leben.

Unsere Überraschung traf einen Kameraden, der sich gerne als Querulant in der Klasse gab. Er wurde auf die Bühne gebeten und Winfried, unserer Conférencier, hängte ihm ein großes Schild mit der Aufschrift »Unserem diesjährigen Querschläger« um. Beschwert hat sich der Ausgezeichnete nicht, vielmehr machte er gute Miene zum nicht ganz so bösen Spiel. Auch hinterher hat er uns diese Aktion nicht übelgenommen. Er wusste wohl, dass er die »Auszeichnung« zu Recht bekommen hatte.

Der Ernst des Lebens beginnt

Diesen Spruch hört man so oft, wenn jemand in das Berufsleben eintritt. Ich habe den Übergang niemals so empfunden. Die Suche nach einem Ausbildungsplatz als Stahlbauschlosser hatte sich schwierig gestaltet. In Münster und Umgebung war daran gar nicht zu denken. Im Ruhrgebiet gab es bessere Möglichkeiten. Schon meine Groß- und Urgroßeltern väterlicherseits waren bei Krupp beschäftigt gewesen. Wegen dieser Familientradition schien es mir am erfolgreichsten zu sein, mich erst mal bei Krupp um eine Ausbildungsstelle zu bewerben. Es kam eine Absage, die ich mir nicht erklären konnte, hatte sie aber hinzunehmen. Nach einigen weiteren Bewerbungen lud mich die DEMAG in Duisburg zu einem Eignungstest ein. Ich fuhr dorthin und musste feststellen, dass 120 Bewerber für 30 zu vergebende Ausbildungsplätze eingeladen waren. Das war Anfang 1957, als ich noch zur Schule ging. Um es kurz zu machen: Ich bekam einen der wenigen Ausbildungsplätze.

Mit Beginn der Ausbildung wohnte ich bei meinen Großeltern in Essen-Katernberg. Jeden Tag fuhr ich von dort zu meiner Arbeitsstelle nach Duisburg-Hochfeld. Von Katernberg-Süd aus erreicht der Zug nach etwa einer halben Stunde den Duisburger Hauptbahnhof. Hier musste ich aussteigen und zu Fuß zur Arbeitsstätte gehen. Manchmal, wenn es zeitlich knapp wurde, fuhr ich mit der Straßenbahn, aber da dies nur unwesentlich weniger Zeit in Anspruch nahm, verzichtete ich meist darauf. Ich hatte wenig Geld und sparte jeden Pfennig, so auch für die Straßenbahnfahrt. Rechtzeitig vor 7 Uhr, dem Arbeitsbeginn, erreichte ich das Werkstor der Firma. Nachdem ich in der Umkleide im Keller meine Arbeitskleidung angezogen und den Spind abgeschlossen hatte, fuhr ich mit dem Aufzug in das erste Obergeschoss, wo sich die Lehrwerkstatt befand. Zur Ausbildung als Stahlbauingenieur hatte ich mich im letzten Schuljahr aufgrund einer in der Schule vom Deutschen Stahlbauverband verteilten Broschüre entschlossen. Besonders die darin vorgestellte Möglichkeit, Stahlbrücken in aller Welt zu bauen, begeisterten mich und hat letztlich den Ausschlag zu dieser Entscheidung gegeben. Die Berufsrichtung schien zudem in der Familie zu liegen, denn mein Großvater väterlicherseits war gelernter Schlosser und Elektriker. Die Familie war Anfang des 20. Jahrhunderts von Ostpreußen in das

Ruhrgebiet gekommen, wie viele Millionen anderer Menschen, die hier Brot und Arbeit fanden.

Die Lehrwerkstatt erstreckte sich über zwei Hallenschiffe. Mein Arbeitsplatz befand sich im linken Hallenschiff. Getrennt durch einen Mittelgang standen dort hintereinander neun Reihen Werkbänke mit jeweils drei Arbeitsplätzen links und rechts des Ganges. Hier arbeiteten die Schlosser. Weiter hinten gab es Dreh-, Fräs- und Hobelbänke, an denen die Dreher und Fräser ausgebildet wurden. Als ich die Lehrwerkstatt betrat, grüßte ich kurz im Vorbeigehen die schon Anwesenden auf dem Weg zu meinem Arbeitsplatz. Jeder Arbeitsplatz der auszubildenden Schlosser wurde durch einen Schraubstock dominiert, neben dem in Reih und Glied die Werkzeuge, es handelte sich zumeist um Feilen der verschiedensten Art, aufgereiht waren. Ein Meister betreute je zwölf Auszubildende. Mein Meister wurde von seinen Schützlingen wegen seiner menschlichen und kompetenten Art sehr geschätzt. Da hatte ich viel Glück gehabt, denn es gab auch andere Ausbilder, die ziemlich rüde mit den Auszubildenden umsprangen. Mein Meister war schon an seinem Platz, der sich seitlich neben den Werkplätzen befand, anwesend. Ich grüßte ihn höflich und wir wünschten uns, jetzt am Montagmorgen, gegenseitig einen guten Wochenbeginn.

Der Platz rechts neben mir war noch unbesetzt. Hier arbeitete Martin, mit dem ich mich schon am ersten Tag Anfang April angefreundet hatte. Martin kam in der Regel auf die letzte Sekunde oder einige Minuten nach Arbeitsbeginn. Der auf Disziplin und Pünktlichkeit bedachte Meister musste ihn häufig wegen des verspäteten Eintreffens ermahnen, ohne dass es bei Martin eine große Wirkung hinterlassen hätte. Martin war in diesen Dingen etwas nachlässig. Kurz vor sieben Uhr kam Martin schnellen Schrittes zu seinem Platz.

Der Meister sah das wohlwollend, wandte sich an ihn und sagte: »So gefällst du mir. Am Montagmorgen pünktlich zu erscheinen, lässt ja hoffen, dass du dich besserst.«

Martin nickte und antwortete: »Ich werde mich bessern.«

Martin begrüßte mich mit einem Handschlag und fragte: »Na wie war das Wochenende in Münster?«

»Na ja, wir haben gegen Borussia, eine sehr starke Mannschaft, unentschieden gespielt. Und ein früherer Klassenkamerad, der bei Borussia spielt, wollte mich sogar abwerben. Aber ich habe abgelehnt«, antwortete ich einsilbig, meine Enttäuschung mit Bärbel verschweigend.

Mittlerweile hatten die Auszubildenden sich der Arbeit an ihren Lehrstücken zugewendet. Jeder Auszubildende des ersten Lehrjahres hatte 50 sogenannte Lehrstücke anzufertigen. Das waren Stücke aus Baustahl, die durch Feilen, Hämmern oder Bohren entsprechend vorgegebenen Zeichnungen zu bearbeiten waren und die nach Qualität und verwendeter Zeit durch den Meister benotet wurden. Die Schwierigkeit steigerte sich von Lehrstück zu Lehrstück. Von ganz einfachen bis zu hoch komplexen Stücken mit verschiedenen Durchdringungen oder mit Einhaltung von sehr engen Toleranzen bei den Abmessungen. An der Stirnwand der Lehrwerkstatt befand sich unterhalb des höherliegenden, verglasten Büros des Leiters der Lehrwerkstatt eine große weiße Tafel von etwa 10 Metern Länge und 1,5 Meter Höhe, auf der fortlaufend die Noten für Qualität und verwendete Zeit für jeden Auszubildenden eingetragen wurden. Einige lehnten diese Methode ab, mussten sie aber akzeptieren. Damals wäre es nicht möglich gewesen, diese öffentlichen Aufzeichnungen des Leistungstands abzulehnen. Auch ich hatte anfänglich Bedenken. Nachdem aber nach wenigen Lehrstücken die Benotungen besser wurden, sah ich die Eintragungen eher als Anreiz an, mich zu verbessern. Das war wohl auch die Absicht hinter dieser Zurschaustellung der Leistungen der Auszubildenden. Auffallend bei genauer Betrachtung der Kurven war, dass es bei vielen Auszubildenden anfänglich große Unterschiede der Noten für Qualität und Zeit gab. Entweder war die Qualität gut und die Zeit schlecht oder aber umgekehrt. Bei genauer Kenntnis der Umstände war das wenig erstaunlich, da sich die Jungen ja erst einen Grundstock an Fertigkeiten erarbeiten mussten. Und da die meisten vorrangig gute Noten für die Qualität erzielen wollten, nahmen sie schlechte Benotungen für die Zeit in Kauf. Mit fortschreitenden Fähigkeiten näherten sich dann die Noten für Qualität und Zeit an. Martin hatte anfänglich größere Probleme als ich, eine angemessene Qualität der Lehrstücke zu erreichen, und brauchte meist so viel Zeit, dass er dafür durchweg schlechte Noten erhielt. Das ärgerte ihn und wir beide suchten nach einer Möglichkeit zu mogeln. Vom Prinzip her war das grundsätzlich ausgeschlossen, denn man bekam das Material für das neue Lehrstück erst, wenn man das alte abgab und es bewertet worden war. Weil das so war, versuchten manche Auszubildende sich vorher Material zu besorgen, um schon, wenn der Meister nicht genau hinsah, an dem neuen Lehrstück zu arbeiten. Die Zeit für das neue Stück lief dann ja noch nicht. Dieses Vorgehen machte nur dann Sinn, wenn man Zeiten hatte, die nicht für das Anfertigen der Lehrstücke zählten und in denen man am Lehrstück arbeiteten konnte. Aber wie sollte man an solche Ausfallzeiten kommen? Nun, es gab immer wieder Zeiten, in denen man etwas holen oder abgeben musste. Diese Zeiten wurden vom Meister aufgenommen und zählten dann nicht für die Arbeit am zu benotenden Werkstück. Gelang es, diese Nebenarbeiten schnell zu erledigt, konnte man einige Zeit am Lehrstück arbeiten, ohne dass man diese anrechnete. Gelohnt hatte sich das Vorgehen letztlich kaum und da das Risiko hoch war, erwischt zu werden, hatten Martin und ich es nach einigen Versuchen aufgegeben. Ohnehin waren unsere Noten mittlerweile sowohl für die Qualität als auch für die Zeit so gut, dass wir mit in der Spitzengruppe lagen.

In den ersten Tagen im April, als wir uns noch nicht richtig kannten und unsicher waren, wie wir uns dem Meister gegenüber verhalten sollten, stieß ich Martin mehrfach kurz mit dem Ellenbogen an, wenn er mal wieder bewegungslos auf Feile und Schraubstock gestützt vor sich hin träumte. Während der Arbeit konnten die Auszubildenden sich durchaus unterhalten; das war nicht verboten, aber Martins Verhalten hätte zu einer Rüge führen können. Da Martin dieses Verhalten häufiger an den Tag legte, fragte ich ihn nach einigen Tagen, ob er zu wenig geschlafen hätte. Martin verneinte das, und erklärte seine geistige Abwesenheit damit, dass er von Sonne und Strand am Mittelmeer träume.

»Ach wäre das schön, wenn ich jetzt im Sand an unserer Bucht liegen könnte. Etwas schwimmen und tauchen und dann wieder am Strand dösen«, erklärte er

Ich war noch nie am Mittelmeer gewesen und wunderte mich, dass Martin von zu Hause und gleichzeitig vom Mittelmeer sprach.

»Ja, Martin, wo bist du denn zu Hause?«, hatte ich weiter gebohrt.

»Im Norden von Mallorca, in Cala San Vicente, in der Nähe von Pollensa«, klärte mich Martin auf.

Ich war mächtig erstaunt und beeindruckt, erfuhr aber bald die Zusammenhänge. Martin hieß mit Nachnamen Zischka. Sein Vater war

Schriftsteller und Journalist, der lange Jahre als Reporter durch die Welt gereist war und sich nach seiner Heirat in den dreißiger Jahren im Norden von Mallorca niedergelassen hatte. Dort in Mallorca fand er Muße, seine Bücher zu schreiben, in denen er vorwiegend populäre wirtschaftliche Themen behandelte. Seine beiden Söhne und die Tochter wuchsen direkt oberhalb der Doppelbucht von Cala San Vicente auf und gingen in Pollensa zur Schule. Auf Wunsch des Vaters sollte Martin in Deutschland einen handwerklichen Beruf erlernen. Daher schickte er ihn zu einem Schlossermeister in Essen in die Lehre. Dort gefiel es Martin aber überhaupt nicht und er berichtete seinem Vater, dass er kaum etwas lerne. Vater Zischka zog daraus die Konsequenzen, ließ seine Beziehungen spielen und Martin bekam die Ausbildungsstelle bei der DEMAG.

Nach einem halben Jahr verließ ich die Lehrwerkstatt und setzte meine Ausbildung in der Stahlbauwerkstatt des Unternehmens fort. Mit Martin gab es danach leider keinen Kontakt mehr. Jetzt lagen meine Prioritäten auch auf anderen Gebieten, aber das ist eine eigene Geschichte, die in einem weiteren Buch erzählt werden soll.